Journalistische Praxis

Gegründet von
Walther von La Roche

Herausgegeben von
Gabriele Hooffacker

Der Name ist Programm: Die Reihe Journalistische Praxis bringt ausschließlich praxisorientierte Lehrbücher für Berufe rund um den Journalismus. Praktiker aus Redaktionen und aus der Journalistenausbildung zeigen, wie's geht, geben Tipps und Ratschläge. Alle Bände sind Leitfäden für die Praxis – keine Bücher über ein Medium, sondern für die Arbeit in und mit einem Medium. Seit 2013 erscheinen die Bücher bei SpringerVS (vorher: Econ Verlag).

Die gelben Bücher und die umfangreichen Webauftritte zu jedem Buch helfen dem Leser, der sich für eine journalistische Tätigkeit interessiert, ein realistisches Bild von den Anforderungen und vom Alltag journalistischen Arbeitens zu gewinnen. Lehrbücher wie „Sprechertraining" oder „Frei sprechen" konzentrieren sich auf Tätigkeiten, die gleich in mehreren journalistischen Berufsfeldern gefordert sind. Andere Bände begleiten Journalisten auf dem Weg ins professionelle Arbeiten bei einem der Medien Presse („Zeitungsgestaltung", „Die Überschrift"), Radio, Fernsehen und Online-Journalismus, in einem Ressort, etwa Wissenschaftsjournalismus, oder als Pressereferent/in oder Auslandskorrespondent/in.

Jeden Band zeichnet ein gründliches Lektorat und sorgfältige Überprüfung der Inhalte, Themen und Ratschläge aus. Sie werden regelmäßig überarbeitet und aktualisiert, oft sogar in weiten Teilen neu geschrieben, um der rasanten Entwicklung in Journalismus und Neuen Medien Rechnung zu tragen. Viele Bände liegen inzwischen in der dritten, vierten, achten oder gar, wie die „Einführung" selbst, in der neunzehnten völlig neu bearbeiteten Auflage vor. Allen Bänden gemeinsam ist der gelbe Einband. Er hat den Namen „Gelbe Reihe" entstehen lassen – so wurden die Bände nach ihrem Aussehen liebevoll von Studenten und Journalistenschülern getauft.

Gegründet von
Walther von La Roche

Herausgegeben von
Gabriele Hooffacker

Dietz Schwiesau · Josef Ohler

Nachrichten – klassisch und multimedial

Ein Handbuch für Ausbildung und Praxis

 Springer VS

Dietz Schwiesau
Berlin, Deutschland

Josef Ohler
Mandelbachtal, Deutschland

Journalistische Praxis
ISBN 978-3-658-08716-6   ISBN 978-3-658-08717-3 (eBook)
DOI 10.1007/978-3-658-08717-3

Die Deutsche Nationalbibliothek verzeichnet diese Publikation in der Deutschen Natio-
nalbibliografie; detaillierte bibliografische Daten sind im Internet über http://dnb.d-nb.de
abrufbar.

Springer VS
© Springer Fachmedien Wiesbaden 2016

Lektorat: Barbara Emig-Roller, Monika Mülhausen

Gedruckt auf säurefreiem und chlorfrei gebleichtem Papier.

Springer Fachmedien Wiesbaden GmbH ist Teil der Fachverlagsgruppe Springer Science+
Business Media
(www.springer.com)

Vorwort

Nachrichtenschreiben ist ein journalistisches Handwerk mit großer Tradition. Mit der Nachricht hat die Geschichte der Medien begonnen. Die Nachricht ist die meistverbreitete journalistische Form. Deshalb gilt: Jede Journalistin und jeder Journalist muss Nachrichten schreiben können. Deshalb lernen alle angehenden Journalistinnen und Journalisten zuerst, was eine Nachricht ist. Wer Nachrichten schreiben kann, beherrscht das Einmaleins des Journalistenhandwerks: Wie formuliere ich klar und verständlich? Wie unterscheide ich das Interessante vom Langweiligen, das Wichtige vom Unwichtigen? Wie informiere ich ausgewogen und unparteilich? Wie recherchiere ich packende Themen? Wie arbeite ich auch unter Zeitdruck präzise?

Die Digitalisierung hat die Medienwelt verändert. Und mit dem Medienwandel verändern sich die Nachricht und die Nachrichtenarbeit. Klassische Medien und Neue Medien verschmelzen. Wer heute und in Zukunft Nachrichten macht, arbeitet oft multimedial. Er produziert parallel für Zeitung, Nachrichtenagentur, Radio, Fernsehen und Internet. Deshalb muss jede Redakteurin und jeder Redakteur wissen, was die Nachricht in den einzelnen Medien auszeichnet. Und alle müssen möglichst die Regeln des Nachrichtenhandwerks in allen Medien beherrschen: Wie schreibe ich eine Überschrift und einen Teaser für Onlinenachrichten? Wie gestaltete ich einen Live-Blog im Netz? Wie texte ich eine NIF für das Fernsehen? Was unterscheidet die Zusammenfassung einer Nachrichtenagentur vom Korrespondentenbericht? Wie schreibe ich eine Nachricht fürs Sprechen? Wie mache ich ein gutes Nachrichtenfoto?

In der Reihe „Journalistische Praxis", die von Walther von LaRoche begründet wurde, ist 2003 unser Buch „Die Nachricht" erschienen. Es war das erste Buch, das sich mit der Nachricht in allen Medien, einschließlich des Internets, beschäftigt hat. Es ist in der Aus- und Fortbildung ein Standardwerk geworden. Unser neues Buch baut darauf auf, wurde aber umfassend überarbeitet. Es trägt dem Wandel in der

Nachrichtenarbeit Rechnung und hat einen neuen Titel: „Nachrichten – klassisch und multimedial".

Es gibt fünf neue Autorinnen und Autoren und zwei neue Kapitel: Recherche und Nachrichtenfoto. Hinzu kommen neue Beispiele, Tipps für die Praxis, Infokästen, Merksätze, Literaturempfehlungen und neue Geschichten aus der Nachrichtengeschichte. Vor allem aber öffnet das Buch einen neuen Blick auf die multimediale Nachrichtenarbeit.

Unser Buch vermittelt Grundsätze und Erfahrungen des Nachrichtenhandwerks. Zu einigen Fragen haben aber auch wir keine endgültigen Antworten. In diesen Fällen können wir nur Denkanstöße geben, die in der Praxis helfen, die richtige Lösung zu finden. Durch das Internet hat praktisch jeder die Möglichkeit, Nachrichten zu schreiben und in alle Welt zu verbreiten. Auch deshalb erscheint es uns nötig, an die Standards des professionellen Nachrichtenjournalismus zu erinnern: Faktentreue, Relevanz, Wertneutralität, Verständlichkeit.

Alle Autorinnen und Autoren sind ausgewiesene Nachrichtenexperten, meist mit langjähriger Erfahrung in der Nachrichtenpraxis sowie in der Aus- und Fortbildung. Michael Ebert hat ein Buch über den Fotojournalismus geschrieben. Martin Hoffmann leitet den Bereich Social Media bei der „Welt". Katrin Neukamm beschäftigt sich beim Westdeutschen Rundfunk mit dem Nachrichtenrecht. Tim Schwiesau ist Onlinejournalist beim Rundfunk Berlin-Brandenburg. Anke Vehmeier lehrt, was eine Pressenachricht ist. Sandro Viroli ist Direktor beim MDR in Sachsen. Der dpa-Journalist Peter Zschunke ist in Deutschland *der* Experte für Agenturjournalismus. Als Berater standen uns der langjährige Nachrichtenchef des Bayerischen Rundfunks, Klaus Greiner, und der Sprechwissenschaftler Prof. Norbert Gutenberg zur Seite. Wir selbst haben als Leiter von Nachrichtenredaktionen die Bücher „Radio-Nachrichten" und „Die Nachricht" herausgebracht.

Im Internet finden Sie auf der Seite www.gelbe-reihe.de weiterführende Angebote. Dort können Sie sich auch mit uns über die Nachrichtenarbeit austauschen. Wir freuen uns auf Ihre Anregungen.

Berlin und Mandelbachtal im Februar 2016   Dietz Schwiesau
                                                             Josef Ohler

Inhaltsverzeichnis

Autorenverzeichnis

Michael Ebert *Das Nachrichtenfoto; Die Ikone, die fast nicht erschienen wäre*
Fotojournalist
Geboren 1959 in Wuppertal, seit 1978 freiberuflich tätig. Von 1990 bis 1996 im zentralen Kommunikationsbereich der Telekom für Fotografie verantwortlich. Seit 2008 Dozent für Bildjournalismus an der Hochschule Magdeburg. Kurator zahlreicher Foto-Ausstellungen, unter anderem mit den Dr.-Erich-Salomon-Preisträgern Will McBride, Letizia Battaglia und dem zweifachen Pulitzerpreisträger Horst Faas, dessen Nachlass er betreut. Vorstand der Deutschen Gesellschaft für Photographie (DGPh) und Mitglied in diversen Jurys und Gremien. Seit 2013 Dozent für Fotojournalismus und Dokumentarfotografie auch an der Hochschule Hannover. Mail: info@photomoments.de

Martin Hoffmann *Die Onlinenachricht, Twitter – Der Aufstieg des Echtzeit-Netzes*
Leiter des Bereiches Social Media bei der WELTN24 GmbH.
Geboren 1985 in Schkeuditz bei Leipzig. Studium des Online-Journalismus an der Hochschule Darmstadt. Trimediales Volontariat beim MDR in Leipzig Danach bei MDR Sachsen-Anhalt. Dort für trimediale Projekte und den Ausbau der Social-Media-Kanäle zuständig. Außerdem Berater für Medienunternehmen. Dozent für Themen wie „Mobile Reporting" oder „Neue Formen des Videojournalismus im Netz". Seit 2014 bei der WELTN24 GmbH in Berlin. Mail: martin.hoffmann@mrtnh.de, Twitter: @martinhoffmann

Katrin Neukamm *Das Nachrichtenrecht*
Referentin im Justiziariat des WDR Köln, seit 2013 zudem strategische Beratung zur Beitragskommunikation von ARD, ZDF und Deutschlandradio. Geboren 1978 in Schorndorf, Studium der Rechtswissenschaften an den Universitäten Münster und Birmingham, Promotion zum Bildnisschutz in Europa.

Tätigkeit am Institut für Öffentliches Recht und Politik in Münster sowie in
verschiedenen Kanzleien im öffentlichen Recht und Medienrecht. Seit 2008 beim
WDR. Mail: katrin.neukamm@wdr.de

Josef Ohler   *Der Nachrichtenaufbau, Die Nachrichtensprache, Rügen und*
Missbilligungen des Presserates
   Ehemaliger Leiter der Programmgruppe Nachrichten/Aktuelles beim
Saarländischen Rundfunk. Geboren 1937 in Mainz. Studium der Geschichte und
Germanistik, freie Mitarbeit bei Zeitungen und Radio, Redakteur beim SR von
1964 bis 2002, außerdem Ausbildungsbeauftragter. Dozent bei ZFP und anderen
Fortbildungseinrichtungen. Mitherausgeber der Bücher „Radio-Nachrichten" und
„Die Nachricht in Presse, Radio, Fernsehen, Nachrichtenagentur und Internet".
Mail: Josef.Ohler@t-online.de, Twitter: @Josefohler

Dietz Schwiesau   *Faszination Nachricht, Die Nachrichtenauswahl, Der*
Nachrichtenaufbau, Die Objektivität der Nachricht, Die Radionachricht,
Thimotheus Ritzsch und die erste Tageszeitung der Welt, „Wichtiges von
Lappalien unterscheiden", „Thatsachen schnell zur Kenntnis bringen", Der
„Stylus' der Nachrichten, „Nach aller Lust erlogen. . . ", Nachrichten als Waffe im
Klassenkampf, „Bleiben Sie dran, Herr Rath!",„Die akustische Verfeinerung des
Nachrichtenstils", Action News – hart und meinungsstark
   Dipl.-Journalist, Wortchef MDR Sachsen-Anhalt. Geboren 1961 in
Haldensleben. Volontariat, Studium der Journalistik in Leipzig.
Nachrichten-Redakteur beim DDR-Rundfunk und beim Sachsen-Radio. Seit der
Gründung des MDR 1992 in leitenden Positionen. Bis 2000 Nachrichten- und
Zeitfunkchef beim Nachrichtenradio MDR INFO, seitdem in Magdeburg.
Lehraufträge an den Universitäten Leipzig, Halle und Magdeburg.
Nachrichtentrainer, unter anderem bei der Medienakademie von ARD und ZDF
und an Electronic Media School. Mitherausgeber der Bücher
„Radio-Nachrichten", „Die Nachricht in Presse, Radio, Fernsehen,
Nachrichtenagentur und Internet" und „Nachrichten schreiben, sprechen, hören.
Forschungen zur Hörverständlichkeit von Radionachrichten".
Mail: mail@nachrichtenzukunft.de, Twitter: @DietzSchwiesau

Tim Schwiesau   *Die Nachrichtenrecherche*
   Freier Journalist und Dozent. Geboren 1985 in Berlin. Praktika bei der
Deutschen Welle, beim MDR-Jugendradio Sputnik in Halle und beim Leipziger
Uni-Radio Mephisto. Studium der Geschichte und Germanistik an der Universität
Potsdam. Mitarbeit bei rbb-Inforadio und bei der Media-Agentur Leadsatz.
Multimediales Volontariat an der Electronic Media School (ems) in

Potsdam-Babelsberg. Seit 2012 Redakteur und CvD bei rbb-online.de, Dozent an der ems. Mail: tim.schwiesau@googlemail.com, Twitter: @Schwiesau

Anke Vehmeier *Die Pressenachricht*
Freie Journalistin, Dozentin, Coach und Redenschreiberin. Geboren 1966 in Bad Pyrmont. Volontariat bei der Oberhessischen Presse (OP) in Marburg, anschließend Redakteurin bei der OP – mit spezieller Ausbildung für die Nachrichtenredaktion („Nachrichtenführer"). Später Redakteurin beim General-Anzeiger in Bonn. Zwischenzeitlich Leiterin des Bonner Büros der medienfabrik/Bertelsmann, Projektleiterin und Redaktions-Trainerin der Initiative Lokaljournalismus in NRW (Technische Universität Dortmund). Autorin für Tageszeitungen und Medien-Magazine. Seit mehr als 15 Jahren in der journalistischen Aus- und Weiterbildung tätig. Langjährige Redaktion des Jahrbuchs „Redaktion" für Journalisten. Herausgeberin und Autorin des Buches „Das verkannte Ressort. Probleme und Perspektiven des Lokaljournalismus" (2013). Mail: anke.vehmeier@web.de, Twitter: @avehmeier

Sandro Viroli *Die Fernsehnachricht*
Direktor des MDR-Landesfunkhauses Sachsen. Geboren 1957 in Cesena/Italien. Freie Mitarbeit im Hörfunk des Saarländischen Rundfunks. Redakteur im Regionalfernsehen und in der ARD-Feature-Redaktion. Redaktionsleitung Politik und Zeitgeschehen im MDR-Landesfunkhaus Thüringen. Nachrichtenchef MDR-Fernsehen und Programmchef Familien-/Tagesprogramm. Dozent an der Katholischen Medienakademie in Ludwigshafen und an der Fachhochschule Mittweida. Mitarbeit an den Büchern „Fernseh-Journalismus" und „Die Nachricht in Presse, Radio, Fernsehen, Nachrichtenagentur und Internet". Mail: Sandro.Viroli@mdr.de

Peter Zschunke *Die Agenturnachricht, Fakten aus der Welt der Nachrichtenagenturen*
Reporter und Redakteur der Deutschen Presse-Agentur (dpa) in Mainz. Zuvor u.a. für die Nachrichtenagenturen AP und epd tätig. Geboren 1957 in Mainz. Studium an der Johannes-Gutenberg-Universität Mainz (Geschichte, Publizistik, Politikwissenschaft). Dr. phil.; weitere Interessen: Botanik, Fotografie und Web-Design. Buchveröffentlichungen: „Konfession und Alltag in Oppenheim" (1984), „Agenturjournalismus. Nachrichtenschreiben im Sekundentakt" (1994/2000). Mitarbeit an „Die Nachricht in Presse, Radio, Fernsehen, Nachrichtenagentur und Internet". Mail: peter@zschunke.de, Twitter: @pedromiramis

Faszination Nachricht

von Dietz Schwiesau

Zusammenfassung

Die Nachricht ist eine direkte, auf das Wesentliche konzentrierte und möglichst objektive Mitteilung über ein neues Ereignis, das für die Öffentlichkeit
wichtig und interessant ist. Die Nachricht ist die Urform des Journalismus. Die
Nachricht ist die meistverbreitete und am stärksten nachgefragte journalistische
Form. Der Nachrichtenjournalismus wandelt sich im Internetzeitalter grundlegend.

Die Deutschen sind Nachrichtenweltmeister. Niemand liest, hört und sieht so viel
Nachrichten. An aktuellen Informationen sind vier von fünf Deutschen sehr interessiert. Damit liegen sie vor den US-Amerikanern, Briten, Franzosen und Ja-
panern. Das hat eine Studie des Reuters Institute der Universität Oxford ergeben.
Besonders wichtig sind den Deutschen nationale und internationale Nachrichten.
Gleichzeitig ist das Interesse an Informationen aus der Region nirgendwo so ausgeprägt wie in Deutschland.

Der besondere Stellenwert der Nachrichten in Deutschland hat Tradition. „Die
Deutschen lechzen danach, täglich nach Neuem zu fragen, Neues zu hören, Neues
zu erzählen", berichtete 1676 Hofrat Ahasver Fritsch. „Kaum haben sie den Fuß
aus dem Haus gesetzt, so pflegen sie zu fragen: ‚Was gibt es Neues?' Ja, sogar
schlichte Landsleute kann man sehen, die entweder Neue Zeitungen lesen oder
denen, die solche lesen, aufmerksam zuhören."

© Springer Fachmedien Wiesbaden 2016   1
D. Schwiesau und J. Ohler, *Nachrichten – klassisch und multimedial,*
Journalistische Praxis, DOI 10.1007/978-3-658-08717-3_1

Eine Nachricht – Was ist das?

In der Alltagssprache wird oft jede Information, die von einem Medium verbreitet wird, als Nachricht bezeichnet. In diesem Buch ist von der *journalistischen Darstellungsform Nachricht* die Rede.

Nachrichtendefinition
Die Nachricht ist eine direkte, auf das Wesentliche konzentrierte und möglichst objektive Mitteilung über ein neues Ereignis, das für die Öffentlichkeit wichtig und/oder interessant ist.

Die sechs Merkmale der Nachricht im Einzelnen:

1. Die Nachricht informiert über Neues. Das ist ihr wichtigstes Merkmal! „Zu förderst muss dasjenige/was in die Zeitungen kommt/Neue seyn", schreibt der erste Pressekritiker Kaspar Stieler 1695 in seinem Buch „Zeitungs Lust und Nutz". Eine Information ist nur dann eine Nachricht, wenn sie neu ist. Neu ist, was vorher unbekannt war. Menschen wollen etwas wissen, was sie bisher nicht wussten. Nachrichten beseitigen oder vermindern Unwissen. Das macht ihren Reiz aus.

2. Die Nachricht ist eine direkte Mitteilung. Das Neueste, Wichtigste, Interessanteste steht in der Regel am Anfang. Das unterscheidet die Nachricht vom Bericht und von allen anderen Darstellungsformen.

```
Schauspielerin Neumann tot. - Minister Mayer zurückge-
treten. - Autobahn bei Heidelberg gesperrt.
```

3. Die Nachricht beschränkt sich auf das Wesentliche. Sie vermittelt Neues ohne Umschweife, ohne Beiwerk und in einer leicht verständlichen Sprache.

4. Die Nachricht ist möglichst objektiv. „Zum Willen des Berichterstatters rechne ich seine Glaubwürdigkeit und Wahrheitsliebe", stellte Tobias Peucer 1690 in der ersten deutschen Pressedissertation fest. Und Kaspar Stieler forderte: „Ein Urteil in den Zeitungen zu fällen, ist ungebührlich." Damit haben sie die Grundregeln einer professionellen Nachrichtengebung beschrieben: Wahrhaftigkeit, Unparteilichkeit, Trennung von Nachricht und Meinung. Für diese Normen wurde der Begriff *Objektivität* geprägt.

5. Die Nachricht informiert die Öffentlichkeit über ein Ereignis, also über einen Vorgang, der in Raum und Zeit begrenzt ist. Dieser Vorgang muss einen Nachrichtenwert haben, d. h. er muss für die Öffentlichkeit neu, wichtig und interessant sein. Die aktuelle Wirklichkeit ist ein Mosaik, das sich aus unendlich vielen Ereignissen immer wieder neu zusammensetzt:

`Erdbeben, Niederlage im Handball, Parteitagsrede`

Jedem Ereignis folgt ein neues Ereignis:

`Rettungsarbeiten, Entlassung des Handballtrainers, Reaktionen auf die Rede`

6. Eine Nachricht muss möglichst schnell angeboten werden. Wer Nachrichten „von ganz frischem Dato" besitzt, hatte schon immer mehr Wissen, Macht, Einfluss – und manchmal auch mehr Geld, zum Beispiel wenn er einen Informationsvorsprung an der Börse ausnutzt. Deshalb haben Menschen in ihrer Geschichte alles dafür getan, Nachrichten schneller befördern zu können – von den Feuerzeichen im Altertum über die Morsetelegraphen im 19. Jahrhundert bis zum Liveblog in der Gegenwart.

> „Nachrichten sind der Treibstoff der Moderne. Sie schaffen das geistige Fundament, auf dem wir im Alltag stehen. Ohne Nachrichten gäbe es keine Welt da draußen. Jedes Weltwissen war in seiner Rohform einmal Nachricht."
> Alain de Botton, Die Nachrichten (2015)

Der besondere Rang der Nachricht

Die Nachricht hat im Medien-System eine herausgehobene Position:

1. Die Nachricht ist so alt wie die Menschheit. Neue, wichtige, interessante Informationen waren und sind zu allen Zeiten gefragt.
2. Die Nachricht ist die Urform des Journalismus. Aus der Nachricht heraus haben sich die anderen Darstellungsformen entwickelt.
3. Mit der Nachricht hat die Geschichte der Medien begonnen. Die ersten Zeitungen bestanden ausschließlich aus Nachrichten.

4. Die Nachricht liefert in der Regel die *Erstinformation*. Keine journalistische Form kann so schnell und unkompliziert produziert, verbreitet und konsumiert werden wie die Nachricht.

5. Die Nachricht ist in allen Medien die meistverbreitete und am stärksten nachgefragte journalistische Form.

Nachricht, Meldung und Bericht

In diesem Buch ist von *Nachrichten, Meldungen* und *Berichten* die Rede. In den Medien und in der journalistischen Literatur werden diese Begriffe unterschiedlich gebraucht. Einige Autoren sehen in der Nachricht den Oberbegriff für Meldung und Bericht, andere sprechen von drei eigenständigen Darstellungsformen.

Die Meldung – so wird bei der Zeitung oder Agentur manchmal die *Kurznachricht* genannt (siehe Kapitel „Die Pressenachricht" und „Die Agenturnachricht"). Das heißt aber nicht, dass die Meldung eine eigene Darstellungsform ist. Die Länge eines Textes ist kein Maßstab, um die Darstellungsform zu bestimmen. Auch eine Meldung ist eine Nachricht, selbst wenn sie nur aus einem Satz besteht.

Über den semantischen Unterschied von *Nachricht* und *Meldung* haben sich Sprachforscher bereits vor 200 Jahren Gedanken gemacht. Etwas zu *melden*, bedeutete für Johann Christoph Adelung 1798, „Nachricht von etwas zu erteilen". Die *Nachricht* war für ihn die Botschaft, die *Meldung* dagegen der Vorgang, die (pflichtgemäße) Weitergabe der Nachricht. In den meisten Redaktionen werden Nachricht und Meldung heute weitgehend gleichbedeutend gebraucht. Genau so verfahren wir in diesem Buch.

Der Bericht ist eng verwandt mit der Nachricht. Allerdings ist der Bericht keine längere Nachricht, sondern eine eigene Darstellungsform mit eigenen Regeln. Die Nachricht *sollte* immer mit dem Wichtigsten beginnen, im Bericht *kann* das Wichtigste am Anfang stehen. Wie die Nachricht kann der Bericht die Erstinformation liefern: Er kann aber auch weit darüber hinausgehen und detailliert über Verlauf, Personen, Situationen und Zusammenhänge informieren. Dazu gibt es im Bericht weitaus mehr Darstellungsmöglichkeiten als in der Nachricht. Der Reporter kann im Bericht ein Ereignis anschaulich und sachlich darstellen, aber er kann darüber hinaus auch schildern, beschreiben und einordnen.

Harte und weiche Nachrichten: Einige journalistische Handbücher unterscheiden zwischen diesen beiden Nachrichtenarten, den *Hard News* und den *Soft News*. Was bedeutet das?

- **Bei den harten Nachrichten** geht es um *wichtige* Ereignisse aus Politik, Wirtschaft und Kultur. Hard News müssen klassisch aufgebaut sein, das Wichtigste steht also immer vorn.
- **Die weichen Nachrichten** informieren über Ereignisse, die vor allem *interessant und unterhaltsam* sind. Bei diesen Meldungen, so die These, muss das Wichtigste nicht unbedingt am Anfang stehen. Entscheidend ist, dass die Story wirkungsvoll erzählt werden kann.

Das Rieplsche Gesetz

Nachdem Wolfgang Riepl 1913 das „Nachrichtenwesen des Altertums" erforschte hatte, formulierte er kühn ein „*Grundgesetz der Entwicklung des Nachrichtenwesens*". Die Entstehung von Radio, Fernsehen und Internet haben seine Prognose bestätigt.

Riepl sagte vorher, „dass die einfachsten Mittel, Formen und Methoden, wenn sie nur einmal eingebürgert und brauchbar befunden worden sind, auch von den vollkommensten und höchst entwickelten niemals wieder gänzlich und dauernd verdrängt und außer Gebrauch gesetzt werden können, sondern sich neben diesen erhalten, nur dass sie genötigt werden, andere Aufgaben und Verwertungsgebiete aufzusuchen ... Die Nachrichtenmittel, ihre Leistungen und Verwertungsmöglichkeiten vermehren und steigern sich unausgesetzt ... Sie machen einander die einzelnen Felder streitig, finden aber in dem fortschreitenden Prozess der Arbeitsteilung alle nebeneinander Raum und Aufgaben zu ihrer Entfaltung, bemächtigen sich verlorener Gebiete wieder und erobern Neuland dazu."

Von der Aviso zur Nachricht

Aviso, Relation, Erzählung, Benachrichtigung, Novelle ... für die Nachricht hat es im deutschsprachigen Raum viele Wörter gegeben. Von der *Nachricht* sprechen die Deutschen zwar schon seit 400 Jahren. 1608 wird das Wort erstmals erwähnt. Doch brauchte die Nachricht etwa 200 Jahre, um sich gegen die Konkurrenz durchzusetzen. Das war vor allem der Begriff *Zeitung*. Denn wer früher Zeitung sagte, meinte Nachricht. So klagte der Reformator Martin Luther: „Sonst weisz ich wenig guter Neue-Zeitung in der Welt." Erst in der zweiten Hälfte des 18. Jahrhunderts verdrängte die Nachricht endgültig die Zeitung. 1798 beschrieb ein Wörterbuch die Nachricht als „die glaubwürdige oder doch für glaubwürdig ausgegebene mündliche oder schriftliche Bekanntmachung einer in der Ferne geschehenen Sache". Der Begriff Zeitung sei in diesem Zusammenhang bereits „veraltet".

Die Entwicklung des Nachrichtenbegriffs war damit aber noch nicht abgeschlossen. Im „Deutschen Wörterbuch" der Brüder Grimm von 1889 ist die Nachricht eine „mittheilung zum darnachrichten und die darnachachtung: die instruction". Eine Nachricht in diesem Sinne war eher eine Anweisung oder Bekanntmachung, nach denen sich Menschen zu richten hatten. Was meist unterschlagen wird, ist, dass die Grimms eine weitere Bedeutung gesehen haben: „überhaupt mittheilung einer begebenheit u. s. w.". Ein Nachrichtenbegriff, der noch modern ist.

Die Zukunft der Nachricht

Die Nachrichten und der Nachrichtenjournalismus wandeln sich im Internetzeitalter grundlegend. Das sind die wichtigsten Trends:

1. **Das Nachrichtenangebot explodiert.** Neue Nachrichtenquellen, Plattformen, Übertragungswege und Endgeräte vervielfachen das Nachrichtenangebot.
2. **Nachrichten sind jederzeit und überall verfügbar.** Jeder hat prinzipiell zu jedem Zeitpunkt und an jedem Ort Zugang zu Nachrichten. Neue Technik vereinfacht den Zugriff auf Nachrichten. Sie sind zu einem stets präsenten Tagesbegleiter geworden.
3. **Nachrichten werden immer schneller.** Nachrichtenjournalismus wird mehr und mehr *Echtzeitjournalismus*. Soziale Netzwerke tragen zusätzlich zur Beschleunigung bei.
4. **Journalisten haben ihr Nachrichtenmonopol verloren.** Jeder kann eigene Nachrichten produzieren und in alle Welt verbreiten. Leser, Hörer und Zuschauer wollen nicht nur konsumieren, sie wollen interagieren.
5. **Nachrichten werden personalisiert.** Die traditionellen Muster der Nachrichtennutzung lösen sich auf. Wer mag, kann seine Nachrichten selbst auswählen oder für sich maßschneidern lassen.

6. **Nachrichten sind multimedial.** Neue Nachrichtenangebote verbinden Texte, Töne, Filme, Bilder, Grafiken und mehr. Die Grenzen zwischen Print, Radio, Fernsehen und Internet verschwinden.

7. **Selbst Computer produzieren Nachrichten.** Automaten können inzwischen Nachrichten schreiben, sprechen und im Radio oder im Fernsehen präsentieren.

8. **Das Themenspektrum der Nachrichten verändert sich.** Nachrichten werden vielfältiger, unpolitischer, regionaler, unterhaltsamer, emotionaler, personalisierter und serviceorientierter.

9. **Der Aufbau der Nachricht wird variabler.** Die Abfolge Kern, Quelle, Einzelheiten, Hintergrund ist nicht mehr zwingend. Über den Bauplan entscheidet, was am verständlichsten ist.

10. **Die Nachrichtensprache wird lebendiger.** Sie orientiert sich mehr an der Sprache des Alltags.

> „Wenn die Leute eine wichtige Nachricht verstehen wollen, wenden sie sich an die, die hart daran arbeiten, wahrhaftig und umfassend zu berichten."
> Dean Baquet, New York Times (2014)

Warum Menschen Nachrichten nutzen

Menschen wollen sich orientieren. „Ich will wissen, ob die Welt noch in Ordnung ist." Eine Antwort, die Medienforscher immer hören, wenn sie fragen, warum Menschen Nachrichten lesen, hören oder sehen. Kriege? Krisen? Katastrophen? Neue Gesetze? Ein Sturmtief? Bin ich betroffen? Muss ich mir Sorgen machen? Muss ich reagieren? Nachrichten haben auch eine Alarmfunktion. Sie machen eine schnelle Orientierung im aktuellen Geschehen möglich und liefern Informationen für unser Weltbild. Manche Ereignisse kommen überraschend, andere sind vorhersehbar, zum Beispiel Wahlen oder Sportwettkämpfe. Der Leser, Hörer oder Zuschauer will wissen, wie sie ausgegangen sind. Vorhersehbares wie Unvorhersehbares: Die Nachrichten teilen es verlässlich mit.

Menschen wollen sich ihr eigenes Urteil bilden. Nur wer sich informiert, kann sich ein eigenes Bild machen: Die Regierungserklärung des Ministerpräsidenten, die Antwort der Opposition, der Zwischenfall auf der Zuschauertribüne, die Demonstranten vor dem Landtag. Wer darüber informiert ist, wer es in den Nachrichten gehört, gesehen oder gelesen hat, kann Fakten vergleichen – und sich eine eigene Meinung bilden.

„es ist gegen elf uhr nachts. ich sitze mit einem whisky (wie nicht oft) und lese gides journal 1940. es ist still und es ist angenehm, so abgeschlossen zu sitzen, aber ich kann es mir nicht versagen, das radio anzudrehen, der nachrichten wegen, wiewohl sie nichts neues enthalten werden – ich habe um zehn uhr und wieder um halb elf uhr zugehört."
Nachrichtenhörer Bertolt Brecht (1944)

Menschen wollen Informationen, die ihnen nutzen. Sonnenschein oder Regen? Stau oder freie Straßen? Neues Urteil zum Kündigungsschutz. Belastete Nahrungsmittel für Babys. Die *News you can use*, die Nachrichten mit Gebrauchswert, spielen eine immer größere Rolle. Nachrichten sollen den Menschen nutzen oder sie vor Schaden bewahren.

Menschen wollen mitreden können. Wer Neues erfährt, kann es weitererzählen, in der Familie, der Nachbarin, dem Kollegen. Nachrichten bieten Gesprächsstoff. „In den Nachrichten kam gerade . . . ", „Haben Sie schon gehört . . . ?" Wer eher weiß, dass der Schauspieler Müller gestorben ist oder die heimische Fußballmannschaft gewonnen hat, ist im Besitz einer wertvollen Ware.

Für eine gesunde Nachrichtendiät
„News halten den Sympathikus – Teil des vegetativen Nervensystems – auf Trab. Jede beunruhigende Story führt zur Ausschüttung kleiner Mengen des Stresshormons Cortisol. Es gelangt in die Blutbahn, schwächt Ihr Immunsystem und hemmt die Ausschüttung von Wachstumshormonen. Wenn Sie laufend News verdauen, befindet sich Ihr Körper in einem chronischen Stresszustand. Das wiederum führt zu Verdauungs- und Wachstumsstörungen, zu Nervosität und Anfälligkeit für Infektionen. Kurzum, Newskonsumenten setzen ihre Gesundheit aus Spiel."
Rolf Dobelli, Vergessen Sie News (2011)

Menschen wollen sich unterhalten lassen. Wenn ein Arbeitsloser im Lotto gewinnt, der Thronfolger heiratet oder ein Känguru aus dem Zoo flieht – dann sind das Ereignisse, von denen Leser, Hörer und Zuschauer nicht unbedingt erfahren müssen. Viele interessieren sich trotzdem dafür. „Der Zweck der Zeitungen", meint Kaspar Stieler, sei „die Ersättigung der Lesenden Neugierigkeit und Benachrichtigung der Welthändel".

Wer Nachrichten liest, hört oder sieht, will sich informieren, will sich aber auch unterhalten, anregen – und anrühren lassen.

► **Merksätze**

1. Die Nachricht ist eine direkte, auf das Wesentliche konzentrierte und möglichst objektive Mitteilung über eine neues Ereignis, das für die Öffentlichkeit wichtig und interessant ist.
2. Die Nachricht ist die Urform des Journalismus. Die Mediengeschichte hat mit der Nachricht begonnen. Sie ist die meistverbreitete und am stärksten nachgefragte journalistische Form.
3. Keine journalistische Form kann so schnell und unkompliziert produziert, verbreitet und konsumiert werden wie die Nachricht. Sie liefert meist die Erstinformation.
4. Wer Nachrichten liest, hört und sieht, der will sich orientieren und ein eigenes Urteil bilden. Er will Informationen, die ihm nutzen. Er will mitreden können und sich unterhalten lassen.
5. Der Nachrichtenjournalismus wandelt sich im Internetzeitalter grundlegend. Nachrichten sind jederzeit und überall verfügbar. Jeder kann eigene Nachrichten produzieren und in alle Welt verbreiten.

Weiterführende Literatur und Quellen

Alian de Botton: Die Nachrichten: Eine Gebrauchsanweisung (Frankfurt am Main: S. Fischer Verlag, 2015)

Walther von La Roche: Einführung in den praktischen Journalismus. Mit genauer Beschreibung aller Ausbildungswege Deutschland, Österreich, Schweiz (Wiesbaden: Springer VS 2013)

Siegfried Weischenberg: Nachrichten-Journalismus. Anleitungen und Qualitätsstandards für die Medienpraxis (Opladen: Westdeutscher Verlag 2001)

Digital News Report, Reuters Institute for the Study of Journalism, University of Oxford

Thimotheus Ritzsch und die erste Tageszeitung der Welt

Als die schwedischen Besatzungstruppen Leipzig verlassen, ist die Stunde für den „Buchtrücker und -händler" Thimotheus Ritzsch gekommen: Unter dem Titel „Einkommende Zeitungen" verkauft er ab 1. Juli 1650 sechsmal in der Woche ein vierseitiges Heftchen mit den neuesten Nachrichten an kaufkräftige „kundtleut". Immerhin kostet die Zeitung im Jahr soviel wie ein Handwerksgeselle im Monat verdient. Die „Einkommenden Zeitungen" gelten als erste *Tageszeitung* der Welt.

Thimotheus Ritzsch wird 1614 in Leipzig geboren, er studiert an der Leipziger Universität, erlernt bei seinem Vater das Druckerhandwerk und erwirbt den Meisterbrief. Er sammelt drei Jahre Erfahrungen in den Niederlanden, in England und Frankreich. Als er zurückkehrt, richtet er eine eigene Druckerei ein. Außerdem besitzt er eine Buchhandlung. Seit 1643 druckt er das einzige Blatt, das von den Schweden zugelassen ist: die „Wöchentliche Zeitung" erscheint vier bis fünf Mal in der Woche.

Leipzig gehört zu den wichtigsten Handelsplätzen Europas, hier kreuzen sich die wichtigsten Straßen von Ost nach West und von Nord nach Süd. Nach dem Ende des Dreißigjährigen Krieges treffen mit Postreitern und Boten viel mehr Nachrichten ein. Ritzsch hat nun ausreichend „zeitungswürdige Materie", um täglich eine Zeitung herausbringen zu können. Dafür erteilt ihm der sächsische Kurfürst ein „gnädigst Privilegium", auch „in ansehnung Er der sprachen kundig und dahero solche Zeitung in das Täutzsche vertiren kann."

Korrespondenten aus ganz Europa berichten für die „Einkommenden Zeitungen"; aus Hamburg, Antwerpen, Riga, Paris, Mailand, Warschau oder Lissabon. Meist handelt es sich um Stadtschreiber, Hofbeamte oder Kaufleute, die regelmäßig Nachrichten übermitteln. Ritzsch übernimmt fast alle Aufgaben selbst: Er sammelt die Nachrichten ein, bearbeitet und übersetzt sie. Ein „Sprachmeister" der Universität unterstützt ihn dabei. Schließlich druckt und verkauft er etwa 200 Exemplare. Sie werden ihm aus den Händen gerissen, denn nach dem Krieg ist die „teutsche Lesewuth" und das Interesse an Nachrichten groß.

Die „Einkommenden Zeitungen" sind ein kleines, schmuckloses Blatt; ohne jede Illustration. Ritzsch verzichtet auf jeden Kommentar, sein Stil ist nüchtern:
```
Der König in Frankreich ist auff der Reise nach Bor-
deaux/hingegen hat selbige Stadt Deputirte nach Madrid
geschickt/welche bereits daselbst ankommen/umb mit dem
```

```
Könige  in  Spanien  wegen  der  protection  zu  tracti-
ren/zwischen der Provinz Holland und den anderen Staaten
gibt  es  allerdings  Zweyspalt  .  .  .
```
Über Leipzig berichtet sein Blatt selten. Denn wer in einer Stadt mit 12.000 Einwohnern „neue Zeitung wissen will", erfährt sie in „Balbierhäusern, Bachoffen und Tabernen".

„Zeitung Drucken ist ein wichtiges werck" – und ein einträgliches Geschäft. Das weiß nicht nur Ritzsch, der sich stets mit Konkurrenten auseinandersetzen muss. Dabei scheut er sich nicht, auch mal einen Gegenspieler beim Kurfürsten anzuschwärzen. Über den Zeitungsschreiber Kormart berichtet Ritzsch, er könne „nie ein briefchen an einen Dorffschulzen" zusammenbringen, geschweige „einige Correspondenz mit Außländern" in anderen Sprachen führen. Dafür besitze Kormart nicht das „hochnothwendige teutsche Stylum".

Die „Einkommenden Zeitungen" erscheinen nur zwei Jahre lang. Der Kurfürst verdonnert Ritzsch dazu, mit einem weiteren Konkurrenten, dem Postmeister Mühlbach, eine gemeinsame Zeitung herauszubringen: die „Leipziger Einkommenden Ordinär- und Post-Zeitungen". Als Ritzsch 1678 im Alter von 64 Jahren stirbt, würdigte ihn Leipzig als „wohlehrenwerthen, vorachtbaren und wohlgelarten" Korrespondenten des Kurfürsten und Bürger.

Weiterführende Literatur

Jürgen Schlimper: „Zeitung drucken ist ein wichtiges werck". In: Zeitung drucken ist ein wichtiges werck. 350 Jahre Tagespresse in Leipzig (Leipzig: Universitätsverlag, 2000)

Die Nachrichtenauswahl

von Dietz Schwiesau

Zusammenfassung

Ein Ereignis wird zur Nachricht, wenn es einen Nachrichtenwert hat. Der Nachrichtenwert, die Aktualität, wird bestimmt vom Neuigkeitswert und vom Informationswert. Beim Informationswert lassen sich drei Werte unterscheiden: Wissen und Orientierung, direkter Nutzen und Stoff für Gespräche und Unterhaltung.

Damit hatte die „Augsburger Allgemeine" nicht gerechnet. Sie druckte eine Polizeimeldung aus Pfaffenhofen und sorgte damit für Aufsehen, und zwar in ganz Deutschland:

> Unbekannter reißt Zweige von Strauch ab. An einem Strauch in der Schulstraße in Pfaffenhoffen sind mehrere Zweige abgerissen und mitgenommen worden. Der Täter ist unbekannt. Die Polizei bittet um Hinweise.

Die Nachricht verbreitete sich schnell im Internet und löste Heiterkeit aus: Dieser Vorgang, so hieß es, sei ein Fall für die „Zweig"-Stelle der Polizei. Beim „Strauch"-Dieb handele es sich offenbar um denjenigen, der in China immer die Reissäcke umwerfe. Verärgert reagierte das Ehepaar, dem der Strauch gehört. Jeder Mensch habe Dinge, die ihm wichtig seien. Es gebe keinen Grund, das ins Lächerliche zu ziehen.

Unbekannter reißt Zweige von Strauch ab. Eine Information der Polizei, die es wert war, gedruckt zu werden? Sicher nicht. Wer war davon betroffen? Nur das Rentner-Ehepaar. Und selbst für die Rentner war die Information nicht einmal eine

© Springer Fachmedien Wiesbaden 2016
D. Schwiesau und J. Ohler, *Nachrichten – klassisch und multimedial*,
Journalistische Praxis, DOI 10.1007/978-3-658-08717-3_2

Neuigkeit. Allerdings sorgte die Meldung im Internet für Gesprächsstoff – unfreiwillig und nur deshalb, weil die Polizeimeldung keine Nachricht war, sondern eine Nichtigkeit.

> **A c h t u n g Redaktionen:** Die angekündigte Meldung zur Entscheidung des Bundessozialgerichts über die Erstattung der Kosten für digitale Hörgeräte durch die Rentenversicherung entfällt mangels Nachrichtenwert. (AP)

Der Nachrichtenwert der Ereignisse

Was macht ein Ereignis zur Nachricht? Warum ist manche Neuigkeit nur eine Nichtigkeit? Wann wird aus einer Neuigkeit eine Nachricht, also eine Information für die Öffentlichkeit? Wie erkennt man, welche Ereignisse einen Informationswert haben? Und wer entscheidet, warum aus Millionen möglicher Nachrichtenthemen täglich nur wenige ausgewählt werden und an das Auge oder Ohr des Publikums gelangen?

Nachrichtenauswahl ist mehr als die Auswahl von Nachrichten. Denn wer Nachrichten auswählt, bewertet Ereignisse, die den Nachrichten zugrunde liegen. Das weiß jeder Journalist, der bei einer Nachrichtenagentur oder bei einer Lokalzeitung arbeitet. Er kann nicht aus einem reichhaltigen Nachrichtenangebot auswählen. Er muss entscheiden, ob ein *Ereignis* für die Öffentlichkeit wichtig oder interessant ist. Dann schreibt er darüber eine Nachricht – oder nicht. Das gilt auch für die Nachrichtenredakteure, die am Computer sitzen und von vielen Ereignissen erst aus zweiter Hand erfahren. Formal wählen sie zwar Nachrichten aus. Im Kern entscheiden aber auch sie, ob sie über ein Ereignis informieren wollen – oder nicht.

Ein Ereignis muss einen Nachrichtenwert haben, um zur Nachricht zu werden. Sonst ist es eine Nichtigkeit und für die Öffentlichkeit bedeutungslos. Der Rang, der Wert eines Ereignisses überträgt sich auf die Nachricht und bestimmt auch ihren Wert. Dieser Nachrichtenwert setzt sich aus zwei Faktoren zusammen: aus dem *Neuigkeitswert* und aus dem *Informationswert*.

Nachrichtenforschung
„Mr. Gates" war Fernschreibredakteur bei einer Zeitung in den USA. Er wählte täglich Nachrichten aus dem Agenturmaterial aus. 1949 untersuchte der Wissenschaftler David Manning White eine Woche lang, warum „Mr. Gates" bestimmte Nachrichten ins Blatt nimmt und andere nicht. White nannte seine Studie „The Gate Keeper" und gab damit einer Forschungsrichtung den Namen. Im Zentrum steht der Nachrichtenjournalist, der möglichst neutrale Torwächter. Dagegen beschäftigt sich die *Nachrichtenwert-Forschung* stärker mit dem „news value", also mit dem Nachrichtenwert von Ereignissen. Diesen Ansatz verfolgt auch dieses Buch.

Der Neuigkeitswert

Eine Nachricht ist nur dann eine Nachricht, wenn sie über neue, unbekannte Ereignisse berichtet. Sonst ist sie ein „altes Eisen". Eine Nachricht muss einen Neuigkeitswert haben. Das ist das entscheidende Auswahlkriterium.

„Neue Sachen sind und bleiben angenehm: was aber bey voriger Welt vorgangen/gehöret ins alte Eisen/und ersättigt das Lüsterne Gemüt nicht. Je neuer und unverhoffter Zeitungen einlangen, je willkommener sie auch seyn." Kaspar Stieler, Zeitungs Lust und Nutz (1695)

Neu – das bedeutete ursprünglich auch *frisch, jung* oder *gerade erst entstanden.* Dass es sich um frische Ware handelt, kann der Journalist in bestimmten Fällen deutlich machen. Mit genauen Zeitangaben, die die Aktualität unterstreichen:

```
Soeben erreicht uns diese Meldung . . .
Das gab die Einsatzleitung vor wenigen Minuten be-
kannt . . .
Das teilte der Verhandlungsführer heute morgen mit.
```

Das Wort gestern mögen Nachrichrichtenredakteure nicht. Gestern – das klingt alt und abgestanden. Aber es gibt Möglichkeiten, das Problem elegant zu lösen.

```
Bei einem Überfall auf eine Sparkasse in Konstanz ha-
ben Einbrecher mehr als eine Million Euro erbeutet. Das
teilte die Polizei vor wenigen Minuten mit. Der Über-
fall ereignete sich bereits gestern Abend, wurde aber
erst heute bekannt.
```

Transparenz als Mittel der Aktualisierung. Aber bei Zeitangaben niemals tricksen!

Neuigkeitswert – das bedeutet, dass Nachrichten auch über *Neues* berichten sollten. Doch oft sind sie Mogelpackungen. Motto: Nichts passiert! Wir informieren trotzdem:

```
• Im Entführungsfall der beiden Deutschen im Jemen gibt es
  noch immer nichts Neues.
• Die Lage im Gazastreifen bleibt dramatisch.
• In Kiew herrscht gespannte Ruhe.
• Im Streit um Online-Untersuchungen findet die Koalition
  weiterhin keine Lösung.
• Zwei Tage nach der Wahl in Kroatien ist immer noch
  unklar, wer künftig regiert.
• Der CSU-Generalsekretär hat sich erneut dafür ausge-
  sprochen ...
```

Der Informationswert

Nachrichten informieren nicht über *irgendwelche* neuen Ereignisse. In jeder Sekunde passiert unendlich viel Neues, das meist bedeutungslos ist. Das ist der vielzitierte Reissack, der gerade in China umfällt. Die „Frankfurter Rundschau" hat das auf die Schippe genommen.

```
In der chinesischen Stadt Luzhou ist ein Sack Reis
umgefallen. Wie die Nachrichtenagentur Xinhua unter
Berufung auf Parteikreise berichtet, neigte sich das
20-Kilo-Gebinde zunächst fast unmerklich, um dann
plump umzukippen. Gefahr für die Bevölkerung bestand
```

nach offiziellen Angaben zu keiner Zeit. „Wir haben
schon lange mit einer solchen Situation gerechnet und
waren gut vorbereitet", sagte der Vize-Direktor der
Lebensmittelbehörde, Sheng Fui.

Ein Ereignis, über das die Nachricht berichtet, muss eine Bedeutung für das
Publikum haben. Das ist der Informationswert, der Wert für den Nutzer.

Wir unterscheiden drei Informationswerte. Im Kapitel „Faszination Nachrichten" ist beschrieben worden: Wer Nachrichten konsumiert, hat dafür mehrere
Gründe. Leser, Hörer und Zuschauer wollen:

- Mehr wissen und sich orientieren: Ist meine Nah-Welt noch in Ordnung? Wo
  drohen Konflikte? Sie wollen wissen, ob etwas Wichtiges passiert ist – und ob
  sie selbst davon betroffen sind. Sie wollen sich ein Urteil bilden. Nachrichten
  informieren über Ereignisse, die einen *Wissens- und Orientierungswert* haben.
- Erfahren, ob es Neuigkeiten gibt, die ihnen nutzen oder sie vor Schaden bewahren. Nachrichten informieren über Ereignisse mit *Gebrauchswert*.
- Mitreden können, Gesprächsstoff haben. Sie wollen sich unterhalten lassen,
  mitfühlen. Nachrichten informieren über Ereignisse mit *Gesprächs- und Unterhaltungswert*.

Wenn ein Ereignis einen Nachrichtenwert hat, kann man auch sagen, es ist
aktuell. Im Journalismus spielt der Begriff *Aktualität* eine herausragende Rolle.
Aktuell bedeutet *zur rechten Zeit, im augenblicklichen Interesse liegend*. Für die
Nachrichten heißt das: Eine Meldung über ein wichtiges Ereignis, das dem Publikum schon längst bekannt ist, hat ihren Wert verloren. Sie ist veraltet und nicht
mehr aktuell.

Der Nachrichtenwert
Ereignisse haben einen Nachrichtenwert, wenn sie für Leser, Hörer und Zuschauer einen Neuigkeitswert und einen Informationswert besitzen. Dabei
unterscheiden wir drei Informationswerte:

1. den Wissens- und Orientierungswert,
2. den Gebrauchswert,
3. den Unterhaltungs- und Gesprächswert.

Ereignisse, die einen Neuigkeitswert und Informationswert haben, sind aktuell.

In den meisten Ereignissen verbinden sich Wissens- und Orientierungswert, Gebrauchswert und Gesprächswert, allerdings in unterschiedlicher Gewichtung. Ein Beispiel:

```
Die Gewerkschaft Verdi hat Warnstreiks im Öffentlichen
Dienst angekündigt. Die Aktionen sollen morgen früh den
öffentlichen Nahverkehr lahm legen. Die Gewerkschaft
fordert fünf Prozent mehr Lohn und Gehalt. Die Arbeit-
geber wollen eine Nullrunde.
```

- **Wissens- und Orientierungswert.** Die Staatsdiener wollen mehr Geld! Wohin führt das? Bin ich davon irgendwie betroffen? Steigen dann die Gebühren? Muss der Staat weitere Stellen abbauen?
- **Gebrauchswert.** Wie komme ich morgen zur Arbeit? Sollte ich mit dem Auto fahren? Morgen früh das Radio einschalten oder ins Netz schauen, ob es auch hier Warnstreiks gibt.
- **Gesprächs- und Unterhaltungswert.** Was verdienen die Mitarbeiter im Öffentlichen Dienst und was verdiene ich? Fünf Prozent – eine unverschämte Forderung? Ob die Kollegin schon gehört hat, dass vielleicht gestreikt wird? Anrufen!

Wie erkennt nun der Redakteur, welche Ereignisse einen Informationswert haben – und wie groß dieser Wert ist? Um diese Frage beantworten zu können, haben Nachrichtenforscher analysiert, welche *Merkmale* oder Eigenschaften die Ereignisse haben. Nur wenn die Ereignisse bestimmte Merkmale aufweisen, besitzen sie einen Wissens- und Orientierungswert, einen Gebrauchswert oder einen Gesprächs- und Unterhaltungswert.

Die zehn wichtigsten Merkmale von Ereignissen sind: *Betroffenheit, Tragweite, Nähe, Einfluss, Nutzen, Schaden, Menschen, Emotionen, Spannung, Außergewöhnliches.* Einige dieser Merkmale sind mehr den Nachrichten mit Wissens- und

Orientierungswert zugeordnet, andere mehr den Nachrichten mit Gebrauchs- und Gesprächswert. Jedes Ereignis ist aber immer durch mehrere Eigenschaften gleichzeitig gekennzeichnet. Wenn sich zwei Regierungschefs in die Haare geraten, ist das ein spannender Konflikt, der nicht nur die beiden Politiker betrifft, sondern Millionen Menschen, die Konsequenzen befürchten und deshalb gebannt auf den Ausgang warten.

Die Nachrichtenfaktoren können grafisch dargestellt werden:

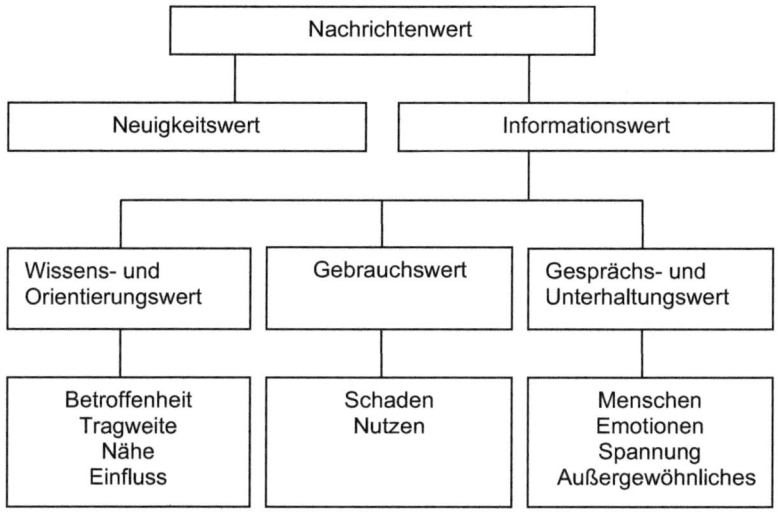

Der Wissens- und Orientierungswert

Welche Merkmale haben Ereignisse, über die sich Leser, Hörer oder Zuschauer informieren wollen, um sich zu orientieren, um Bescheid zu wissen und sich eine eigene Meinung zu bilden?

- **Betroffenheit:** Wie viele Menschen sind von einem Ereignis betroffen, jetzt oder vielleicht in Zukunft? Eine Frage, die bei der Auswahl eine herausragende Rolle spielt. Geht das mein Publikum insgesamt etwas an, nur eine Minderheit oder eigentlich keinen? Wenn ein Sturm Richtung Schleswig-Holstein heranzieht, könnte das *alle* Einwohner betreffen. Wenn sich aber die Rassegeflügelzüchter Schleswig-Holsteins organisieren, betrifft das *nur* die Freunde der

Hühnerzucht. Wenn sich der Bundestag mit der Reform der Privaten Kranken-
versicherung beschäftigt oder mit der Mehrwertsteuer für Hunde- und Katzen-
futter, sind das für *viele* Menschen wichtige Vorgänge. Wenn aber ein neues
Gesetz zum Kündigungsschutz beschlossen wird, betrifft das fast *alle*.

- **Tragweite:** Welches Ausmaß hat das Ereignis? Bleibt es folgenlos oder hat es
  vielleicht weiter reichende *Konsequenzen*? Russland und die Ukraine streiten
  über Erdgaslieferungen. Was passiert, wenn Russland den Hahn zudreht? Ist
  dann auch Deutschland betroffen? Bleibt im Winter meine Heizung kalt? Der
  Euro ist auf Talfahrt. Welche Folgen hat das für mich? Das IT-System des Bun-
  destages wird von Hackern angegriffen. Ist die Sicherheit des Landes bedroht?
- **Nähe.** Dieser Begriff hat eine doppelte Bedeutung. *Räumliche Nähe*: Hat das
  Ereignis vor der Haustür oder in einem fernen Land stattgefunden? *Emotionale
  Nähe*: Berührt das Ereignis das Publikum? Verschüttete Bergarbeiter
  in Chile gerettet. 70 Kinder bei Zugunglück in Sibirien
  ums Leben gekommen. Siamesische Zwillinge in Indonesien
  getrennt. Diese Ereignisse erregen weltweit Anteilnahme, auch bei uns.
- **Einfluss:** Wenn jemand eine wichtige Position hat, dann wächst mit seinem
  Rang das Gewicht seiner Worte (*Eliteperson*). Das „Nein!" der Bundeskanzlerin hat mehr Gewicht als die Nörgelei des stellvertretenden Fraktionschefs. Und
  Ereignisse in den USA werden eher beachtet als Ereignisse in Tuvalu (*Elitena-
  tion*).

Langsamer Journalismus
Ist das nicht ein Widerspruch in sich? Nein, zumindest nicht für das briti-
sche Magazin „Delayed Gratification". In dem Heft geht es um Ereignisse,
die mindestens drei Monate zurück liegen. Der Leser soll erfahren, was daraus geworden ist. Mordanschlag auf die Satirezeitschrift
„Charlie Hebdo" – was machen die verbliebenen Redakteure? Be-
lagerung der irakischen Stadt Kobani durch den
„Islamischen Staat" – wie sieht es dort heute aus? Portugal fast
zahlungsunfähig – haben sich die Staatsfinanzen erholt?

Der Gebrauchswert

Ereignisse können Menschen nutzen oder schaden. Nachrichten über solche Ereignisse sind klassische Nachrichten zum „Darnach richten". Für Meldungen mit

Nutzwert haben bereits die ersten Zeitungsleser viel Geld ausgegeben. So warb 1730 der „Wöchentliche Anzeiger" in Dresden in seinem Zeitungskopf damit, alles zu melden, „was im gemeinen Leben zu wissen nöthig und nützlich ist". Auf diese *News to Use* legen heute die meisten Medien großen Wert:

- **Nutzen:** Gerichtsurteile, zum Beispiel: Wie lange ist eine Weihnachtsfeier Dienst? Neues Unternehmen sucht Arbeitskräfte. Börse. Neuer Fördertopf für den Mittelstand. Vollsperrung der Autobahn. Stromabschaltungen.
- **Schaden.** Warnung vor Blitzeis. Neuer Grippevirus unterwegs. Gesundheitsgefährdende Lebensmittel. Autohersteller ruft Fahrzeuge mit mangelhaften Bremsen zurück. Ausbrecher weiter auf der Flucht.

Zu den hoch geschätzten Informationen mit Gebrauchswert gehört der Service, und zwar schon seit langer Zeit. Seit wann gibt es eigentlich ...

Wetterberichte? Der „Nordische Mercurius" in Hamburg bringt bereits 1667 Wettermeldungen, weil es „von einigen vornehmen Kauffleuten begehret worden" waren. Die erste „Tägliche Wetterkarte" zum Abdruck in deutschen Zeitungen erscheint 1876. Herausgeber war die Deutsche Seewarte Hamburg.

Sportinformationen? Als erste Tageszeitung der Welt veröffentlicht der „Morning Herald" ab 1817 täglich Sportnachrichten. Die „Münchner Neuesten Nachrichten" führen 1886 als erste deutsche Tageszeitung einen Sportteil ein. Und die „Berliner Zeitung am Mittag" beschäftigt ab 1904 die ersten Sportredakteure Deutschlands.

Lotto? Die erste deutsche Staatslotterie („Lotterey") wird 1610 in Hamburg gespielt. Lotto stammt vom „Lotto di Genova" ab, wo auf den Ausgang der Senatorenwahl gewettet wurde. Das Fußball-Toto wird 1921 in England erfunden. „6 aus 49" gibt es in Deutschland seit 1955. Radio und Fernsehen bringen die Ergebnisse direkt, die Zeitungen am nächsten Tag.

Der Gesprächs- und Unterhaltungswert

Haben auch Ereignisse einen Informationswert, die das Leben nicht verändern, die weder nutzen noch dabei helfen, Schaden zu vermeiden? Ja, unbedingt! Nachrichten über solche Ereignisse können das Publikum zum Staunen oder Lachen bringen. Sie sorgen für Trauer und Freude, Unmut oder Zorn. Nachrichten sind ein wichtiger Rohstoff für unser Leben, denn Leser, Hörer und Zuschauer bekommen Informationen, über die sie reden können: „Hast du schon gehört?" Merkmale solcher Ereignisse sind:

- **Menschen.** Ereignisse, bei denen Menschen im Vordergrund stehen, haben oft hohen Gesprächs- und Unterhaltungswert. Und zwar nicht nur, wenn es sich um Prominente handelt. Das sind die Nachrichten mit dem *human touch*: Der gerettete Höhlenforscher. Die 14-Jährige Weltumseglerin. Der Rücktritt des Rekord-Torschützen. Der Mann, der mit Prothesen der Mount Everest besteigt. Der Ex-Bundeskanzler auf der Intensivstation. Der Selbstmord des Hollywood-Schauspielers.
- **Emotionen.** Ereignisse lösen Freude und Trauer aus, sie wecken das Mitgefühl. Nachrichten, sagen Medienforscher, sind auch Lustgewinn.
  Weltmeistertitel für Deutschland. Geburt des Thronfolgers. Comeback des Super-Stars. Affäre des Präsidenten.
  Emotionen wecken auch Nachrichten über Tiere: der Schwan, der sich in ein Tretboot verliebte, Problembär Bruno, Eisbär Knut oder die Krake Paul, die Fußballergebnisse vorhersagte.
- **Spannung.** Ereignisse mit einem ungewissen Ausgang können Millionen von Menschen in Aufregung versetzen:
  Geiselnahme in der Schule. Weltmeisterschaftskampf der Schwergewichtsboxer. Polarforscher eingeschlossen. Verfolgung der Bankräuber. Urlauberschiff in Seenot.
  Spannung entsteht oft durch *Konflikte*. Wenn Menschen, Organisationen oder Nationen streiten, dann sind das Ereignisse, die meist längere Zeit die Nachrichten prägen. Machtkampf an der Parteispitze. Scheidungsdrama des Prominentenehepaares. Unternehmen wehrt sich gegen feindliche Übernahme.
- **Außergewöhnliches.** Meteorit schlägt in der Ostsee ein. Mann überlebt zwei Monate im eingeschneiten Auto. Erster Nacktwanderweg im Harz.
  Dazu gehören auch *Kuriositäten* und *Superlative*: Der Extremsportler, der mit dem Fallschirm aus 40 Kilometer Höhe springt. Frau zerquetscht Krokodil. Polizei blitzt Innenminister. Lokführer verpasst eigenen Zug.

Jeder Nachrichtenredakteur kennt die so genannte *Man-bites-dog-Formel*: Nur wenn der Mann den Hund beißt, ist das eine Nachricht. Denn das ist die Ausnahme von der Regel. Wie gehen die Medien mit dieser Nachricht um? (Quelle: graphitti-blog.de)

Süddeutsche Zeitung	`Mann beißt Hund`
BILD	`So wohnt der Hundebeißer privat`
Focus	`Die besten 20 Orte, um Hunde zu beißen`
Handelsblatt	`Hundebiss vor Handelsschluss: Märkte rea-` `gieren gelassen`
Brigitte	`So purzeln die Pfunde: Leichte Sommerge-` `richte mit Hund`
Neon	`Hunde beißen oder Holunderblütenlimo: Was` `macht glücklicher?`

Der wichtigste Gradmesser, ob ein Ereignis Gesprächswert hat oder nicht, ist meist der Redakteur selbst. Wer bei einer Meldung schmunzelt, wer den Kollegen darauf aufmerksam macht („Hast du schon gesehen?"), wer sie seinen Freunden schickt, der sollte sie den Lesern, Hörern und Zuschauern nicht vorenthalten.

Gesprächsstoff in der Tagesschau
„Wir wollen keine unterhaltsame Sendung machen. Aber es darf nicht so sein, dass 10 Millionen Tagesschau-Zuschauer am nächsten Tag die Uninformierten sind und nicht wissen, worüber die Menschen in der Mittagspause sprechen." Chefredakteur Kai Gniffke

Tipps für die Nachrichtenauswahl

1. A-, B- und C-Nachrichten unterscheiden! In der Praxis hat es sich bewährt, auf der Basis des Profils des Mediums die Nachrichten in drei Kategorien zu unterteilen:

A-Nachrichten *müssen* gemeldet werden. Meldungen über herausragende, außergewöhnliche und überraschende Ereignisse.
B-Nachrichten *sollten* gemeldet werden. Meldungen, die zwar nicht außergewöhnlich sind, aber für viele Menschen einen Informationswert haben.
C-Nachrichten *können* gemeldet werden. Ereignisse, die nicht die Welt erschüttern, die aber für viele wichtig und interessant sind, die für einige praktischen Nutzen haben, die das Publikum aufhorchen oder auch mal lachen lassen.

2. Nicht jagen, sondern berichten! *Skandal* und *Affäre* gehören zu den Lieblingswörtern von Nachrichtenredakteuren. Wenn die Medien illegale Parteispenden enthüllen oder die Machenschaften der NSA aufdecken, werden sie ihrer Rolle als *Vierte Gewalt* gerecht. Aber nicht jedes kleine Fehlverhalten eines Politikers ist ein Skandal. Ein Nachrichten-Dauerfeuer kann den Politiker zur Strecke bringen; egal, ob seine Schuld bewiesen ist oder nicht. Das Internet hat die Hatz noch erweitert, denn an einem *Shitstorm* kann sich jedermann beteiligen. Faire Nachrichtenjournalisten sind keine Jäger, sondern gründliche Rechercheure und sachliche Berichterstatter. Vorsicht *Kampagnenjournalismus*!

3. Das Sommerloch sinnvoll füllen! In nachrichtenarmen Zeiten – dazu gehören oft die Wochenenden – werden die Auswahlkriterien in den Redaktionen etwas großzügiger interpretiert. Es kommen Hinterbänkler zu Wort, ältere Themen werden mit einem neuen Einstieg aufgewärmt oder es werden Nichtigkeiten verbreitet: `Sommerhitze lässt Preise für Wassermelonen steigen`. Was tun? Niemand erwartet, dass im schnellen Takt immer neue Spitzenmeldungen serviert werden. Also lieber mal eine Nachricht wiederholen, länger auf der Seite lassen oder ausführlicher über ein Ereignis berichten. Natürlich kann man auch Meldungen bringen, für die sonst weniger Platz zur Verfügung steht. Das kann sogar erfrischend sein. Und Lokalredaktionen können sich zielgerichtet auf mögliche Engpässe vorbereiten (siehe Kapitel „Die Nachrichtenrecherche").

Wenn sich alle Nachrichtenwerte versammeln

```
Eil/ Clinton

Washington (AP) Das amerikanische Repräsentantenhaus
hat am Donnerstag die Einleitung eines Amtsenthebungs-
verfahrens gegen Präsident Bill Clinton wegen der Sex-
und Meineidsaffäre beschlossen.
```

---

4. Nicht anstecken lassen! `Ebola, BSE, Schweinegrippe, Vogelgrippe, Hirnhautentzündung, Influenza`. Alle paar Monate taucht eine neue Krankheit auf, einige sind gefährlich, andere weniger. Aber immer erfasst eine Nachrichtenepidemie ganz Deutschland. Und Nichtigkeiten werden Spitzenmeldungen: `EHEC-Keim an Gurkenabfall entdeckt!` Nachrichtenredakteure sollen nicht Angst und Panik schüren. Deshalb: kühlen Kopf bewahren und sachlich informieren. Vorsicht Herdentrieb!

5. Nicht in Routine verfallen! „Solche Meldungen haben wir noch nie gebracht." Die Welt verändert sich. Werte verändern sich. Damit ändert sich auch die Nachrichtenbewertung. Deshalb ist es wichtig, darüber jeden Tag neu nachzudenken. Die *nose for news*, der *news sense* ist einigen vielleicht angeboren, man kann das Nachrichtengespür aber auch entwickeln.

6. Nicht nur Negatives melden! `Straßenbahnunglück`. `DAX abgestürzt`. `Gewitterfront naht`. Wer möchte schon, dass Nachrichten über das Alltägliche, das Normale berichten? Wer will schon erfahren, dass alle Flugzeuge problemlos gestartet sind? Eine Nachricht, das ist das Außergewöhnliche, Überraschende, Besondere, das ist das, was sich von der Norm unterscheidet, im Guten wie im Bösen. Aber ob eine Nachricht gut oder schlecht ist, kann nur der Einzelne entscheiden. `Straßenbahnunfall`? Glück gehabt! `DAX-Absturz`? Meinetwegen! Gerade habe ich meine Aktien verkauft. `Gewitterfront`? Endlich Regen, mein Garten hat es nötig!

Constructive News
Verbrechen. Terror. Kriege. Hurrikane. Viele schlechte Nachrichten machen die Menschen krank, meint der Nachrichtenchef des Dänischen Rundfunks, Ulrik Haagerup. Sein Rezept: Mehr konstruktive Nachrichten, die eine öffentliche Debatte über eine bessere Zukunft anregen. Ulrik Haagerup, Constructive News (2015)

Fakten vor Meinungen

Eine Inflation der Meinungsäußerungen kennzeichnet das Nachrichtengeschäft. Obwohl die meisten Redakteure den Wortschwall eindämmen wollen, sieht die Realität anders aus: Verlautbarungen bekommen viel Platz. Vor allem wegen eines immer besseren Zusammenspiels von Politikern, Unternehmen, Öffentlichkeitsarbeitern und Medien.

Eine Symbiose von Politik und Journalismus ist aber nicht im Interesse der Öffentlichkeit. Politiker und Journalisten dürfen nicht gemeinsame Sache machen, weil sie nicht die gleichen Ziele haben: Politiker wetteifern um Macht, Nachrichtenredakteure wetteifern um neue Informationen. Was keineswegs bedeutet, dass Meinungen verdammt sind. Die Vielfalt, der Widerstreit der Meinungen ist eine

Grundlage der demokratischen Gesellschaft. Nachrichten informieren über Politik, und Politik ist ohne Rede und Gegenrede, ohne Meinungsstreit nicht möglich.

> „AFP hat nicht den Kundenauftrag, Verlautbarungsjournalismus zu betreiben." „Der AP-Nachrichtendienst ist keine Plattform für die Austragung interner Streitigkeiten." Handbücher AFP und AP

Welche Meinungsäußerungen sollten zu Nachrichten werden? Die Antwort ist einfach: Alle Meinungen, die möglichst vielen Nachrichtenkriterien entsprechen. Also:

- Meinungen müssen neu sein. Wer nur das wiederholt, was er immer sagt, hat keine neuen Informationen. Negativbeispiel: Die Linkspartei hat sich erneut für eine Reform der Erbschaftssteuer ausgesprochen.
- Meinungen müssen einen Wissens- und Orientierungswert haben. Verteidigungsminister: Mehr Verantwortung für Bundeswehr in Deutschland! Eine Meinungsäußerung, die möglicherweise Konsequenzen hat. Bundeswehreinsätze gegen Terroristen oder Demonstranten?
- Meinungen müssen einen Gebrauchswert haben. Europäische Zentralbank: Wende in der Zinspolitik! Eine Äußerung, die den Geldmarkt in Bewegung bringt. Staatsanleihen kaufen?
- Meinungen müssen einen Unterhaltungs- oder Gesprächswert haben. Fußball-Star im „Playboy": Arbeitslose bekommen zu viel Geld. Eine Äußerung, die nicht nur bei Fußballfans für Diskussionen sorgt.

Nachrichten aus der Region

„Viele halten den lokalen Teil für einen Platz, auf dem Schutt abgeladen werden kann", klagte der Zeitungsforscher Otto Groth 1928. Das ist längst vorbei. Heute spielt der Lokaljournalismus eine bedeutende Rolle. Auf eine erstklassige Berichterstattung vor Ort legen viele Medien großen Wert. Heimat hat Konjunktur.

Dabei war Lokaljournalismus über Jahrhunderte hinweg fast unbekannt. Die Zeitungen berichteten über Neuigkeiten in anderen Städten und fremden Ländern.

Wer Neues aus seiner Stadt wissen wollte, erfuhr es auf der Straße oder im Wirtshaus. Das änderte sich erst, als im 19. Jahrhundert die Städte wuchsen. Heute ist dank der Medien die Welt zu dem globalen Dorf geworden, das der Publizist Marshall McLuhan vorhergesagt hat. Deshalb besinnen sich die Menschen auf ihre Wurzeln. Und so zeigen alle Umfragen: Für Lokal- und Regionalnachrichten gibt es ein großes Interesse. Zwei Besonderheiten des Lokaljournalismus:

Lokalredakteure sind nah am Publikum. Wer über Neues in der Stadt, im Landkreis, berichtet, berührt meist unmittelbar die Interessen der Leute. Viele Nachrichten betreffen sie direkt. Das heißt: Sie kennen sich aus. Sie werden nicht bemerken, dass der Name des ägyptischen Außenministers falsch geschrieben ist. Wenn aber der Name des Stadtkämmerers nicht stimmt, klingelt das Telefon der Redaktion.

Lokalredakteure müssen für alle Nachrichten selbst sorgen. Lokalnachrichten werden nicht auf dem silbernen Tablett der Agenturen serviert. Wie Lokalredaktionen zu ihren Nachrichten kommen, dazu gibt es Informationen in den Kapiteln „Die Nachrichtenrecherche", „Die Pressenachricht" und „Bleiben Sie dran, Herr Rath!".

Erfinde Geschichten. Du bist Journalist!

Redakteur Bolz: (*Liest in der Zeitung*) Wäsche vom Boden gestohlen – Drillinge geboren – Concert, Concert, Vereinsitzung, Theater – Alles in Ordnung – Neuerfundene Locomotive; die große Seeschlange gesehen. (*Aufspringend*) Alle Wetter, kommt der wieder mit der alten Seeschlange! Wie konntest du die abgedroschene Lüge wieder hineinsetzen?

Mitarbeiter Bellmaus: Sie passte gerade, es fehlte an sechs Zeilen.

Bolz: Das ist eine Entschuldigung, aber keine gute. Erfinde deine eigenen Geschichten, wozu bist du Journalist … vielleicht einen Meuchelmord aus Höflichkeit, oder wie ein Hamster sieben schlafende Kinder erbissen hat, oder so etwas. Es gibt so Vieles, was geschieht, und so ungeheuer Vieles, was nicht geschieht, dass es einem ehrlichen Zeitungsschreiber nie an Neuigkeiten fehlen darf.

Gustav Freytag, Die Journalisten. Lustspiel in 4 Acten (1853)

► **Merksätze**

1. Ein Ereignis wird zur Nachricht, wenn es einen Nachrichtenwert hat,
   d. h. wenn es aktuell ist. Der Nachrichtenwert, die Aktualität, wird bestimmt vom Neuigkeitswert und vom Informationswert.
2. Nachrichten können dreierlei Informationswert haben: Wissen und
   Orientierung, direkten Nutzen und Stoff für Gespräche und Unterhaltung.
3. Dominierende Merkmale der Nachrichten mit Orientierungswert
   sind Betroffenheit, Tragweite, Nähe und Einfluss.
4. Nachrichten mit Gebrauchswert bringen Lesern, Hörern und Zuschauern Nutzen und bewahren sie vor Schaden.
5. Nachrichten mit Gesprächswert berichten über Menschen und Emotionen, über Spannendes und Außergewöhnliches.

Weiterführende Literatur

Hanne Detel, Bernhard Pörksen: Der entfesselte Skandal. Das Ende der Kontrolle
im digitalen Zeitalter (Köln: Herbert von Halem Verlag 2012)

Ulrik Haagerup: Constructive News (Eugendorf: Johann Oberauer GmbH 2015)

Hans Mathias Kepplinger: Die Mechanismen der Skandalisierung (München: Ol-
zog 2012)

Winfried Schulz: Die Konstruktion von Realität in den Nachrichtenmedien (Freiburg, München: Karl Alber 1976)

Joachim Friedrich Staab: Nachrichtenwerttheorie. Formale Struktur und empiri-
scher Gehalt (Freiburg, München: Karl Alber 1990)

„Wichtiges von Lappalien unterscheiden"

Herrmann Heinrich Holle war Buchhändler in Schiffbek, er druckte Bibeln und
gab eine kleine Zeitung heraus. 1731 siedelte das Blatt nach Hamburg über und
nahm unter dem Titel „Staats- und Gelehrte Zeitung des Hamburger unpartheyi-
schen Correspondenten" bald „den ersten Rang der ganzen cultivirten Welt" ein.
Der „Correspondent" setzte auf politische Nachrichten, „da sich die meisten Leser mehr um die Welthändel als Gelehrsamkeit kümmern." Ihnen sei „anjetzo

mehr daran gelegen", „wenn wir ihnen das Neueste, so in der Welt vorgehet, kund machen, als wenn wir ihnen sagen, dass ein Schriftsteller in Gnaden entbunden worden ist und die gelehrte Welt mit einer neuen Schrift erfreut hat."

Die Nachrichten kamen von eigenen Korrespondenten, die zum Beispiel in Berlin, London und Paris saßen und Ereignisse niemals „auß interessirter Passion" darstellen durften. Und ein Redakteur nahm diese Nachrichten nicht nur ins Blatt, sondern er wählte aus und ordnete sie nach ihrem Gewicht. Das war bei den meisten anderen Zeitungen noch nicht üblich.

Über „klägliche", „jämmerliche", „wahrhafftige" Ereignisse berichteten seit dem Ende des 15. Jahrhunderts die Vorläufer der modernen Boulevardzeitungen, die so genannten Neuen Zeitungen. Diese Nachrichtenblätter erschienen, wenn es ein Ereignis gab: Schlachten, Seuchen, Hexenverbrennungen, Kometen oder Missgeburten. So brachten die Schrecken des Dreißigjährigen Krieges eine Flut von „Newen Zeitungen" hervor:

```
Unvermuthliche un unerhörte Trawrige Zeitung/Von der
Jämmerlichen Zerstörung/grawsamen verübten Tyranney
und besorgenden gäntzlichen Untergang/der Weitberühm-
ten/Löblichen/Alten/Kayserlichen Freyen Kauff- und
HandelStadt Magdeburgk/Welche nach dem sie inner kurt-
zer Zeit zum dritten mal hart belagert und hefftig
beängstiget/endlich den 10. Maij 1631 erobert und ein-
genommen.
```

Auch die Herausgeber der ersten periodisch erscheinenden Zeitungen im 17. Jahrhundert wählten meist keine Nachrichten aus. Sie druckten, was mit der Post „eingelauffen" war. Nachrichten waren oft Mangelware. Johann Heinrich Zedler hat das 1749 in seinem „Universallexikon" drastisch beschrieben: „Doch die Zeiten sind zuweilen gantz unfruchtbar an großen Neuigkeiten, und man weiß weder von Schlachten, und Scharmützeln, noch von Belagerungen und anderen kriegerischen Begebenheiten zu reden: Aber zu so unfruchtbarer Zeit sollte der Zeitungs-Schreiber lieber mit seinen Blättern zu Hause bleiben. So müssen die Zeitungs-Schreiber freylich alles zusammen raffen, was ihnen vor die Hände kommt."

„Auß Prag . . .", „Auß Constantinopel . . ." Die ersten Zeitungen wie die „Relation" oder die „Einkommenden Zeitungen" waren Sammlungen von Nachrichten,

die in der Reihenfolge ihres Eintreffens aneinandergereiht ins Blatt gerückt wurden. Die neuesten Nachrichten waren die letzten. Das änderte sich bis ins 20. Jahrhundert hinein nicht wesentlich. Da mit der Post mal mehr oder weniger „newe"
Geschichten kamen, gab es für viele Zeitungsmacher eine einfache Methode: Je
nach Angebot verwendeten sie eine große oder kleine Schrift. Um Platz zu füllen,
waren die Buchstaben der letzten Nachrichten manchmal deutlich größer als die
der ersten. Auch als das Nachrichtenangebot später langsam wuchs, wurde kaum
ausgewählt. Die Zeitungen wurden eben dicker und größer.

Welche Nachrichten sind „meldungswerth, berichtenswerth und lesenswerth"?
Darüber haben sich bereits die ersten Pressekritiker den Kopf zerbrochen. 1690
legte Tobias Peucer in Leipzig die erste deutsche Presse-Dissertation vor. Darin
stellt er eine Skala der Nachrichtenwerte auf. Die wichtigsten Ereignisse sind für
ihn Wunderzeichen, Ungeheuerlichkeiten, Überschwemmungen, Erdbeben, Him-
melserscheinungen, Erfindungen oder Entdeckungen. Und Kaspar Stieler schrieb
1695 in seinem Buch „Zeitungs Lust und Nutz", Zeitungsschreiber müssten kluge
Leute sein, „die das Wichtige und Weitaussehende von Lappalien zu unterscheiden wüssten." Die Zeitungen sollten auch zur „Gemüthsergötzung" dienen. Das
sah auch ein unbekannter Autor so, von dem nur die Initialen J.G.H. bekannt sind.
Er notierte 1755: „Unter so vielen Dingen, welcher in Zeitungen Meldung gethan
wird, muss nothwendig etwas bald diesem bald jenem zu wissen theils nöthig,
theils nützlich sein. Ist keines von beyden, so ist doch das Neue schon angenehm
genug, und der Mensch ziehet einen Nutzen daraus, wenn dieser Nutzen auch in
weiter nichts, als in dem bloßen Vergnügen besteht."

Erst Bahn, Telegraf und Transatlantikkabel sorgten im Zeitalter der Industria-
lisierung für ein Nachrichtenüberangebot. Jetzt musste ausgewählt werden. Ein
journalistisches Handbuch beschreibt das 1878 so: „Der Chefredakteur wägt und
vergleicht die Wichtigkeit der verschiedenen Aufsätze. Die Probe seiner Tüchtig-
keit hat er aber noch nicht bestanden, wenn es ihm gelungen ist, alle interessanten
und wichtigen Thatsachen in dem zu Gebote stehenden Raume unterzubringen.
Sie müssen auch so gruppirt sein, dass das Zusammengehörige sich leicht in einander verschlingt und dass das Wichtige und Minderwichtige, das Interessante und
Minderinteressante in der Anordnung des Ganzen zu Tage tritt."

Aber auch damals gab es bereits Auswahlentscheidungen, bei denen die Technik
über den Nachrichtenwert siegte. Otto Groth hat das 1928 in seiner „Zeitungskun-
de" beschrieben: „Es wird zuviel telegraphiert und telephoniert, dem Unwichtigen,
dem Gleichgültigen wird durch die Depesche eine unverdiente Bedeutung beige-

legt, und der Redakteur nimmt es, weil es eben eine Drahtmeldung ist und Kosten gemacht hat." Das erinnert an TV-Gespräche, die heute mit Korrespondenten in aller Welt geführt werden. Sie finden gelegentlich aus zwei Gründen den Weg in die Nachrichtensendungen: „Wir haben einen Mann vor Ort!" und „Wenn er da ist und Geld kostet, soll er auch was machen!"

Weiterführende Literatur und Quellen

Otto Groth: Die Zeitung. Vier Bände (Mannheim, Berlin, Leipzig: Bensheimer 1928–1930)

Jürgen Wilke: Nachrichtenauswahl und Medienrealität in vier Jahrhunderten (Berlin, New York: de Gruyter 1984)

„Zeitungen Drucken ist ein wichtiges werck". 350 Jahre Tagespresse in Leipzig (Leipzig: Universitäts-Verlag 2000)

Der Nachrichtenaufbau

von Josef Ohler und Dietz Schwiesau

Zusammenfassung

In der Nachricht steht das Wichtigste vorn. Dann folgen Quelle, Einzelheiten und Hintergrund. Grafisch vielfach dargestellt in der *umgekehrten Pyramide*. Besser ist das Bausteine-Modell. Für den Leadsatz gibt es mehrere Möglichkeiten. Im Ausnahmefall passt auch das *Andockmodell*.

Am 26. Dezember gegen 19.00 Uhr wurde hiesiger Dienststelle über Notruf mitgeteilt, dass in Neustadt in der Gerbergasse ein Wohnhaus brennt. Wir trafen zeitgleich mit der Feuerwehr in der Gerbergasse ein. Die Feuerwehr versuchte sofort, den Brand zu löschen. Von Anwohnern wurde in Erfahrung gebracht, dass sich in der brennenden Wohnung noch eine Person aufhalten sollte. Die Feuerwehr betrat mit schwerem Atemschutzgerät das Anwesen und stellte fest, dass die Wohnungsinhaberin - eine 71-jährige gehbehinderte Frau - tot in der Küche lag . . . Die Wohnung wurde durch den Brand schwer beschädigt.

Das ist ein Originalbericht der Polizei. Kein Nachrichtenredakteur käme auf die Idee, in dieser Form eine Nachricht zu schreiben. Er wird formulieren:

Bei einem Brand in Neustadt ist eine 71-jährige Frau ums Leben gekommen. Nach Angaben der Polizei wurde sie von der Feuerwehr tot in ihrer Küche gefunden. Die Frau war gehbehindert. Die Wohnung der Toten wurde schwer beschädigt. Über die Ursache des Brandes teilte die Polizei noch nichts mit.

© Springer Fachmedien Wiesbaden 2016   33
D. Schwiesau und J. Ohler, *Nachrichten – klassisch und multimedial*,
Journalistische Praxis, DOI 10.1007/978-3-658-08717-3_3

Das Wichtigste steht vorn

Wie unterscheiden sich die beiden Darstellungen? Der Bericht der Polizei ist so abgefasst, wie die Beamten das Geschehen erlebt haben, also *chronologisch*. Die Nachricht ist dagegen *hierarchisch* aufgebaut. *Hierarchisch* – das heißt:

Das Wichtigste kommt zuerst. Dann geht es weiter mit ergänzenden Einzelheiten. Genau diesem Muster folgt unser Beispiel: Zuerst kommt die Kern-Aussage: `71-jährige Frau bei Wohnungsbrand umgekommen`. Dann nennt der Redakteur seine Quelle und teilt mit, woher er das alles weiß: `... Angaben der Polizei`. Es folgen ergänzende Informationen: `in ihrer Küche gefunden . . . gehbehindert`. Weitere Einzelheiten schließen die Nachricht ab: `Wohnung erheblich beschädigt. Brandursache noch unbekannt`.

In grafischer Darstellung gibt es also drei Bausteine.

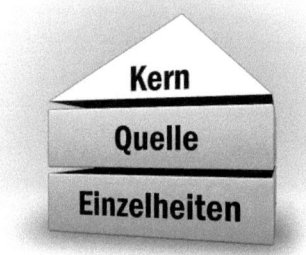

„Spiel die höchste Trumpfkarte zuerst aus!" Das empfahl der amerikanische Journalist und Zeitungswissenschaftler Carl Warren bereits 1934 in seinem Buch „Modern news reporting". Die einfachste Begründung dafür:

Mit dem Nachrichtenaufbau nach Wertigkeit kann man beim Redigieren am leichtesten kürzen, nämlich von unten. Das galt früher vor allem für die Zeitungsmacher, für die Setzer und Nachtredakteure, die kurzfristig entscheiden mussten. Darüber hinaus berücksichtigt ein solcher Aufbau das Prinzip der *selektiven Wahrnehmung*. Nach diesem Prinzip registriert der Zeitungs- oder Internetleser nur *die* Nachrichten, die ihn interessieren. Und der Radiohörer hört nur dann zu, wenn er mit der Nachricht gleich etwas anfangen kann. Auch der Fernsehzuschauer schaut selektiv.

Diesem Wunsch nach Auswahl kommt der Nachrichtenaufbau entgegen. Wenn den Leser schon das Wichtigste der Meldung, also das, was im ersten Satz steht, nicht interessiert, kann er gleich zum nächsten Thema springen. Der Radiohörer kann ebenso wie der Fernsehzuschauer vorübergehend innerlich abschalten, ohne sich ganz von der Sendung abzuwenden.

Viele Nachrichten sind allerdings länger (und komplizierter) als die Meldung vom Brand in Neustadt. Zum Beispiel, wenn der Hintergrund ausgeleuchtet werden muss. Auch zu dem geschilderten Ereignis liegen vielleicht weitere Fakten vor:

```
Nach Angaben von Nachbarn war die Frau seit Jahren
alleinstehend. Trotz ihrer Gehbehinderung hatte sie sich
geweigert, in ein Altersheim umzuziehen - Vorgeschichte.
In den vergangenen vier Wochen hat es in Neustadt bereits
mehrmals gebrannt. In zwei Fällen vermutet die Poli-
zei Brandstiftung. Ein Täter konnte aber bisher nicht
ermittelt werden - Möglicher Zusammenhang.
Die Gegend um die Gerbergasse gilt als gutes Wohnviertel.
Die meisten Häuser waren in den 90er Jahren saniert
worden - Zusatzinformation.
```

Der Hintergrund vervollständigt die Nachricht, er macht sie plastischer und informativer. Es gibt eine *Vorgeschichte*, einen Hinweis auf Vergleichbares, also einen möglichen *Zusammenhang* und darüber hinaus interessante *Zusatzinformationen*. Um die Nachricht grafisch darstellen zu können, brauchen wir einen weiteren Baustein, den

Damit sind alle Bausteine einer Nachricht genannt:

Der Kern: Was ist das Wichtigste, das Interessanteste, das Neueste? Was will der Leser, Hörer, Zuschauer unbedingt wissen? Was *sollte* er unbedingt wissen? Das gehört in der Nachricht immer an den Anfang.

Die Einzelheiten: nähere Informationen zum Kern der Nachricht, ergänzende Fakten.

Die Quelle: in vielen Fällen ein wichtiger Baustein der Nachricht. Er schafft Transparenz und Glaubwürdigkeit. Nur wenn der Nachrichtenreporter das Ereignis selbst beobachten konnte, also bei eigenem Augenschein, entfällt die Quelle.

Der Hintergrund, der folgende Bestandteile haben kann:

* **Die Vorgeschichte,** die dem neuen Ereignis vorangegangen ist. Zum Teil auch Fakten, die das Publikum bereits irgendwann vernommen hat oder vernommen haben könnte.
* **Einen Zusammenhang,** d. h. Informationen, die mit dem neuen Ereignis verknüpft sind oder verknüpft sein können und für eine Beurteilung wichtig und notwendig sind.
* **Zusatzinformationen** (auch lexikalischer Art), also Fakten, die als Verständnishilfen dienen können, aber auch darüber hinaus interessant sind.

Enthält die Nachricht die wichtigsten Fakten? Als Checkliste gilt der Kanon der so genannten W-Fragen: *Wer? Was? Wo? Wann? Wie? Warum?* Im Nachrichtenjournalismus in den USA werden diese Fragen seit über 100 Jahren genutzt. Ihre Wurzeln haben sie in der Rhetorik der Antike: Quis? Quid? Quo? Quando? Quomodo? Cur? Sie dienten Rednern dazu, Material über Personen und Ereignisse zu finden und zu ordnen.

Die W-Fragen abzuhaken ist jedenfalls hilfreich, um einen Vorgang vollständig zu erfassen

* Wer ist beteiligt?
* Was ist passiert?
* Wo und wann war es?
* Wie lief es ab?
* Warum geschah es?

In der Nachricht kommt oft die Frage nach der Quelle hinzu:

* Woher wissen wir das?

Das Bausteine-Modell

Das Wichtigste steht meist vorn. Wie kann dieser Grundsatz des Nachrichtenaufbaus grafisch dargestellt werden?

Als erstes Nachrichtenmodell der publizistischen Wissenschaft gilt die umgekehrte Pyramide, *The inverted pyramid*, die im 19. Jahrhundert in den USA entwickelt wurde:

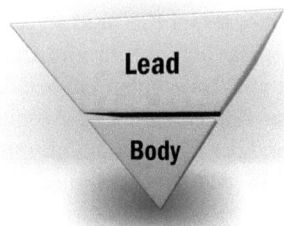

    Das Wichtigste, der *Lead*, d. h. der Kern der Nachricht, steht auf dem *Body*, dem Nachrichtenkörper. Die umgedrehte Pyramide soll veranschaulichen, dass die Wichtigkeit der Fakten nach unten abnimmt. Sie ist deshalb oben breit und unten spitz. (Zur Geschichte der Nachrichtenpyramide siehe auch „Thatsachen schnell zur Kenntnis bringen".)

Die Hauptschwäche dieses Modells ist: Die grafische Darstellung lässt den falschen Eindruck entstehen, dass es sich bei dem *Lead* um einen breit angelegten, möglichst umfassenden ersten Satz handelt. Besser ist aber ein kurzer, leicht verständlicher Einstieg, ein kurzer prägnanter Satz, z. B. ein *plakativer* Leadsatz. Ganz abgesehen davon, dass eine umgekehrte Pyramide wackelt!

Deshalb stellen manche Autoren die Nachrichtenpyramide nicht auf den Kopf, sondern auf ihr *Fundament*:

Auch dieses Modell bleibt aber hinter der modernen Nachrichtenpraxis zurück. Es schränkt den Gestaltungsspielraum zu sehr ein. Denn eine Nachricht ist kein fest gefügter Körper, in dem alle Teile einen unveränderlichen Platz haben. Der *Kern* der Nachricht steht zwar immer vorn. Die Abfolge der anderen Teile, also der *Einzelheiten*, der *Quelle* und der *Hintergrundinformationen* ist aber keinesfalls starr. Diese Bausteine können in jeder Nachricht neu geordnet werden.

Jede Nachricht besteht aus Bausteinen. Man kann also vom *Bausteine-Modell* sprechen. Es veranschaulicht optimal die Grundregel des Nachrichtenaufbaus: Das Wichtigste gehört an die Spitze! Die Bausteine *Einzelheiten*, *Quelle* und *Hintergrund* können flexibel eingesetzt werden. Ein Beispiel:

Kern:

```
In Dresden ist heute die Semperoper wiedereröffnet wor-
den.
```

Zur Einordnung des Kerns eine Hintergrundinformation, ein Teil der Vorgeschichte.

```
Sie war seit drei Monaten geschlossen, weil sie bei der
Jahrhundertflut schwer beschädigt worden war.
```

Dann die erste Einzelheit zum aktuellen Ereignis:

```
Das Publikum erlebte das Ballett Schwanensee in einer
Inszenierung von John Neumeier.
```

Zur Einordnung der Einzelheit eine ergänzende Hintergrundinformation, ebenfalls zur Vorgeschichte:

```
Im August hatte das Hochwasser die Premiere vereitelt.
```

Dann weitere Einzelheiten zur Wiedereröffnung der Oper:

In einer Festrede sprach der sächsische Ministerpräsi-
dent von einem kleinen Wunder, in dem viel Arbeit stecke.
Die Hilfe bei der Renovierung der weltweit bekannten
Kulturstätten sei überwältigend gewesen.

Im Bausteine-Modell sieht das so aus:

Aus denselben Bausteinen kann aber auch eine andere Nachricht entstehen. Im
folgenden Text wird mehr Gewicht auf die Festrede gelegt:
Der *Kern* der Meldung bleibt:

Die vom Hochwasser beschädigte Dresdner Semperoper ist
heute wiedereröffnet worden.

Dann kommt die erste *Einzelheit*:

In einer Festrede sprach der sächsische Ministerpräsident von einem kleinen Wunder, in dem viel Arbeit
stecke.

Als weitere *Einzelheit* ein zweiter Satz aus der Rede:

Die Hilfe bei der Renovierung der weltweit bekannten
Kulturstätten sei überwältigend gewesen.

Dann die dritte *Einzelheit*, die Aufführung:

Das Publikum erlebte das Ballett Schwanensee in einer
Inszenierung von John Neumeier.

Erst jetzt der *Hintergrund*:

Wegen des Hochwassers war die Premiere im August ausge-
fallen. Die Jahrhundertflut hatte vor drei Monaten in
der Semperoper Schäden in Höhe von 27 Millionen Euro
angerichtet.

Noch einmal: Das Wichtigste bzw. Aktuellste steht immer an der Spitze der
Nachricht. Die weiteren Bausteine wie Einzelheiten und Hintergrundinformationen können flexibel angeordnet werden. Ein Baustein auf dem anderen, ein Gedanke nach dem anderen. Das Bausteine-Modell macht auch deutlich: Beim Aufbau
hat der Nachrichtenjournalist eine große Gestaltungsfreiheit, die auch dramaturgi-
sche Gesichtspunkte berücksichtigen kann.

Beim Ordnen der Nachrichtenbausteine muss er sich vor allem fragen: Welche
Informationen stützen den Kern der Nachricht? Müssen jetzt weitere Einzelheiten
folgen oder ist zuerst eine Hintergrundinformation notwendig? Ist eine Quellenangabe erforderlich? Wenn ja, an welcher Stelle? Entscheidend ist dabei die angestrebte Gesamtaussage. Im Dresdner Beispiel ist es im ersten Fall die historische
Dimension, im zweiten das Tagesgeschehen.

Der Kern

Ob eine Nachricht vom Leser, Hörer, Zuschauer aufgenommen wird, entscheidet sich mit dem ersten Satz, dem *Leadsatz*. Er ist sozusagen das Schaufenster der Nachricht und sollte deutlich machen, warum sie überhaupt geschrieben wurde. Geht dieser Satz daneben, sind alle weiteren Anstrengungen nutzlos. In erster Linie soll der Leadsatz den Kern der Mitteilung wiedergeben. Zusätzlich muss er einen Anreiz zum weiteren Lesen, Zuhören und Zuschauen schaffen. Zwei anspruchsvolle Ziele.

Der beste Leadsatz bzw. Einstieg ist der, der sich einprägt und den man nach einmaligem Lesen oder Hören auswendig wiederholen könnte:

```
Deutschland ist Fußball-Weltmeister.
Udo Jürgens ist tot.
Bundespräsident Wulff ist zurückgetreten.
```

Das sind Paukenschläge, kurze, treffende Sätze, die vor allem wegen ihrer Prägnanz fesseln. Aber nicht alle Nachrichteninhalte sind so knapp und treffend wie diese Beispiele. Deshalb muss man die unterschiedlichen Möglichkeiten kennen, wie ein Leadsatz konzipiert werden kann. Im Wesentlichen gibt es vier Arten. Es gibt

- den klassischen,
- den plakativen,
- den einleitenden und
- den erweiterten Leadsatz.

Der klassische Leadsatz enthält wesentliche Aussagen zum Kern der Nachricht: *Wer* hat *was* getan? *Wem* ist *was* geschehen? *Wann* war das, *wo* war das? Evtl. auch noch *auf welche Weise* ist es geschehen? Und *warum*? Diese Form des *Lead* entspricht der Tradition der Nachrichtenagenturen. Alles, was wichtig ist, im ersten Satz, aus Gründen der Korrektheit, d. h. bei fehlendem Augenschein, auch noch die Quelle.

Hauptschwäche des klassischen Leadsatzes: Er enthält oft zu viele Informationen und ist deswegen schwer verständlich:

```
Wegen eines starken Rückgangs der Aufträge wird die Firma
Amann-Druckguss in Blieskastel nach Angaben der Unter-
```

nehmensleitung am 31. März ihre Produktion einstellen
und 70 Mitarbeiter entlassen.

Dieser Satz beantwortet sieben W-Fragen auf einmal: Wer? Was? Wo? Wann?
Warum? Auf welche Weise? Woher? Notfalls kann er als Ein-Satz-Meldung ganz
allein stehen bleiben. Ist er aber auch leser-, hörer- und zuschauerfreundlich?
Kaum! Wer kann den Satz nach einmaligem Lesen oder Hören auswendig wiederholen? Nur ein Gedächtniskünstler. Also Alternativen prüfen. Hinweise zum
sprachlichen *Portionieren* im Kapitel „Die Nachrichtensprache".

Der plakative Leadsatz beschränkt sich auf das Allerwichtigste, das er isoliert
herausstellt – fast wie der Spruch auf einem Werbeplakat:

Die Firma Amann-Druckguss in Blieskastel schließt.

Jetzt werden nur noch zwei W-Fragen beantwortet: Wer? Was?

Das Publikum interessiert sich vor allem für Ergebnisse, weniger für Beschlüsse
und Vorgänge. Bin ich davon betroffen? Deshalb:

Das Kindergeld wird erhöht. Das hat heute der Bundestag
beschlossen.

und nicht:

Der Bundestag hat heute das Familien-Leistungsgesetz
beschlossen, das eine Kindergelderhöhung vorsieht.

Ein plakativer Leadsatz prägt sich mühelos ein. Als Kurzinformation reicht er.
Allerdings beantwortet er nicht alle Fragen des interessierten Nutzers. Sie müssen
im Folgetext der Nachricht beantwortet werden.

Eine wichtige Funktion des plakativen Leadsatzes kann auch sein, die Quint-
essenz mehrerer Einzelnachrichten auszudrücken, z. B.

Die Ukraine rüstet auf. Das Parlament beschloss heute,
die Wehrpflicht wieder einzuführen.

Ein Satz wie dieser bietet die Kerninformation und erzeugt zugleich Spannung.
Andererseits soll ein plakativer Leadsatz nicht dazu missbraucht werden, beispielsweise eine kontroverse Debatte rein formal zusammenzufassen:

Die Rentendiskussion geht weiter. Langweilig!

Unkorrekt, aber leider nicht auszurotten ist ein plakativer Leadsatz, der eine Meinungsäußerung als Feststellung verkauft und sie erst im folgenden Satz mit einem Quellenhinweis relativiert:

```
Russland strebt nach einer Vormachtstellung. Das sagte
der Nato-Generalsekretär . . .
```

So ein Leadsatz ist journalistisch indiskutabel. Kern der Nachricht ist nicht die russische Außenpolitik, sondern die Äußerung des Generalsekretärs. Also muss es richtig heißen:

```
Der Nato-Generalsekretär hat Russland vorgeworfen, eine
Vormachtstellung anzustreben.
```

Der einleitende, moderative Leadsatz steckt für die eigentliche Information nur den Rahmen ab. Damit weckt er aber das Interesse für das, was folgt. Von den W-Fragen beantwortet er nur noch eine einzige, das *Was*? Und das geschieht in einer ganz allgemeinen, *anonymen* Form. Im Fall des insolventen Blieskasteler Unternehmens kann es heißen:

```
Ein neuer schwerer Schlag trifft den Saar-Pfalz-Kreis.
Die Firma Amann Druckguss in Blieskastel schließt.
```

Hier macht der erste Satz allein keine konkrete Aussage, sondern steht vor der eigentlichen Mitteilung – und das schafft Spannung. Jeder will jetzt wissen, um welchen neuen schweren Schlag es sich handelt. Insofern erfüllt er mehr die zweite Funktion des Leitsatzes, nämlich zum Weiterlesen und Weiterhören zu verlocken. Der Schweizer Rundfunk nennt diese Einstiegshilfe treffend *Schuhlöffel-Modell.*

Besonders sinnvoll ist der einleitende Leadsatz, wenn die Neuigkeit so kompliziert ist, dass der Leser, Hörer oder Zuschauer eine Einstiegshilfe dankbar annimmt:

```
Der Bundesgerichtshof hat die Rechte der Vermieter ge-
stärkt: Nach einem Urteil des BGH darf der Vermieter
Eigenbedarf geltend machen und dem Mieter kündigen, auch
wenn der Mietvertrag erst vor zwei Jahren abgeschlossen
wurde . . .
```

Auch als Schlagzeile leistet der moderative Leadsatz gelegentlich gute Dienste. Denn inhaltlich müssen Schlagzeile und erster Satz der Nachricht im weitesten

Sinne übereinstimmen. Sie müssen sich ergänzen. Sprachlich sollen sie sich aber unterscheiden. Etwa so:

Hoffnungszeichen für die Wirtschaft (Einleitender Leadsatz in Schlagzeilenform) Und dann weiter:
Die Industrie- und Handelskammer rechnet damit, dass die Konjunktur in der zweiten Jahreshälfte wieder anzieht

Allerdings darf der moderative Leadsatz nach klassischem Nachrichtenverständnis nicht dazu dienen, den Vorgang zu kommentieren. Negativbeispiele:

Es ist furchtbar: Der Pferdemörder in Bayern hat schon wieder zugeschlagen.

oder

Der Terror gegen Urlauber nimmt kein Ende. 15 Menschen wurden bei einem Bombenanschlag in Kenia getötet.

Und bitte keine Binsenweisheiten:

Auch auf dem flachen Land lebt man gefährlich. Schon zum zweiten Mal wurde gestern in der Schubertstraße eingebrochen . . .

Der erweiterte Leadsatz – als vierte Möglichkeit – verknüpft die eigentliche Aussage mit einem anderen Fakt, der mit der Neuigkeit in mehr oder weniger engem Zusammenhang steht:

Acht Wochen nach der Schließung der Möbelfabrik Mayer ist auch die Firma Amman Druckguss am Ende . . .

Hier schlägt der Leadsatz eine Brücke zu einem anderen, ähnlichen Ereignis in der Region. Er unterstellt damit eine allgemeine Entwicklung und versucht, eine weitere W-Frage zu beantworten: *In welchem Zusammenhang?*

Selbst wenn tatsächlich ein Zusammenhang besteht, kann der erweiterte Leadsatz unzweckmäßig sein, weil er zu umständlich ist und zu spät zur Sache kommt:

Vor dem Hintergrund eines anhaltenden Territorialstreits mit der Volksrepublik China hat Japan eine

erhebliche Aufstockung seines Verteidigungshaushalts
und eine neue Sicherheitsstrategie beschlossen.

Hier ist es viel besser, die plakative Form zu wählen:

Japan gibt mehr Geld für seine Armee aus. Hintergrund
ist ein Gebietsstreit mit China.

Noch fragwürdiger wird der erweiterte Leadsatz, wenn Verbindungen ge-
knüpft werden, die von der Sache her nicht begründet sind:

Zwei Monate vor wichtigen Wahlen in Hessen und Niedersachsen haben die Bündnisgrünen einen dramatischen
Führungswechsel vollzogen und zwei neue Vorsitzende ge-
wählt.

Worin besteht der Zusammenhang zwischen beiden Fakten? Bestenfalls in dem
Umstand, dass unmittelbar vor Wahlen *irgendwie alles* auf dieses Ereignis bezo-
gen wird. Vermutlich wollte der Nachrichtenschreiber mit der Verknüpfung den
Vorgang dramatisieren – von Objektivität weit entfernt.

Nicht nur die Objektivität, auch die Verständlichkeit wird durch Verbindungen dieser Art eingeschränkt.

Zwei Monate vor wichtigen Wahlen in Hessen und Niedersachsen...

Das lenkt zunächst in die falsche Richtung. Denn in der Nachricht ist eigentlich
nur von der Parteispitze der Grünen die Rede und nicht von Wahlen. Außerdem
macht natürlich jede vorangestellte adverbiale Bestimmung den Leadsatz länger
und damit schwerer verständlich (siehe Kapitel „Die Nachrichtensprache").

Angemessen ist der erweiterte Leadsatz, wenn die Nachricht nur durch die Erwähnung des Zusammenhangs ihren vollen Sinn bekommt:

Nach der spanischen Küste ist jetzt auch Südwest-Frank-
reich von der Ölpest bedroht.

Jeder, der diesen Satz hört, weiß sofort, um was es geht – um weitere Folgen
des Tankerunglücks, von dem schon tagelang die Rede ist.

Vom Leadsatz klar zu unterscheiden: der Vorspann. Er soll zwar auch den In-
formationskern wiedergeben und in der Zeitung zum Weiterlesen verlocken. Der
Vorspann als inhaltliches Konzentrat bezieht sich aber meistens nicht nur auf eine
einzelne Nachricht, sondern auf mehrere Meldungen, die in einem größeren *Bericht* zusammengefasst sind:

```
Die Techniker-Krankenkasse hat ihr neues Tarifmodell
verteidigt. Bei den anderen Kassen stößt das Modell auf
Skepsis. Auch vom Bundesgesundheitsministerium wird es
abgelehnt. Die Ärzte wollen der Idee eine Chance geben.
```

In aller Kürze das Wichtigste – als Einstieg in einen Drei- oder Vierspalter ist
das für den Leser eine willkommene Verständnishilfe (siehe Kapitel „Die Pressenachricht").

Das Wichtigste an der Spitze – oder das Neueste? Ereignisse haben ihre eigene Dynamik. Und alle Medien sind bestrebt, den jeweils neuesten Stand einer
Entwicklung widerzuspiegeln. Das heißt: Nachrichten werden ständig aktualisiert
bzw. fortgeschrieben. Beispiel:

```
Ein Airbus der malaysischen Fluggesellschaft Air Asia
ist vermutlich südlich von Borneo ins Meer gestürzt.
```

24 Stunden später heißt es:

```
Im Seegebiet südlich von Borneo wird immer noch nach
dem Airbus gesucht. Er ist gestern dort vermutlich ab-
gestürzt.
```

Diese Fortschreibung ist richtig. Denn die meisten haben schon von der Katastrophe erfahren, jetzt warten sie auf neue Informationen. Sinnvoll ist aber nur
ein *Weiterdrehen mit Augenmaß*. Zum Beispiel wäre es unzweckmäßig, schon eine
Stunde nach dem Unglück zu schreiben:

```
Nach dem mutmaßlichen Absturz einer Passagiermaschine
herrscht Unklarheit über die Unglücksursache.
```

Die Einzelheiten

Welcher Baustein nach dem Leadsatz folgt, hängt – wie wir gesehen haben – davon ab, welche Informationen jetzt am besten den Kern der Nachricht stützen: Einzelheiten, Quelle oder Hintergrund. In vielen Fällen sind es die Einzelheiten.

Es können die unterschiedlichsten W-Fragen sein, die in den Einzelheiten beantwortet werden. Wer? Was? Wo? Wann? Wie? Warum? Ob Wohnhausbrand in Neustadt, Absturz des Airbus oder Wiedereröffnung der Semper-Oper - in jedem Fall will der Leser, Hörer oder Zuschauer *Näheres* wissen.

Ausgewählt werden vor allem die Einzelheiten, die notwendig sind, um die Kernaussage zu ergänzen. Abhängig ist die Auswahl auch von äußeren Faktoren wie Zeilenzahl, Sendezeit, Nachrichtenform. Letztlich sind die gleichen Kriterien maßgebend wie bei der Nachrichtenauswahl, also Wissens- und Orientierungswert, Gebrauchswert, Gesprächs- und Unterhaltungswert (siehe Kapitel „Die Nachrichtenauswahl").

Der Zwang zur Auswahl von Einzelheiten wird besonders deutlich, wenn es darum geht, eine Nachricht über eine Rede zu schreiben, beispielsweise über das Grundsatzreferat eines Parteichefs. Das hat vielleicht zwei Stunden gedauert. Naiv wäre es, wenn man versuchen wollte, den gesamten Inhalt in 20 Zeilen zu pressen. Aktuelle Berichterstattung kann nur bedeuten, die wichtigsten und interessantesten Details herauszugreifen und Schwerpunkte herauszuarbeiten:

Parteichef Müller hat der Regierung Wahlbetrug vorgeworfen. Müller sagte . . . Zum deutsch-amerikanischen Verhältnis sagte Müller . . . Ein weiteres Thema seiner Rede war die Verkehrspolitik. Müller sprach sich dafür aus . . .

Die Quelle

Sie kann nur bei eigenem Augenschein entfallen. An welchem Platz die Quelle steht, hängt davon ab, welchen Stellenwert sie hat.

Bei Nachrichten spekulativen Inhalts gehört die Quelle nach den Grundsätzen der Nachrichtenagenturen unbedingt in den Leadsatz:

> ```
> Die SPD wird nach einem Bericht des „Sterns" Mayer als
> neuen Bundespräsidenten nominieren. Das Magazin beruft
> sich auf . . .
> ```

Das ist klassischer Agenturstil. Einzelne Nachrichtenredaktionen werden eine andere Version wählen und mit Hilfe des Modalverbs *soll* vorsichtig zum Inhalt der Nachricht auf Distanz gehen:

> ```
> Die SPD soll die Absicht haben, Mayer als neuen Bundes-
> präsidenten zu nominieren. In einem Bericht des „Sterns"
> heißt es, . . .
> ```

Wenn keine Zweifel an der Richtigkeit bestehen, nennt man die Quelle am besten zwischen dem Leadsatz und den Einzelheiten. Beispielsweise wenn es sich um eine *privilegierte* Quelle handelt wie die Polizei. Die Quellenangabe kann dann zusätzlich als Brücke dienen:

> ```
> Bei einem Brand in Neustadt ist eine 71-jährige Frau ums
> Leben gekommen. Nach Angaben der Polizei wurde sie tot
> in ihrer Küche gefunden.
> ```

Eine hervorgehobene Quellenangabe wäre in diesem Beispiel ebenfalls denkbar:

> ```
> Bei einem Brand in Neustadt ist eine 71-jährige Frau ums
> Leben gekommen. Das hat die Polizei mitgeteilt.
> ```

Hervorgehobene Quellenangaben sind vor allem dann angebracht, wenn es sich um Neuigkeiten handelt, die durch die *Quelle* erst geschaffen werden, z. B. durch die Bundesagentur für Arbeit:

> ```
> Die Zahl der Arbeitslosen ist im März unter drei Millio-
> nen gesunken. Das hat die Bundesagentur für Arbeit in
> Nürnberg bekannt gegeben.
> ```

Bei der Quellenangabe muss auch die Wortwahl stimmen. Nur zuständige Stellen machen Angaben, entweder weil sie von sich aus etwas mitteilen oder weil sie von den Medien befragt werden. Die Medien selbst machen keine *Angaben*, von ihnen stammen allenfalls *Informationen*, *Berichte* oder *Darstellungen* (siehe Kapitel „Die Nachrichtensprache").

Der Hintergrund

Immer mehr Nachrichten werden erst verständlich, wenn der Hintergrund geschildert wird. Diese *Faktendimensionierung* kann wichtiger sein als eine möglichst große Menge von Einzelheiten.

Zu unterscheiden sind Vorgeschichte, Zusammenhang und Zusatzinformationen:

```
Vor der spanischen Küste ist der panamaische Tanker
„Mary" in Seenot geraten – Kern.
Wie die Reederei in Athen weiter bekannt gegeben hat,
– Quelle.
ist der Tanker auf Grund gelaufen. Er soll bald frei
geschleppt werden. Die zehn Besatzungsmitglieder sind
noch an Bord – Einzelheiten.
```

Das sind die aktuellen Informationen. Jetzt der Hintergrund:

```
Die „Mary" war am Montag aus dem Hafen von St. Peters-
burg ausgelaufen. Sie hat 20.000 Tonnen Rohöl geladen
– Vorgeschichte.
In dem Seegebiet vor der spanischen Küste gibt es im
Herbst oft schwere Stürme. Erst im vergangenen Jahr
war der Tanker „Petra" gesunken und hatte eine Ölpest
ausgelöst – möglicher Zusammenhang/Parallelität.
Die „Mary" gehört zu den älteren Tankschiffen, die keinen
doppelwandigen Laderaum haben. In den Häfen der USA wer-
den solche Schiffe nicht mehr abgefertigt – Zusatzinformation.
```

Oft sind es gerade die Zusatzinformationen, die besonders interessant sind. Zusatzinformationen helfen, die Nachricht einzuordnen. Sie können aber auch Gedächtnishilfen geben. Oder Fragen beantworten, die durch die Nachricht aufgeworfen werden, auch wenn sie nicht direkt zum Ereignis gehören. Der frühere Verteidigungsminister hat eine Rede zum Thema Friedensforschung gehalten – warum war er vor drei Jahren eigentlich zurückgetreten? Der ehemalige Angestellte bekommt jetzt Arbeitslosengeld II statt Arbeitslosengeld I. Wie unterscheiden sich die beiden Leistungsarten? Die Bürgermeisterwahl in Niedernhausen ist auf den 21. Oktober festgelegt worden. Wer kandidiert eigentlich für die beiden größten Parteien? Es ist journalistisch unklug, in der Nachricht auf die Beantwortung solcher Fragen zu verzichten.

Da der Hintergrund oft am Schluss steht – Vorsicht beim Kürzen der Nachricht! Lieber die Erläuterung am Ende beibehalten und ein Stück aus dem Mittelteil herausnehmen!

Nachrichtenaufbau mal ganz anders?

Das Wichtigste der Nachricht, der Kern, steht vorn. Auch dieser Grundsatz wird gelegentlich in Frage gestellt – vor allem bei *Soft News* (siehe Kapitel „Faszination Nachricht"). Ein Beispiel:

```
Erst öffnete sich der Kofferraum nicht, dann schlugen
die Sprengstoff-Spürhunde an - und am Ende hatte das Auto
von ZDF-Expertin Michaela Gerg nur noch Schrottwert.
Bei einem routinemäßigen Check wurde Gerg aufgefordert,
den Kofferraum zu öffnen. Das gelang aus unerfindlichen
Gründen nicht. Ein Schuss aus einer Laserpistole be-
eindruckte den störrischen Kofferraum auch nicht. Erst
durch den Einsatz einer Sprengladung gelang die Öffnung.
Gefunden wurde im Kofferraum - nichts.
```

Im Grunde handelt es sich hier nicht um eine Nachricht, sondern um eine kleine Geschichte, ein *Mini-Feature*. Manche Redaktionen entscheiden sich dafür, *Soft News* teilweise so zu fassen. In *klassischer* Form würde auch hier das Wichtigste am Anfang stehen:

```
Amerikanische Polizisten haben das Auto der ZDF-Mitar-
beiterin Michaela Gerg aufgesprengt . . .
```

Aber: Der Leadsatz ist kein Heiligtum. Es ist durchaus möglich, den Kern *nicht* in den ersten Satz zu packen, z. B. wenn das Ereignis zu komplex oder zu ungewöhnlich ist. Dann kann man – wie oben dargelegt – zu Recht mit dem moderativen Leadsatz arbeiten. Dafür noch ein Beispiel:

```
Auf dem Flughafen in Nürnberg hat es heute einen un-
gewöhnlichen Vorfall gegeben. 170 Passagiere erzwangen
den Einsatz eines Ersatzflugzeuges. Ihre eigentliche
Maschine war vorher zweimal gestartet, hatte die Start-
versuche aber abgebrochen. Grund der Protestaktion waren
vermutlich die jüngsten Flugzeugunglücke . . .
```

In klassischer Form war die Nachricht viel schwerfälliger und weniger gut verständlich formuliert:

```
Vor dem Hintergrund der jüngsten Flugzeugkatastrophen
haben heute rund 170 Passagiere auf dem Nürnberger Flug-
hafen nach zwei missglückten Startversuchen den Einsatz
einer Ersatzmaschine erzwungen.
```

Darüber hinaus bestehen noch andere Einstiegsmöglichkeiten. Ziel ist dabei immer, das Vorwissen der Leser, Hörer und Zuschauer einzubeziehen und Spannung aufzubauen:

Der Hintergrund zuerst: Hier wird an das angeknüpft, was der Rezipient möglicherweise noch in Erinnerung hat. Zwei Beispiele:

```
Vor einem Monat sollen zwei Jugendliche einen Döner-
Imbiss in Halle überfallen haben. Seit heute stehen sie
vor Gericht.
```

und

```
Als seine Stadt im Sommer überschwemmt war, vergnügte
sich der Oberbürgermeister von Neubrunn im Urlaub. Heute
ist er zurückgetreten.
```

Selbst mit einer Frage kann die Nachricht beginnen. Zwei Beispiele

```
Wie können die Schulden der Kommunen in Niedersachsen
abgebaut werden? Darüber debattiert heute der Landtag
in Hannover. Grundlage ist ein Gesetzentwurf der Regie-
rung . . .
```

und

```
Soll Katalonien von Spanien unabhängig werden? Über
diese Frage entscheiden am Sonntag die Wähler der Regi-
on. Ministerpräsident Artur Mas strebt die staatliche
Unabhängigkeit an . . .
```

Ebenso gut möglich: eine Aufzählung. Zwei Beispiele:

```
Elbe, Saale und Bode: Der Salzlandkreis hat mehrere
Flüsse, die bei Hochwasser gefährlich werden können.
```

```
Heute haben Landrat und Bürgermeister besprochen, wie
der Hochwasserschutz verbessert werden kann.
```

und

```
Mario Götze, Marco Reuß und Thomas Müller: Das waren
heute die Torschützen der deutschen Nationalmannschaft
beim 3:1-Sieg gegen ...
```

Eher selten: ein moderativer Leadsatz mit Doppelsinn.

```
Die Justiz in Sachsen-Anhalt hat ein schwerwiegendes
Problem - im wahrsten Sinne des Wortes. Sie will eine
Dampflok loswerden, die 120 Tonnen wiegt. Die Lok war von
einem Gerichtsvollzieher beschlagnahmt worden und soll
nun über ein Online-Auktionsportal versteigert werden.
```

Am weitesten geht das Andockmodell des Schweizer Journalisten Thomas Kropf. Er kritisiert, dass der Leadsatz oft Wissen voraussetzt, das dem Nichtwissenden erst am Ende der Nachricht mit dem Hintergrund geliefert wird. Das führe zu einem Verstehens-Stau. Deshalb empfiehlt Kropf, zunächst – auch ausführlich – den Hintergrund darzustellen und dann erst die Neuigkeit zu bringen; möglicherweise sogar erst im letzten Satz. Ein Beispiel:

```
In der Slowakei hat die katholische Kirche seit Mo-
naten für ein ungewöhnliches Referendum geworben. Die
Bevölkerung sollte sich klar dagegen aussprechen, dass
Homosexuelle heiraten und Kinder adoptieren dürfen. Ges-
tern war es so weit: Das Referendum hat stattgefunden,
aber nur 21,4 Prozent der Stimmberechtigten haben sich
daran beteiligt. Damit ist der Versuch gescheitert,
die Rechte der Homosexuellen in der Slowakei auf Dauer
einzuschränken.
```

Zweifellos verfolgt das Andock-Modell eine gute Absicht. Vor allem bei schwierigen Themen ist ein *erzählerischer, situierender* Aufbau vielfach zweckmäßig. Trotzdem bleibt das Modell die Ausnahme. Denn es widerspricht den Lese-, Hör- und Sehgewohnheiten des Publikums. Wer solche Nachrichten richtig erfassen will, muss den Nachrichtentext – wie beim längeren Bericht – Satz für Satz in voller Länge lesen oder hören. Anders ist es im klassischen Nachrichtenstil.

Da reicht schon der Leadsatz, um zu entscheiden, ob man weiter liest oder weiter zuhört.

▶ **Merksätze**

1. Das klassische Bauprinzip der Nachricht lautet: Das Wichtigste, der Kern, steht immer vorn.
2. Nach dem Kern folgen die weiteren Bausteine: Quelle, Einzelheiten, Hintergrund (d. h. Vorgeschichte, Zusammenhang, Zusatzinformationen).
3. Die Reihenfolge dieser Bestandteile ist nicht starr, sondern richtet sich nach der Zweckmäßigkeit. In der grafischen Darstellung des Nachrichtenaufbaus ist deshalb das Bausteine-Modell besser als das Pyramidenmodell.
4. Für den Leadsatz der Nachricht gibt es mehrere Möglichkeiten: *klassisch* = umfassend; *plakativ* = extrem knapp; *einleitend* = mit einer kleinen Hilfestellung; *erweitert* = mit einer Verknüpfung.
5. Hintergrundinformationen sind oft wichtiger als Einzelheiten. Deshalb: Wenn die Zusätze den Schluss der Nachricht bilden, nicht unbedingt vom Ende her kürzen!
6. Der Leadsatz ist kein Heiligtum. Im Ausnahmefall darf der Kern der Neuigkeit auch weiter hinten stehen, z. B. wenn die Vorgeschichte wichtiger ist.

Weiterführende Literatur

Thomas Kropf: Pyramide und Andockmodell: Form und kommunikative Verankerung. In: Ines Bose, Dietz Schwiesau (Hg.): Nachrichten schreiben, sprechen, hören (Berlin: Frank & Timme 2011)

Jürg Häusermann, Journalistisches Texten: Sprachliche Grundlagen für professionelles Informieren (Konstanz: UVK 2011)

„Thatsachen schnell zur Kenntnis bringen"

Der 37-jährige Bernhard Wolff, der das Nachrichtenhandwerk bei der Agentur
Havas in Paris gelernt hat, erkennt als erster die Zeichen der Zeit. Im Revoluti-
onsjahr 1848 hatte der preußische König Friedrich Wilhelm IV. Order gegeben,
ein „elektrisches Staatstelegraphennetz" aufzubauen. Seit ein paar Wochen ist es
der Allgemeinheit zugänglich. Wolff, der die „National-Zeitung" verlegt, sieht im
Telegrafen eine Chance für sein Blatt. So teilte die „National-Zeitung" am 28. November 1849 ihren Lesern mit:

> „Wie wir stets nach Kräften bemüht waren, das Interesse
> unserer geehrten Abonnenten in jeder Beziehung wahr-
> zunehmen, so haben wir jetzt geglaubt, im Interesse
> unserer Leser das neue Kommunikations-Mittel der Tele-
> graphie nicht unbeachtet lassen zu dürfen. Wir sind durch
> ausgedehnte Verträge in den Stand gesetzt, einstweilen
> täglich telegraphische Depeschen aus Paris, London, Ams-
> terdam und Frankfurt geben zu können. Dieselben werden
> nicht nur das kaufmännische Interesse nach allen Rich-
> tungen hin berücksichtigen, sondern auch die wichtigsten
> politischen Tatsachen auf das Schnellste zur Kenntnis
> des Publikums bringen."

Und so erschien gleich am 28. November die erste telegrafisch übermittelte
Nachricht, in einem kleinen Kasten auf der letzten Seite! Viel zu berichten gab es
allerdings nicht:

Telegraphische Depeschen
der National-Zeitung.

Frankfurt a. M., Mittwoch, 28. Nov., Nachmittag 2 Uhr 15 Minuten. Politisch Wichtiges Nichts. -- Börse: Friedr.-Wilh. Nordbahn 51½. Köln-Minden 94½. Metalliques 86¼. Spanier 27¾. Berbacher 84½. Badenische Loose 31¾. Kurhessische 34¾. Darmstädter 71½.

Amsterdam, Dienstag, 27. Nov., Nachmittags 4 Uhr 15 Minuten.: Integrale 2½ ½ 53½. ¹⁴/₁₆. — Arboine à 510, 12⁸¹/₁₆. — Kaffe, fest. Für guten ordinairen Java Kaffe wurde 32 bezahlt.

London, Montag, 26. November. Getreidemarkt, Zufuhr sehr bedeutend. — Waizen, Gerste, Hafer, 1 Schilling niedriger. — 3 Procentige Consols 95¼. Disconto 2 bis 2½.

Verantwortlicher Redakteur: F. Zabel.

„Politisch Wichtiges Nichts." Das erinnert an das Bonmot des Schriftstellers Henry David Thoreau in seinem Buch „Walden" aus dem Jahr 1854: „Wir arbeiten mit Volldampf daran, einen magnetischen Telegrafen zwischen Maine und Texas zu errichten. Das Problem ist nur: Maine und Texas haben sich vielleicht gar nichts mitzuteilen."

Für die „National-Zeitung" war diese Sorge unbegründet. Depeschen gab es jetzt fast in jeder Ausgabe:

Düsseldorf: Sämtliche Angeklagten des Neußer Zeughaussturmes sind freigesprochen.
Breslau: Der Wiener Eilzug hat in Oderberg den Anschluß versäumt.
München: Fürst Hohenlohe und Kriegsminister von Prankh sind heute nach Hohenschwangau zum Könige berufen.

Bemerkenswert ist der Aufbau der Depeschen: Das Wichtigste steht immer im ersten Satz. Das war bei den anderen Nachrichten Mitte des 19. Jahrhunderts in Deutschland nicht die Regel, im Gegenteil. Zwar gab es auch Meldungen, die sich in ihrem Aufbau nicht von den heutigen Nachrichten unterschieden.

Es dominierte aber eine Nachrichtenform mit stark berichtenden, erzählenden Elementen. Das Wichtigste fand der Leser oft irgendwo im Text oder erst am Ende der Nachricht.

In der Nachrichtenliteratur hält sich hartnäckig die These, der klassische Aufbau (*Lead*, *Body*) sei im Amerikanischen Bürgerkrieg (1861–1865) entwickelt worden: Weil die Telegrafenverbindungen unsicher waren, musste das Wichtigste zuerst genannt werden. Ganz bestimmt war es um die Telegrafenverbindungen nicht zum Besten bestellt. Doch das war sicher nicht allein der Grund, Nachrichten anders aufzubauen. Denn die neue Form der Nachrichtenübermittlung selbst, das Telegrafieren, machte es notwendig, sich auf das Neue, Wichtige zu konzentrieren, in Deutschland bereits seit 1849. Denn Nachrichten mit dem Telegrafen zu verschicken, das war umständlich – und sehr teuer.

Ein Telegramm mit 20 Wörtern von Berlin nach Aachen kostete 1849 nach dem preußischen „Regulativ über die Benutzung der elektro-magnetischen Staatstelegraphen seitens des Publikums" 5 Thaler und 6 Silbergroschen. Das Ergebnis hat der Historiker Heinrich Wuttke 1875 so beschrieben: „Weil das Telegrafiren noch so theuer berechnet wird, faßt man die Nachricht so kurz als möglich, überspringt also Zwischenworte, übergeht Nebensächliches."

Eine Nachricht aus der Zeit des Amerikanischen Bürgerkrieges zeigt, dass auch deutsche Journalisten bereits die neue Form beherrschten. Am 27. April 1865 meldete die „National-Zeitung" auf der letzten Seite in den „Telegraphischen Depeschen", dass sich `Berichte über die Ermordung des Präsidenten bestätigt` haben. Eine detaillierte Meldung gab es am Tag danach auf Seite 3:

```
Newyork, 15. April, Mittags. Präsident Lincoln ist todt.
Der Kugel eines Meuchelmörders ist er gefallen. Er befand
sich gestern (Charfreitag) Abend in Ford's Theater zu
Washington, als kurz vor 11 Uhr ein Mann sich als angeb-
licher Überbringer von Depeschen Grant's Zulaß zu seiner
Privatloge verschaffte und ihn rückwärts durch den Kopf
schoß, mit einem gewöhnlichen einläufigen Pistol. Der
Mörder sprang aus der Loge auf die Bühne und rief aus,
einen Dolch schwingend: Sic semper tyrannis!
```

Um Kosten zu sparen, hatte Wolff noch 1849 „Wolff's Telegraphisches Bureau" (WTB) gegründet, die erste deutsche Nachrichtenagentur. Wolffs Blatt, die „Na-

tional-Zeitung", war auch 50 Jahre nach ihrer Gründung noch stolz auf die Tele-
grafennachrichten. In einem dicken schwarzen Rahmen steht am 31. Juli 1898 die
Nachricht, die offenbar in letzter Minute ins Blatt gerückt wurde:

> Zu später Nachtstunde bringt der Telegraph die erschüt-
> ternde Kunde aus Friedrichsruh, dass Fürst Bismarck
> gestern Abend 11 Uhr entschlafen ist.

Die Nachrichtenrecherche

von Tim Schwiesau

Zusammenfassung

Zehn Wege zur Nachricht: Nachrichten entstehen nur teilweise dadurch, dass ein Journalist ein Ereignis beobachtet. In den anderen Fällen muss er recherchieren – indem er kritische Fragen stellt und unterschiedlichsten Informationen nachgeht. Das können offizielle Mitteilungen sein, aber auch Hinweise aus dem Publikum. Vorhandene Nachrichtenthemen kann er weiterdrehen oder herunterbrechen. Nichts ist aber so wertvoll wie der eigenen Eindruck vor Ort.

Hans Mayer ist Sportjournalist. An einem Samstag berichtet er über das Bundesliga-Spiel Köln gegen Mainz. Für den Live-Ticker schreibt er Kurzmeldungen über alle interessanten Spielszenen:

13. Minute
```
Ecke von rechts. Geis schlägt den Ball hoch in den Fün-
fer. Da kommt Diaz frei zum Kopfball. Der wird noch
abgefälscht, aber auf der Linie kann Horn sicher zupa-
cken.
```
17. Minute
```
Hector wird links von Allagui gelegt und es gibt Freistoß
für Köln.
```
21. Minute
```
Bisher hatten die Mainzer knapp 57 Prozent Ballbesitz.
```

So geht es weiter bis zum Ende der ersten Halbzeit, die Mayer in einer längeren Meldung zusammenfasst. Nach dem Spiel schreibt er eine weitere Meldung und einen Spielbericht.

© Springer Fachmedien Wiesbaden 2016
D. Schwiesau und J. Ohler, *Nachrichten – klassisch und multimedial*,
Journalistische Praxis, DOI 10.1007/978-3-658-08717-3_4

Ein Teil aller Nachrichten entsteht auf diese Weise. Ein Journalist besucht einen Sportwettkampf, einen Parteitag, eine Demonstration oder einen Vortrag und berichtet darüber nach seinen professionellen Standards. Das heißt:

Wer ein Ereignis beobachtet und darüber eine Nachricht schreibt, muss sich auf das Wesentliche konzentrieren und das Wichtigste und Interessanteste festhalten. Das ergibt den Kern der Nachricht. Weiter wird er sich fragen: Welche Einzelheiten will und muss das Publikum wissen? Hat das Ereignis eine Vorgeschichte? Gibt es einen Zusammenhang mit anderen Ereignissen? Sind Zusatzinformationen angemessen (siehe Kapitel „Der Nachrichtenaufbau")? Um die Nachricht auf diese Weise abzurunden, muss der Journalist nachfragen, also weiter recherchieren und andere Quellen erschließen.

Eigene Recherchen und Mitteilungen Dritter – das sind neben dem eigenen Augenschein die anderen Wege zur Nachricht. *Mindestens* zehn Wege sind es, die der Redakteur beschreiten kann – egal ob er bei einer Agentur, einer Zeitung, bei einem Internetportal oder einer Radiowelle arbeitet. In jedem Fall heißt das: Er muss selbst aktiv werden.

Augen und Ohren offenhalten

Jeder Journalist ist auch ein ganz normaler Mensch. Vielleicht kommt er im Freundeskreis mit jungen Eltern zusammen, die immer wieder über bestimmte Themen reden. Da sollte er mal nachfragen, und schon kann daraus eine Nachricht werden:

```
Eltern melden Mängel an Leipziger Schule: Marode Fenster,
stinkende Toiletten, kaputte Schulhöfe. Der Elternbei-
rat der Goethe-Oberschule in Leipzig hat dem Stadtrat
eine Mängelliste geschickt. Weil die schlechten Zustän-
de sich seit Jahren nicht ändern, haben die Eltern eine
Bürgerinitiative gegründet.
```

Journalist zu sein bedeutet, Augen und Ohren offen zu halten. Selbst der Weg zur Arbeit kann der Beginn einer Recherche sein.

```
Dauer-Baustelle auf der L 192 wird nicht aufgehoben.
Die Landstraße zwischen Klink und Waren(Müritz) bleibt
länger gesperrt als ursprünglich geplant. Wie das Ver-
```

kehrsministerium in Schwerin bestätigte, hat auch die
zweite Baufirma Insolvenz angemeldet.

Oft reicht ein offenes Ohr im Wartezimmer beim Arzt oder beim Bäcker – und
der Reporter stößt auf ein Thema. Zunächst ist das nur Hörensagen, aber nach
gründlicher Recherche kann daraus eine *harte* Nachricht werden. Etwas aufwän-
diger ist es dagegen, informelle Kontakte zu pflegen. Im Sportverein geht es nicht
nur um einen neuen Rasenplatz, im Kirchenchor wird nicht nur gesungen und im
Rotary-Club wird nicht nur über Wohltätigkeit gesprochen. Auf dem Neujahrs-
empfang der IHK gibt es viel Smalltalk, aber vielleicht auch Informationen für
eine Nachricht.

Die „Initiative Nachrichtenaufklärung"
will auf Themen aufmerksam machen, die in den Medien nicht genügend
berücksichtigt werden. In der Initiative haben sich Journalisten und Me-
dienwissenschaftler zusammengetan. Sie küren jedes Jahr die „Top Ten" der
vernachlässigten Nachrichten. Beispiele:

Die parteinahen Stiftungen in Deutschland erhalten für ihre politische Bil-
dungsarbeit jährlich staatliche Zuwendungen von fast einer halben Milliarde
Euro. Über die Verwendung müssen sie nur teilweise Rechenschaft ablegen.
Es besteht der Verdacht der illegalen Parteienfinanzierung, aber es wird zu
wenig darüber berichtet.

Die deutsche Justiz nimmt jährlich etwa 100 Millionen Euro ein. Sie stammen aus den Geldbußen, die Angeklagten auferlegt werden. Die Richter
vergeben das Geld an gemeinnützige Vereine oder an die Staatskasse – ohne
jede Kontrolle.

Jedes Jahr kommen 8000 Au-Pairs nach Deutschland. Sie arbeiten unge-
schützt in einem weitgehend rechtsfreien Raum. Nicht selten kommt es zu
Misshandlungen. Vermittlungsagenturen brauchen nur einen Gewerbeschein
für 30 Euro.

Informelle Kontakte sind unumgänglich – für jeden, dem daran liegt, gelegentlich einen Tipp, ein Exklusivinterview oder gar ein vertrauliches Papier zu
bekommen. Auch in der Kantine oder auf der Raucherinsel kann die Idee entstehen, ein Thema näher zu recherchieren. Gute Ideen werden meistens abseits des

Schreibtisches geboren, im Austausch mit Kollegen. Das kann auch bei einer gut strukturierten Redaktionskonferenz der Fall sein. Dort hört man dann Sätze wie: Was ist eigentlich mit ...?, Sollten wir nicht mal wieder ...?, Was wurde eigentlich aus ...?

Mitteilungen kritisch auswerten

Ein Teil aller Nachrichten geht darauf zurück, dass andere *offiziell* etwas mitteilen, was sie für wichtig und interessant halten: Regierungen, Parteien, Justizbehörden, Polizeidienststellen, Kommunalverwaltungen, Unternehmensverbände, Gewerkschaften, Kirchen und zahllose andere Institutionen, aber auch Privatleute:

> Das Ifo-Institut für Wirtschaftsforschung erwartet für das nächste Quartal ein geringeres Wirtschaftswachstum.
> In Babenhausen ist die Zahl der Wohnungseinbrüche drastisch gestiegen.
> Der Architekturkritiker der Frankfurter Allgemeinen Zeitung, Dieter Bartetzko, ist tot.

Das E-Mail-Postfach der Redaktion steckt voller Pressemitteilungen. Viele offizielle Stellen unterrichten die Medien routinemäßig, auch weil sie dazu verpflichtet sind. Einfach übernehmen oder umschreiben sollte die Redaktion die Mitteilungen in keinem Fall. Zwar handelt es sich vielfach um *privilegierte*, also in der Medienwelt etablierte Quellen, und viele Informationen haben tatsächlich Nachrichtenwert. Trotzdem muss jede Mitteilung kritisch geprüft werden: Ist die Sache neu, wichtig und interessant? Ist der Mitteilende seriös? Sind die Fakten plausibel, d. h. passen sie zu den Tatsachen, die bereits bekannt sind? Brauchen wir zur Bestätigung eine zweite Quelle? Sind die Fakten ausreichend, oder müssen wir zusätzliche Informationen einholen?

Parteien, Verbände und Unternehmen verschicken ihre Pressemitteilungen nicht ohne Hintergedanken: Sie wollen informieren, haben aber gleichzeitig das Ziel, ihre Sicht der Dinge in der Öffentlichkeit zu verbreiten.

> Straßenbau 73 Prozent teurer als geplant: Brandenburg versenkt Steuergelder im großen Stil.

Ein brisantes Thema, das so noch nicht bekannt war. Aber Vorsicht! Es handelt sich um eine Studie im Auftrag der Opposition. In der E-Mail gibt es schön aufbereitete Grafiken und weitere Hintergründe. Trotzdem muss der Nachrichtenjournalist die Mitteilung kritisch hinterfragen: Stimmt das alles? Was sagt die Regierung dazu? Also Gegenrecherche!

Die Antworten auf kleine Anfragen werden regelmäßig von den Landesparlamenten veröffentlicht. Diesen Newsletter-Dienst sollte jede Redaktion abonnieren. Die dpa benutzt diese Anfragen gelegentlich für kleine Meldungen, manchmal dauert das aber einige Tage.

Schriftliche Anfrage der Abgeordneten Anja Kofbinger (Grüne): Vertraglich zur Verfügung gestellte Werbeflächen in Berlin.

Aus der Antwort geht hervor, dass das Land Berlin mit tausenden von Postern, Werbetafeln, Litfaßsäulen pro Jahr mehr als fünf Millionen Euro verdient. Diese Information wurde schon am 13. November per Newsletter verschickt, von dpa aber erst am 17. November zur Nachricht gemacht. Also sofort zugreifen! Und vielleicht noch einen eigenen Dreh finden: Darf denn jede Firma Werbung schalten? Wie ist das in anderen Städten? Was macht die Verwaltung mit dem Geld?

Niemand sollte auf Pressemitteilungen verzichten. Im Gegenteil: Je mehr, desto besser. Gerade an nachrichtenarmen Tagen kann ein Blick in die E-Mails der vergangenen Wochen durchaus lohnen. Wer gute Geschichten entdeckt, die er nicht sofort umsetzen kann, legt sich in seinem Notizbuch oder in seiner Cloud eine Themen-Liste an - einschließlich der Ansprechpartner. Und noch ein Tipp: Auch wenn die papierlose Produktion dominiert - das Ausdrucken und Ablegen von E-Mails ist nach wie vor sinnvoll.

Die andere Seite: Wie formuliere ich eine Pressemitteilung?

1. Schreiben Sie keine Werbetexte, sondern Nachrichten! Sie müssen neu, wichtig und interessant sein!
2. Schreiben Sie aus der Perspektive Ihrer Adressaten! Denken Sie so wie die Leute, die sie erreichen wollen. Der Kern der Botschaft muss am Anfang stehen! Journalisten wollen das Neueste, Wichtigste, Interessanteste schnell und unkompliziert erfahren.

3. Eine Pressemitteilung – ein Thema! Verwässern Sie die Pressemitteilung nicht mit anderen Informationen.

4. Pressemitteilungen müssen einen hohen Gebrauchswert haben! Bieten sie Service, Service, Service!

5. Erzählen Sie Geschichten, stellen sie Menschen vor! Berichten sie über Anekdoten oder Kuriositäten.

6. Finden Sie eine attraktive Überschrift! Korrekt, leicht verständlich und reizvoll. Nicht vergessen: die aussagekräftige Betreffzeile in der Mail.

7. Pressemitteilungen sind keine Rätselaufgaben! Sie müssen bis ins letzte Detail verständlich und korrekt sein.

8. Weg mit dem Beamtendeutsch! Befreien Sie Ihre Pressemitteilungen vom verschnörkelten Amtsstil.

9. Die äußere Form muss stimmen! Einheitliches Layout; Datum für Veröffentlichung, Ort; Telefon: Festnetz und möglichst Handy; Ansprechpartner für Rückfragen.

10. Schicken Sie die Pressemitteilung an die richtige Redaktion! Wen will ich, wen kann ich mit welchem Medium erreichen?

Sich selbst ein Bild machen

Recherche am Telefon ist richtig, notwendig und Alltag in allen Redaktionen. Wenn eine erste Information über ein Ereignis vorliegt, reicht oft ein Anruf bei der Polizei oder der Feuerwehr, um offene Fragen zu klären. Allerdings ist es grundsätzlich besser, sich möglichst einen eigenen Eindruck zu verschaffen. Nichts ersetzt das eigene Bild.

```
Festgefahrenes Touristenschiff. Auf dem Rhein ist ein
Schiff auf Grund gelaufen. Die „Loreley II" wollte Pas-
sagiere am Samstagvormittag nach St. Goar zur Burg
Rheinfels bringen, als das Schiff mit einem kräfti-
gen Ruck plötzlich hängen blieb. Zehn Personen wurden
leicht verletzt. Zur Stunde werden die Passagiere von
Bord geholt, das Schiff kann vermutlich erst in nächsten
Tagen abgeschleppt werden.
```

Reicht diese Polizeimitteilung für die Nachricht? Gut möglich, aber es stellen sich noch viele Fragen: Wo liegt das Schiff genau? Behindert es die gesamte Rheinschifffahrt? Gibt es erste Erkenntnisse zur Ursache? Fragen, die am besten vor Ort zu klären sind. Bekomme ich vielleicht eine Stellungnahme vom Kapitän? Kann ich mit Passagieren sprechen, die mir alles genau schildern können? Eigene Eindrücke erhalte ich nur, wenn ich mich ins Auto setze, an den Rhein fahre und mir selbst anschaue, was da passiert ist. Für die Webseite kann ich dabei noch ein paar Fotos machen. Ein weiterer Fall:

```
Wohnwagen in Flammen. Auf dem Dauer-Campingplatz in
Prerow auf dem Darß sind am frühen Morgen fünf Wohnwagen
ausgebrannt. Mitarbeiter eines Restaurants riefen gegen
fünf Uhr die Feuerwehr, als sie Rauch in Höhe der Ost-
seeklinik aufsteigen sahen. Einsatzkräfte konnten das
Feuer nach 40 Minuten löschen.
```

Genügt mir das? Ja, vielleicht. Aber ich will wissen, wie es auf dem Platz aussieht. Sind die Besitzer der Wohnwagen noch da? Bekomme ich Original-Töne? Riecht es noch nach Rauch? Das alles kann ich am Telefon nicht erfahren.

Pressekonferenzen vorbereitet besuchen

```
Regierungschefs führen Gespräche, die europäischen Fi-
nanzminister beraten, die katholischen Bischöfe treffen
sich in Fulda ...
```

Es gibt zahllose Ereignisse, die mit Pressekonferenzen enden. Sie dienen dazu, die Öffentlichkeit über den Verlauf des Ereignisses, über Verhandlungsergebnisse etc. zu unterrichten. Journalisten stellen (kritische) Fragen, erheben Einwände, Politiker und andere Akteure antworten. Für die Journalisten ist die Pressekonferenz eine erstrangige Informationsquelle, vielfach aber auch Anstoß für weitere Recherchen.

Meist ohne konkreten Anlass sind turnusmäßige Pressekonferenzen, die in der Regel von Journalistenvereinigungen veranstaltet werden. Vor allem sind es die Bundespressekonferenz und die Landespressekonferenzen. Dabei laden Journalistenvereinigungen Politiker und andere Personen von öffentlichem Interesse ein, geben ihnen Gelegenheit zu kurzen Erklärungen und stellen dann ihre Fragen.

Bundespressekonferenz: montags, mittwochs und freitags.
Die Bundespressekonferenz – 1949 gegründet – ist satzungsgemäß *ein Zusammenschluss deutscher Korrespondenten, die aus Berlin ständig über die Bundespolitik berichten.* Sie tagt regelmäßig dreimal in der Woche. Regierungssprecher und Sprecher der Ministerien geben Statements zur aktuellen Politik oder antworten auf Fragen der Journalisten. Zusätzlich vereinbart die BPK auch einmalige Pressekonferenzen mit Parteien, Verbänden oder einzelnen Personen. Geleitet wird das Frage- und Antwortspiel jeweils vom Vorsitzenden der BPK. Zugeschaltet sind die Büros der Berliner Korrespondenten, so dass sie oft nicht persönlich erscheinen.

Auf jeder Pressekonferenz sollte es mindestens eine Neuigkeit geben, die der Journalist zu einer Nachricht verarbeiten kann. Zwar gibt es Termine, die in erster Linie der PR dienen, manchmal sind aber auch Journalisten nicht richtig vorbereitet. Deshalb sollte jeder, der zur Pressekonferenz geht, vorher ein paar Fragen klären, damit der Termin nicht zur Zeitverschwendung wird.

- Was will ich erfahren?
- Kenne ich Namen und Titel der Menschen, die in der PK auftreten?
- Was hat der Veranstalter in den letzten Wochen geäußert? Recherche!
- Brauche ich zusätzliche Informationen? Recherche!
- Gibt es Vorab-Informationen zum Thema der PK?
- Brauche ich einen exklusiven Termin mit dem Veranstalter?

Einige Fragen stellen sich auch nach der Pressekonferenz:

- Genügen diese Informationen für eine Nachricht?
- Bei wem muss ich einen Gegencheck machen, ob die Fakten stimmen?
- Welche Stellungnahmen brauche ich, um das Bild abzurunden?

Zur Pressekonferenz gehen, auch wenn schon alles in einer Pressemitteilung zu stehen scheint? Ja, denn bei guter Vorbereitung erfährt man immer noch ein wenig mehr. Außerdem lohnt es sich, Flagge zu zeigen, Interesse zu demonstrieren, Kontakte zu knüpfen, ein Verhältnis zu Gesprächspartnern aufzubauen. Auch Gespräche unter Kollegen sind selten sinnlos. Manchmal sind es eher die *weichen* Faktoren, die eine Pressekonferenz zu einem gelungenen Ereignis machen.

Oft noch wichtiger als die PK: das Hintergrundgespräch. Von der Pressekonferenz unterscheidet es sich dadurch, dass es in einem kleineren Kreis stattfindet und grundsätzlich vertraulich ist. Das heißt, dass die Informationen zumindest teilweise nicht zur Veröffentlichung bestimmt sind. Zu Hintergrundgesprächen laden meistens Politiker oder andere Akteure eine Gruppe von ausgewählten Journalisten ein, oder es ist umgekehrt: informelle Journalistengruppen bitten einzelne Akteure zum Informationsgespräch. Aber Vorsicht – aus zwei Gründen: Politiker sehen in solchen Gesprächen vor allem die Chance, für ihre Sicht der Dinge zu werben. Und auch Exklusiv-Informationen können eine Form der Bestechung sein.

Unter eins, zwei, drei
Für die Verwendbarkeit von Informationen gibt es unter Journalisten drei klassische Code-Bezeichnungen:

unter eins: zur beliebigen Verwendung,

unter zwei: zur Verwendung ohne Nennung des Informanten,

unter drei: nicht zur Verwendung, rein vertraulich, „off the records".

Nachrichten herunterbrechen

In der deutschen Öffentlichkeit wird heftig über ein Freihandelsabkommen mit den USA diskutiert: TTIP. Gerade erscheint eine Äußerung des Landwirtschaftsministers auf den Bildschirm der Redaktion. dpa meldet:

```
Schwarzwälder Schinken, Schwäbische Spätzle, Spreewald-
gurke: Diese und andere geschützte regionale Marken
könnte es bald nicht mehr geben. Der Bundeslandwirt-
schaftsminister sagte zu den Freihandelsverhandlungen
mit den USA, er halte die EU-Regeln für zu bürokratisch.
Wer auf dem US-Markt investieren wolle, könne nicht mehr
jede Wurst und jeden Käse als Spezialität schützen.
```

Schnell wird klar: Diese Zeilen können Ursprung für viele weitere Nachrichten sein. Ein eigentlich überregionales Thema kann in die eigene Region heruntergebrochen werden – und dann das eigene Publikum erreichen. Kommt die Spreewaldgurke jetzt aus Florida? Was sagen die Dresdner Christstollen-Hersteller? Nahezu jede regionale Redaktion kann nach der ersten überregionalen Nachricht TTIP-

Verhandlungen zwischen EU und USA recherchieren, wie sich das Ab-
kommen auf ihr Berichtsgebiet auswirken könnte. Ein weiteres Beispiel:

> Der Bundestag hat erstmals einen flächendeckenden Min-
> destlohn beschlossen. Er beträgt 8,50 Euro pro Ar-
> beitsstunde. In einer Übergangsphase sind Ausnahmen
> möglich . . .

Was bedeutet das für unsere Region? Welche Arbeitnehmer in unserer Region
profitieren davon? Was sagen die hiesigen Unternehmer? Was sagen IHK, Fri-
seurinnung, Taxiverbände? Was sagt unser Wirtschaftsminister? Steigen jetzt die
Preise?

Eine weitere Möglichkeit besteht darin, aus größeren Dokumentationen, Gutach-
ten und Jahresberichten das herauszufischen, was für die eigene Region relevant
ist. Beispiel: Der Bund der Steuerzahler rügt Verschwendung
von öffentlichen Geldern. Die Nachrichtenagenturen bringen vor allem
die Fakten, die überregional von Interesse sind: Berliner Flughafen BER,
Umzug des Bundesnachrichtendienstes nach Berlin, Smartphone-App, in der das Landwirtschaftsministerium über das
Leben der Bienen informiert.

Fälle aus der eigenen Region sind nicht aufgelistet. Also: den Bericht des Steu-
erzahlerbundes im Internet herunterladen und nach den Sünden der öffentlichen
Hand im Berichtsgebiet suchen:

> Rheinland-Pfalz: Thermalbad von Bad Neuenahr wird zum
> Millionengrab.
> Nordrhein-Westfalen: Sinnlose Aussichtsplattform auf
> freiem Feld bei Pulheim.
> Niedersachsen und Baden-Württemberg: Die Stadtwerke
> Uelzen und Schwäbisch-Hall als Produzenten von Bio-
> Rohstoffen in der Ukraine, ein Millionen-Verlust.

Netzwerk Recherche

Im Netzwerk Recherche haben sich Journalisten zusammengeschlossen, die sich nach ihrem Selbstverständnis für eine höhere Qualität der Medienberichterstattung einsetzen. Sie propagieren vor allem den investigativen Journalismus und wollen dem Nachwuchs in Seminaren die Techniken der Recherche vermitteln: In einem Medienkodex fordert das *Netzwerk Recherche* uneingeschränkt: „Journalisten machen keine PR". Den *Informationsblockierer des Jahres* prangert die Vereinigung mit einem Negativpreis an: mit der *Verschlossenen Auster.*

Nachrichten weiterdrehen

Nachrichten erzeugen neue Nachrichten. Es ist etwas passiert, jemand hat etwas gesagt – was sagen andere dazu? Politiker, Unternehmer, Gewerkschafter, Kirchenvertreter … Reaktionen auf Gesetzesvorlagen, Gemeinderatsbeschlüsse, Interviewäußerungen, Kursstürze an der Börse, Spekulationen um Bundesliga-Trainer … Der öffentliche Diskurs macht einen großen Teil der Nachrichten aus. Und Journalisten drehen die Nachrichtenspirale immer weiter. Indem sie nachfragen, Interviews führen, neue Fakten recherchieren. Ein Beispiel:

```
Kulturszene empört über Etatkürzung. Berliner Kultur-
schaffende haben die geplante Verringerung ihrer Förder-
mittel kritisiert. Der Intendant der Staatsoper sagte,
der Kultursenator setze hunderte von Arbeitsplätzen aufs
Spiel . . .
```

Ein Thema zum Weiterdrehen: Welche Bereiche sind noch betroffen? Warum konnte der Staatssekretär die Kürzung nicht verhindern – hat er Streit mit dem Finanzsenator? Gehen jetzt die großen Stars weg? Welche Ressorts profitierten vom neuen Haushalt, wo wurden Mittel gekürzt?

So dreht sich das Karussell: Politiker A kritisiert Politiker B, C lobt neues Gesetz, D erfreut über Sieg von E, F erbost über Verzögerung am Bau … Die Liste der Möglichkeiten ist lang:

```
Sportler zufrieden mit strengerem Doping-Verbot. Deut-
sche Spitzensportler haben die neuen Dopingrichtlinien
```

des Leichtathletikverbandes begrüßt. Speerwerfer Andreas Müller sagte unserer Zeitung, damit gehörten
Dopingverstöße endgültig der Vergangenheit an.

„Kreise" und andere anonyme Quellen

Viele Nachrichten gehen auf Informanten zurück, die namentlich nicht genannt werden wollen oder deren Namen den Lesern, Hörern und Zuschauern
nichts sagt. Für diese anonymen Quellen haben sich feste Bezeichnungen
herausgebildet:

Regierungskreise: Regierungsmitglieder.

Amtliche Kreise: Informanten aus den Ministerien.

Parlamentarische Kreise: Informanten aus dem Parlament.

Diplomatische Kreise: Informanten aus dem Auswärtigen Amt.

Unterrichtete Kreise: Andere anonyme Informanten.

(Politische) Beobachter: Journalisten.

Nachrichten herüberholen

Auch Nachrichten aus Nachbarländern oder aus anderen Regionen können Nachrichten im eigenen Land und in der eigenen Region hervorbringen. Ein Klassiker
in allen Redaktionen: Irgendwo ist etwas passiert – wie sieht es bei uns damit aus?

In Frankreich wird der Deutschunterricht reduziert.
Bildungsministerin Vallaud-Belkacem will die Classes
bi-langue abschaffen, in denen Mittelschüler mit zwei
Fremdsprachen gleichzeitig starten.

Wie steht es mit dem Fremdsprachenunterricht in Deutschland? Und was machen die humanistischen Gymnasien? Wird dort eigentlich noch Griechisch angeboten?

16 Bundesländer – mit unterschiedlichen Lebensverhältnissen. Stoff für Nachrichten:

```
Hamburg will in der ganzen Stadt kostenloses WLAN einfüh-
ren. Der Senat hat zusammen mit privaten Anbietern eine
Initiative für den flächendeckenden Ausbau gestartet.
```

Und was ist mit unserer Stadt, warum gibt es das nicht bei uns? Was sagen Minister und Opposition? Darüber hinaus stellen sich andere Fragen: Wie steht es um den lange geplanten Breitbandausbau, zum Beispiel in Brandenburg? Ein weiteres Beispiel:

```
Der saarländische Innenminister hat ein Sonderprogramm
zur Unterbringung von Flüchtlingen gestartet. Danach er-
halten Städte und Gemeinden finanzielle Zuschüsse, wenn
sie leerstehende Wohnungen für Flüchtlinge herrichten.
```

Wie sieht das in meinem Bundesland aus? Werden dort auch neue Ideen entwickelt? Sind die Flüchtlinge vor allem in zentralen Einrichtungen oder dezentral untergebracht?

Anregungen des Publikums nachgehen

Facebook, Twitter, E-Mails, Anrufe, Briefe, Tage der Offenen Tür: Nie zuvor konnten Leser, Hörer und Zuschauer den Redaktionen auf so vielen Wegen Feedback geben: „Was Sie da gestern wieder gebracht haben ...", „Dieser Moderator geht ja gar nicht ...", „Ein toller Bericht, das muss man loben ..." Das Publikum ist längst nicht mehr nur reiner Konsument, es nimmt nicht nur, es gibt auch. Publikum und Redaktion sind vor allem dank der sozialen Medien enger zusammengerückt: „Ständig berichten Sie über ...", „Bringen Sie doch mal etwas zu ..."

Anrufe und Mails wie diese bekommt jede Redaktion. Oft lohnt es sich, Hinweisen nachzugehen.

```
Gestern haben Sie über die schlechte Bezahlung in dem
Einkaufscenter berichtet. Ich bin auch betroffen.
Seit Wochen fahren hier nachts Transporter lang und
lagern ihren Müll ab.
Der Fußgängertunnel in der Station Müllerstraße sieht
schlimm aus.
```

Oft genügt ein Anruf, um den Wahrheitsgehalt solcher Mitteilungen zu überprüfen. In anderen Fällen ist eine längere Recherche notwendig.

Manche Zeitungen haben die Hinweise ihrer Leser institutionalisiert. Sie rufen die Leserinnen und Leser dazu auf, als *Leserreporter* tätig zu werden und Informationen oder Bilder für Print-Ausgaben und Online-Portale zu liefern. In der Fachwelt ist besonders der Einsatz von Amateurfotos umstritten. Der Deutsche Journalisten-Verband argumentiert, dadurch werde die Arbeit der professionellen Bildjournalisten entwertet.

Besonders nützlich: die sozialen Netzwerke. Ein Beispiel:

```
Sturm „Felix" nimmt Kurs auf Thüringen. Der Deutsche
Wetterdienst warnt vor Windböen bis zu 100 km/h.
```

Die erste Meldung der Nachrichtenagenturen. Selbstverständlich berichten sie danach fortlaufend über die Wetterlage. Wo ist schon etwas passiert? Sind Zugstrecken gesperrt oder Dächer abgedeckt? Ergänzende Informationen kann sich die Redaktion über Facebook und Twitter beschaffen: `Ist der Sturm schon bei Ihnen? Schicken Sie uns doch Ihre Eindrücke, am besten auch Fotos!` Auch über Demonstrationen oder große Straßenfeste kann man sich mit Hilfe der Follower einen Überblick verschaffen. Allerdings ist Vorsicht geboten. Informationen von privater Seite sind immer sorgfältig zu prüfen. Ohne zweite Quelle geht gar nichts.

Auch viele Debatten laufen zuerst bei Facebook und Twitter. Aktuelle Ereignisse werden dort tausendfach kommentiert. Oft ein Anstoß, darüber eine Nachricht zu schreiben:

```
#Weilwirdichlieben - Berlin lacht über BVG-Kampagne
#schneegida: Ironie gegen Pegida
So empört sich das Netz über den #tatort
```

Nachrichtenrecherche im Internet

Namen und Telefonnummern nachschlagen, Hintergrundartikel lesen, Dokumente besorgen: Noch nie war Recherche so einfach wie heute. Das Internet macht es möglich, Daten aus allen Bereichen in Sekunden auf den Bildschirm zu rufen. Allein das Online-Lexikon „Wikipedia" stellt in der deutschsprachigen Ausgabe rund 1,8 Millionen Artikel bereit – oft tagesaktuell auf dem neuesten Stand. Aber: Wer als Journalist recherchiert, muss alle Informationen aus dem Netz kritisch prüfen. Ist die Quelle seriös? Ist sie kompetent? Stehen hinter der Quelle einseitige Interessen? Ist zur Absicherung eine zweite Quelle erforderlich? Bei Suchmaschinen sollte sich niemand auf die ersten Anzeigen verlassen. Hilfreich sind *Metasuchmaschinen,* die auf die Ergebnisse mehrerer Suchmaschinen zurückgreifen. Für die *gezielte* Suche gibt es Tricks, etwa das Setzen von Anführungszeichen für feste Wortgruppen. Oberstes Gebot bei jeder Internetrecherche ist eine gesunde Skepsis – auch bei der Nutzung von Wikipedia.

Andere Medien beobachten

Die Medienwelt ist groß, und die Konkurrenz schläft nicht. Deshalb wird jeder Journalist stets im Blick haben, was die anderen Medien ausgraben oder in den Vordergrund stellen. Hat die Konkurrenz Exklusivgeschichten? Sind diese Neuigkeiten von allgemeinem Interesse? Dann ist schnelle Nachfrage nötig. Bekommt die Redaktion eine Bestätigung von offizieller Seite? Wenn nicht, bleibt nichts anderes übrig, als die Sache erst einmal mit Hinweis auf die Konkurrenz zu verbreiten.

```
Bürgermeister tritt offenbar zurück. Wie „Das Blatt" auf
seiner Onlineseite berichtet, wird Bürgermeister Müller
voraussichtlich noch am Abend auf sein Amt verzichten.
Eine offizielle Bestätigung gibt es bisher nicht.
```

Oft verdichten sich in den nächsten Stunden die Anzeichen dafür, dass die Nachricht zutrifft. Dann bemüht sich die Redaktion noch einmal um eine Bestätigung. Bekommt sie diese Information nicht, stellt sie die Nachricht auf eine breitere Basis: `Nach Berichten mehrerer Medien . . .` Ob sie die Urquelle noch erwähnt, ist Ermessenssache. `Als erste Zeitung hatte „Das Blatt" darüber berichtet.` Oder die Redaktion wartet auf die Pressekonferenz und recherchiert in der Zwischenzeit die Hintergründe des Rücktritts und die Frage, ob es schon mögliche Nachfolger gibt. Oder sie dreht die Meldung weiter, indem sie die Opposition anruft.

Andere Medien – das sind auch die Blogs, also die *Logbücher* im Web, in denen *Blogger* Informationen liefern oder ihre Gedanken kundtun. Blogs gibt es in großer Zahl – über Sport, Mode, Internet, Kunst, Kultur. Nachrichtlich interessant sind vor allem lokale und regionale Blogs, in denen die Autoren darüber schreiben, was in ihrer Heimat los ist. Auch sie können Nachrichtenredakteure inspirieren. Ein Blog, das Fotos von verlassenen Gebäuden enthält, ein Blogger, der regelmäßig mit Obdachlosen spricht, ein Blog über die lokale Landwirtschaft – das alles kann zur Nachrichtenquelle werden.

Das Archiv pflegen

```
Ein Jahr nach der Flut kommt der Deichbau bei Breese
immer noch nicht voran.
```

Nichts ist so alt wie die Zeitung von gestern, sagt man. Aber vielfach stimmt das gar nicht. Längst vergangene Ereignisse können aus dem Archiv geholt und weitergedreht werden (siehe Kapitel „Nachrichten weiterdrehen"). Das funktioniert dann nach dem Motto: „Wir müssten doch mal wieder über die seit langem geplante Umgehungsstraße berichten."

Manchmal laufen die Recherchen ins Leere, oft reicht aber auch schon ein Anruf, um Stoff für eine Nachricht zu bekommen. Manche Themen bleiben ständig auf dem Schirm, andere werden reaktiviert, wenn man die Zeitung von vor sechs Monaten oder zwei Jahren hervorholt.

```
WM 2010: Stadien in Südafrika stehen meist leer. Fünf
Jahre sind seit der Weltmeisterschaft 2010 in Südafrika
vergangen. Damals investierte der Staat in Neu- und
Umbauten rund 1,4 Milliarden Euro. Heute werden viele
der Stadien überhaupt nicht mehr genutzt . . .
```

Manchmal hilft auch das Internet, um sich an alte Themen zu erinnern. Zum Beispiel bringt Wikipedia zu jedem Tag im Jahr einen Artikel mit Ereignissen aus Politik, Wirtschaft, Sport und Gesellschaft. Dort steht auch, wer an diesem Tag geboren und gestorben ist:

```
26. Oktober 1927: Gustav Schickedanz gründet in Fürth
das Versandhaus Quelle.
```

Quelle? Da war doch was? Das Unternehmen meldete 2009 Insolvenz an. Was ist mit den Mitarbeitern passiert? Sogar der Paketdienst DHL befürchtete Einbußen. Vielleicht genügen hier schon ein paar Anrufe für eine Nachricht:

Sechs Jahre nach dem Aus: Wie die Quelle-Pleite das Leben
der Mitarbeiter veränderte . . .

Oft sind andere die stillen Helden der Redaktion: die Planer. Sie wissen, was
morgen, nächste Woche oder am 20. Mai passiert. Sie pflegen Terminmappen, tragen Jahrestage ein und helfen so, den Überblick zu behalten. Manchmal sind es
elektronische Kalender, oft aber auch übergroße Tafeln, die an Wänden hängen
und auf denen die wichtigsten Ereignisse mit Rotstift markiert sind.

25 Jahre Deutsche Einheit. Helmut Kohl versprach 1990
blühende Landschaften. Keinem werde es schlechter gehen,
aber vielen besser. 25 Jahre später stellen Forscher
fest: Die Lebensverhältnisse in Ost und West werden
verschieden bleiben. Vielleicht für immer.

▶ **Merksätze**

1. Nachrichten beruhen auf Ereignissen. Aber nur ein Teil der Nachrichten entsteht dadurch, dass ein Journalist ein Ereignis selbst beobachtet. Der größere Teil geht auf Mitteilungen Dritter oder auf eigene
   Recherchen zurück.
2. Fremde Quellen (Pressemitteilungen, Konkurrenz, Publikum, Internet) sind nicht nur lästige Post, Bedrohung oder Zeitvertreib. Manchmal sind Mitteilungen und Mails von Usern, Lesern und Hörern der
   Anfang einer (exklusiven) Nachricht.
3. Viele Nachrichten kann ein Redakteur selbst schaffen, indem er ein
   Thema *weiterdreht* oder auf die regionale Ebene *herunterbricht*. Diese
   Techniken helfen besonders in nachrichtenarmen Zeiten – und lassen sich gut trainieren.
4. Das Internet ersetzt die klassische Recherche nicht, es hilft und ergänzt die klassischen Methoden. Aber nichts ist so wertvoll wie ein
   Gespräch oder der eigene Eindruck vor Ort.
5. Das eigene Archiv ist wichtig und eine Fundgrube für Themen. Es
   hilft, an Geschichten dranzubleiben, immer wieder hartnäckig nach-
   zufragen und für bestimmte Themen selbst ein Experte zu werden.

Weiterführende Literatur

Michael Brendel, Frank Brendel, Christian Schertz, Henrik Schreiber: Richtig recherchieren: Wie Profis Informationen suchen und besorgen (Frankfurt: Frankfurter Allgemeine Buch 2010)

Michael Haller: Recherchieren (Konstanz: UVK 2004)

Markus Kaiser: Recherchieren: klassisch – online – crossmedial (Wiesbaden: Springer VS 2015)

„Nach aller Lust erlogen ... "

Heinrich Heine war 1846 in den Pyrenäen unterwegs und schrieb an einer Reportage, da meldete die „Deutsche Allgemeine Zeitung":

> Aus der westlichen Schweiz erreicht uns die Kunde, dass der Dichter Heinrich Heine an den Folgen eines Schlaganfalls gestorben ist.

Heine schrieb einem Freund: „Die falsche Todesnachricht hat mich sehr verstimmt, und es thut mir Leid, daß auch meine Freunde dadurch affiziert wurden; zum Glück kam die rektifizierende Nachricht, wodurch mein Untod gemeldet ward; so schnell hinterdrein". Übrigens war in der Schweiz wirklich ein Heine gestorben: Professor B. Heine aus Würzburg.

Um die Glaubwürdigkeit des Nachrichtengewerbes war es von Beginn an nicht zum Besten bestellt. Die „Newen Zeitungs-Singer" auf den Jahrmärkten galten als „Land- und Stadt-Lügner". Und auch die Nachrichtenhändler hatten nicht den besten Leumund. Auf einer Lithographie aus dem 16. Jahrhundert ruft ein „Krämer mit den neuen Zeitungen" seinen Kunden fröhlich zu:

> Ihr lieben, guten frommen Herren,
> Die ihr hört Neue Zeitung gern,
> Hie bring ich euch einen ganzen Haufen,
> Die will ich euch all bar verkaufen.
> Was ich hab, ist nach aller Lust,
> Drei Tage erlogen vor der Post . . .

Der Medienkritiker Ahasver Fritsch klagte 1676: „Es sündigen aber derartige Fabrikanten und Verbreiter von Nachrichten schwer gegen Gott, den Staat und gegen den Nächsten." Das müsse bestraft werden: Mit Kerker, Prügel oder auch dem Tod. Und Johann Heinrich Zedler spottete 1749: „Denn der Zeitungsschreiber muß ohne Barmherzigkeit das Leben hergeben, wenn er etwas in den Nachrichten verfälschte. In Europa würden wenige Zeitungs-Schreiber das Leben behalten, wenn ein solches Gericht über sie ergehen sollte."

Kriegszeit – das ist die Blütezeit von Falschmeldungen. So herrschte im Dreißigjährigen Krieg mehrere Tage Verwirrung um das Schicksal des schwedischen Königs. Drei Wochen nach der Schlacht bei Lützen 1632 meldete die Hamburger „Wochentliche Zeitung", Gustav II. Adolf habe die `Wallsteinische und Pappenheimische Armee gentzlich aufs Haupt geschlagen und erlegt`, sei aber `am lincken Arm gequetscht worden`. In der nächsten Ausgabe berichtete das Blatt, `Ihre Königl. May. sei frisch und gesundt`. Erst eine Woche später räumte die Zeitung ein, der König sei `umb kommen`.

Falschmeldungen werden verbreitet, wenn Redakteure Lügen, Gerüchte oder Denunziationen weitertragen, Fälschungen aufsitzen, ungenau arbeiten – oder wenn die Technik siegt:

`United Airlines pleite`

Die Nachricht der Webseite des „Florida Sun Sentinel" schockte die Börse. Der Kurs der Fluggesellschaft brach um 75 Prozent ein. Die Nachricht stimmte, war aber schon sechs Jahre alt. Sie wurde aus Versehen von Google News wieder nach oben gespült – und von Webseite des „Sentinel" automatisch veröffentlicht.

`Helmut Kohl nennt Namen der Spender`

meldeten mehrere Agenturen in Eilmeldungen. Eine Sensation in der Spendenaffäre. Doch Kohl wollte sein Schweigen nicht brechen. Die Agenturen waren auf ein gefälschtes Fax hereingefallen. Ein Anruf im Büro Kohl – und die Ente wäre aufgeflogen.

`Neonazis ertränken Kind. Am helllichten Tag im Schwimmbad. Keiner half. Und eine ganze Stadt hat es totgeschwiegen.`

Mit diesen Schlagzeilen von „Bild" begann, was als Mediengau von *Sebnitz* endete. Mehr Sorgfalt hätte verhindert, dass Phantasien als Tatsachen verbreitet wurden.

`Russische Kühe versenken japanischen Fischkutter`

Eine Schlagzeile, die überall auf der Welt Heiterkeit auslöste. Danach mussten Soldaten bei Sachalin angeblich gestohlene Kühe aus ihrem Flugzeug werfen, um einen Absturz zu verhindern. Dabei trafen sie leider den Kutter. Die Geschichte hatte nur einen kleinen Makel: Sie stimmte nicht.

Klassiker sind diese drei Falschmeldungen, vor allem in ereignisarmer Zeit: Der *Yeti* geistert seit 1915 durch die Zeitungsspalten. Das *Ungeheuer von Loch Ness* taucht seit 1933 auf und unter. Und Nachrichten über *die* sichere Spur zum *Bernsteinzimmer* gibt es regelmäßig seit 1945.

Von seiner vorzeitigen Beförderung ins Jenseits hat nicht nur Heinrich Heine aus den Nachrichten erfahren, nach ihm ist es noch vielen Prominenten so ergangen: Alfred Nobel, Ernest Hemingway, Max Schmeling, Paul McCartney, Tina Turner, die Queen, Macaulay Culkin und Bill Gates. Mark Twain sah es entspannt: „Die Nachricht von meinem Tod ist stark übertrieben."

Die Deutsche Presse-Agentur meldete 1964:

`Der sowjetische Ministerpräsident Chruschtschow ist am`
`Montag, vier Tage vor seinem 70. Geburtstag, an den`
`Folgen einer akuten Hephocapalytirosises gestorben.`

Zwar zog die dpa ihre Blitzmeldung 15 Minuten später zurück. Aber die Sowjets verstanden keinen Spaß. „Wegen Verbreitung einer provokativen verleumderischen Information" musste dpa das Moskauer Büro schließen. Und die Krankheit *Hephocapalytirosises* ist bis heute nicht entdeckt worden.

Die Objektivität der Nachricht

von Dietz Schwiesau

Zusammenfassung

Objektivität gibt es im Nachrichtenjournalismus als Ideal, als Norm und als Regelwerk. Die Fakten müssen stimmen. Die Nachricht muss transparent sein. Die Nachricht muss alle Seiten eines Ereignisses zeigen. Die Nachricht muss frei von persönlichen Wertungen sein.

2015 stürzte in den französischen Alpen ein Airbus ab: 150 Menschen starben bei dem Unglück. Als die Staatsanwaltschaft mitteilte, wer für das Unglück verantwortlich ist, war das eine Sensation. Das waren die Überschriften von deutschen Tageszeitungen:

Copilot ließ das Flugzeug abstürzen (Süddeutsche)
Der Killer im Cockpit (Hamburger Morgenpost)
Der Amok-Pilot (Bild)
Der Todesflieger (BZ)
Ko-Pilot soll Absturz herbeigeführt haben (FAZ)
Die Lufthansa-Tragödie (Handelsblatt)
Mit Absicht flog er alle in den Tod (tz München)
Er ist unser aller Albtraum (Berliner Kurier)

Sachliche Information oder reißerische Stimmungsmache? Die Überschriften zeigen, dass die Redaktionen sehr unterschiedliche Antworten gefunden haben.

© Springer Fachmedien Wiesbaden 2016   79
D. Schwiesau und J. Ohler, *Nachrichten – klassisch und multimedial*,
Journalistische Praxis, DOI 10.1007/978-3-658-08717-3_5

Können Nachrichten objektiv sein?

Die Berichterstattung über das Flugzeugunglück löste einmal mehr eine Debatte über die Prinzipien des Nachrichtenjournalismus aus. Im Mittelpunkt stand ein Begriff, der stark umstritten ist: Objektivität. Das bedeutet: Journalisten sollen ausgewogen, transparent und unparteiisch berichten, sie sollen Fakten und Meinungen klar voneinander trennen. Nur: Ist das überhaupt möglich – und ist das sinnvoll? Im Streit um diese Fragen gibt es drei Lager:

Die Gegner. „Die harte Nachricht ist tot", sagen sie. Objektivität ist nicht möglich, sondern ein Mythos, ein Relikt der Vergangenheit. Sie verlangen eine neue *individuelle Berichterstattung*, also den Verzicht auf Regeln. Gerade im Internetzeitalter, so ihr Argument, gehe es nicht nur um Fakten, sondern um Einordnung und Analyse. Journalisten sollten nicht neutral sein, sondern Marken mit eigener Haltung.

Die Unentschiedenen. Sie halten den Begriff Objektivität für mangelhaft, Grundregeln aber für notwendig. Die Nachrichtenagentur AFP nennt Objektivität „unrealistisch" und bekennt sich gleichzeitig zu Unparteilichkeit und Unabhängigkeit. Angelsächsische Journalisten sprechen in diesem Zusammenhang von *Fairness*, so wie die Verlegerin Ariana Huffington: „Unsere goldenen Gebote heißen: Fairness, Sorgfalt, Überprüfen aller Fakten. Wie heißt es so schön: Jeder hat das Recht auf seine eigene Meinung, aber nicht auf seine eigenen Fakten."

Die Befürworter. Objektivität ist vielleicht nie ganz erreichbar, aber immer uneingeschränkt anzustreben. Objektivität ist die zentrale ethische Norm journalistischer Berichterstattung, das Grundgebot der Nachrichtenarbeit in einer freiheitlich-demokratischen Grundordnung.

Objektivität – für oder wider? Objektivität – das ist ein Ideal, aber auch eine Norm und ein Regelwerk.

Die Objektivität als Ideal: Nachrichten sind keine genormten Produkte gesichtsloser Wesen. Erstens gibt es *das* Objekt der Berichterstattung nicht. Die Wirklichkeit hat viele Seiten. Eine absolute Wahrheit existiert nicht und kann deshalb auch nicht in einer Nachricht widergespiegelt werden. Und zweitens sind die Subjekte alle verschieden, also die Berichterstatter. Jeder sieht und berichtet anders.

„Reuters steht für Schnelligkeit, Genauigkeit und Objektivität." Reuters

„In den Angeboten soll den Fernsehteilnehmern und den Nutzern von Telemedien ein objektiver Überblick über das Weltgeschehen, insbesondere ein umfassendes Bild der deutschen Wirklichkeit, vermittelt werden." ZDF

„Die Redakteure sind bei der Auswahl und Sendung der Nachrichten zur Objektivität und Überparteilichkeit verpflichtet." MDR

Subjektivität lässt sich nie ganz ausschalten. Wer einen Journalistenausweis bekommt, muss seine Überzeugungen nicht abgeben. Dennoch: Jeder Journalist ist dem Gebot der Objektivität verpflichtet. Deshalb versucht er, Nachrichten zu schreiben, die den Tatsachen entsprechen und nicht Partei zu ergreifen.

Die Objektivität als Norm: Staatsverträge, Programmgrundsätze und Redaktionsleitlinien verpflichten Nachrichtenredakteure zur Objektivität. Die Norm gilt für alle informierenden Darstellungsformen, vor allem für die Nachricht, die von den Fakten lebt. Und die müssen stimmen. Diese Normen wurden formuliert, um die Berichterstattung nicht der Willkür des einzelnen Journalisten zu überlassen.

Die Objektivität als Regelwerk: Weil das Ideal nicht zu erreichen und Subjektivität nicht zu vermeiden ist, haben Journalisten Handwerksregeln zur Objektivität entwickelt: klar, weithin akzeptiert, in der Praxis nachprüfbar, als Richtschnur im Redaktionsalltag. Diese Regeln dienen nur einem Ziel: sich dem Objektivitätsideal so weit wie möglich zu nähern.

Vier Objektivitätsregeln

Regel 1: Die Fakten müssen stimmen!

Regel 2: Die Nachricht muss transparent sein!

Regel 3: Die Nachricht muss alle Seiten zeigen!

Regel 4: Die Nachricht muss wertungsfrei sein!

Regel 1: Die Fakten müssen stimmen!

Genau arbeiten. Wer Nachrichten schreibt, muss sorgfältig und gründlich arbeiten, ja akkurat und penibel. Denn die Nachricht lebt allein von den Fakten. Und die müssen hundertprozentig richtig sein. Negativbeispiel:

> Bei einem Einsatz des Technischen Hilfswerkes werden zwei Mitarbeiter mit Gesundheitsproblemen ins Krankenhaus gebracht. Eine Agentur spricht von `Atemgiften` und schreibt: `Um welche Stoffe es sich handelte, war zunächst nicht zu erfahren.`

Eine Meldung, die Menschen in Angst und Schrecken versetzte. Allerdings stimmten die Fakten nicht. Bei genauer Recherche stellte sich heraus: Keine Atemgifte. Zwar wurden zwei THW-Mitarbeiter ins Krankenhaus gebracht. Sie hatten aber als Asthmatiker Atemprobleme bekommen.

Auch wenn keine Menschenleben in Gefahr sind, müssen die Fakten stimmen: Beginnen die Arbeiten an der Stadtautobahn um acht oder um neun Uhr? Heißt der Sachverständige Schmidt oder Schmitt? Ist die Anschlussstelle Eilsleben in Richtung Berlin oder in Richtung Hannover gesperrt? Selbst kleinste Fehler nähren Zweifel an der Zuverlässigkeit der Redaktion.

Fehler korrigieren. Einer Falschmeldung aufgesessen? Eine Zahl verwechselt? Einen Politiker nicht korrekt zitiert? Auch wenn ein Redakteur sorgfältig arbeitet, wird er im schnellen Nachrichtengeschäft Pleiten und Pannen nicht vermeiden können. Wichtig ist: Fehler nicht verschweigen oder vertuschen! Das gehört zu den Todsünden im Nachrichtenjournalismus. Nur wer offen auch mit Fehlern umgeht, ist glaubwürdig.

Fakten-Checker
„Vatikan der Wahrheit" wird sie genannt, die Fakten-Checker-Abteilung des Magazins „The New Yorker". 16 Mitarbeiter überprüfen – alles. Sie fühlen sich dem Ideal des Gründers, Harold Ross, verpflichtet, eine fehlerfreie Zeitung zu machen. Ross wird eine (sicher stark übertriebene) Geschichte zugeschrieben: In einer Story sollte es um das Empire State Building gehen. Erbaut 1931. Aber man weiß ja nie! Deshalb forderte Ross seine Leute auf, nachzuschauen, ob der Wolkenkratzer noch steht.

Unsichere Faktenlage benennen. Nicht immer ist es möglich, alle Fakten genau zu recherchieren. Dann darf der Nachrichtenjournalist nicht spekulieren oder falsches Wissen vortäuschen. Wenn er nicht alle Fakten kennt, wenn Widersprüche bleiben, dann sagt er das auch. Das rührt nicht an seine Nachrichtenehre. Im Gegenteil! Ein Beispiel:

```
Wie viele Menschen gegen die neue Startbahn demonstriert
haben, darüber gibt es unterschiedliche Angaben. Die Po-
lizei spricht von 5000 Teilnehmern, die Bürgerinitiative
von 10.000.
```

An einer Schule hat ein Jugendlicher mehrere Schüler und Lehrer erschossen. Die Meldungen aus verschiedenen Quellen überschlagen und widersprechen sich. Wie viele Tote, wie viele Verletzte? Der Täter tot oder noch auf der Flucht? Der Nachrichtenredakteur kann deshalb nur sagen, dass es `offenbar einen Amok-lauf` gegeben hat. Alles andere muss offen bleiben: `Darüber hinaus liegen noch keine gesicherten Informationen vor.`

Aussagen mit gesicherten Fakten belegen. Um einen Verstoß gegen das Objektivitätsprinzip handelt es sich, wenn der Redakteur die Aussagen Dritter für bare Münze nimmt. Ein klassischer Fehler, vor allem im Leadsatz. Aussagen Dritter sind keine gesicherten Fakten. Beispiele:

```
Zwei Stunden nach der Explosion ist die Situation in
den Chemiewerken wieder unter Kontrolle. Das teilte der
Sprecher des Unternehmens mit.
```

Ist die Situation unter Kontrolle – oder hat das Unternehmen das nur erklärt? Richtig muss der erste Satz lauten:

```
... ist nach Angaben des Unternehmens unter Kontrolle.
```

Ein typischer Fall, in dem *eine* Quelle nicht genügt. Der Redakteur muss nachfragen, bei der Polizei oder Feuerwehr, ob sie die Einschätzung des Unternehmens teilen!

```
Der Vorjahressieger der Bayern-Rundfahrt verzichtet in
diesem Jahr wegen einer Knieverletzung auf einen Start.
Das teilte der Manager mit.
```

Gesichert ist: Der Sportler startet nicht. Doch ob eine Verletzung wirklich der Grund ist, das weiß der Redakteur nicht. Also:

`Als Grund nannte der Manager eine Knieverletzung.`

„Es wird nie soviel gelogen wie vor der Wahl, während des Krieges und nach der Jagd." Otto von Bismarck (1859)

Die Proportionen müssen stimmen. Der Berichterstatter kann ein Ereignis im begrenzten Format einer Nachricht nicht von allen Seiten widerspiegeln. Er muss aber versuchen, ein möglichst wahrheitsgemäßes Bild zu zeichnen, das das Geschehen auch in den richtigen Größenordnungen zeigt. Zwei Negativ-Beispiele:

25.000 Menschen demonstrieren gegen eine neue Müllverbrennungsfabrik. Am Rande prügeln sich 10 Jugendliche mit der Polizei. Dabei werden zwei Polizisten verletzt. Wenn das Fernsehen zuerst Bilder von prügelnden `Umweltchaoten` zeigt, dann geht das am Ereignis vorbei. Die Auseinandersetzungen gehören ans Ende des Nachrichtenfilms.

Auf der letzten Wahlkundgebung stolpert der Herausforderer auf dem Weg zu seinem Pult. In seiner Rede kündigt er ein neues Programm gegen die Arbeitslosigkeit an. Der Aufmacher in den Fernseh-Nachrichten des Abends ist: Der Stolperer – mit Fragen wie: `Strauchelt der Kandidat auf dem Weg nach oben`? Das Arbeitslosenprogramm bleibt unerwähnt.

Fair Radio
„Die besten Hits von heute" verspricht RTL 89,0 seinen Hörern. Und die Nachrichten? Die können auch mal von gestern Abend sein. Aufgezeichnet und morgens jede Stunde wiederholt. Mitarbeiter der Initiative „Fair Radio" haben das nachgewiesen. RTL sah darin kein Problem: Wegen zahlreicher Krankheitsfälle habe es an Personal gemangelt. Mehr Beispiele über Schummeleien im Radio: www.fair-radio.net

Regel 2: Die Nachricht muss transparent sein!

Nicht alle Nachrichten brauchen eine Quelle. Wenn es sich um allgemein zugängliche Ereignisse handelt, dann braucht der Redakteur die Quelle nicht zu nennen:

```
Der Parteitag der Grünen hat am Vormittag begonnen.
Bayern München ist aus dem DFB-Pokal ausgeschieden.
```

Quellentransparenz ist eine zentrale Voraussetzung der Objektivität. Wenn das Ereignis nicht allgemein zugänglich ist, *muss* der Autor deutlich machen, woher seine Informationen stammen. Er muss seine Quellen offen legen. Erst das macht eine Information zur journalistischen Nachricht. Negativbeispiel:
Eine Nachrichtenagentur meldete in einer Eilmeldung:

```
Formel-1-Weltmeister wechselt zu Ferrari.
```

Quellenangabe? Keine! Wenig später stellte sich heraus: Es handelte sich um eine Falschmeldung. Die Agentur war auf einen gefälschten Twitter-Account hereingefallen. Für die Falschmeldung musste sich die Agentur schwere Kritik gefallen lassen. Weil sie nicht in der Lage war, einen Twitter-Account zu überprüfen. Vor allem aber, weil sie keine Quelle genannt hatte.

> „Get It First, But First Get It Right!" Slogan der Nachrichtenagentur International News Service, 1909 gegründet von William Randolph Hearst.

Warum muss der Redakteur die Quellen nennen? Zu den wichtigsten Merkmalen der Nachrichten gehört ihre Glaubwürdigkeit. Das Publikum muss wissen, woher die Information stammt. Es muss daher die Quelle kennen. Der Redakteur sichert sich ab. Zwei Beispiele:

```
Die Autobahn ist in einer Stunde wieder frei - teilt die Polizei
mit.
Der Ausbrecher ist gefasst - sagt der Staatsanwalt.
```

Polizei, Staatsanwaltschaft und andere Behörden gelten zwar als *privilegierte* oder vertrauenswürdige Quellen. Aber der Redakteur kann die Informationen nicht überprüfen. Die Freigabe der Autobahn kann sich verzögern. Und bei der

Auskunft, der Ausbrecher sei gefasst, hat der Staatsanwalt nicht die Wahrheit gesagt. Er gibt dafür später ermittlungstaktische Gründe an. Also: *Immer* die Quelle nennen, auch im Zweifelsfall!

Der Redakteur sollte mit offenen Karten spielen und sich nicht mit fremden Federn schmücken. Hat er es selbst recherchiert oder hat er es aus zweiter Hand? Negativbeispiel:

```
Die Sicherheitsbehörden haben bei Heidelberg einen mut-
maßlichen Terroristen festgenommen. In seiner Wohnung
wurden Sprengstoff und Waffen gefunden. Angeblich plante
er einen Anschlag auf das US-Hauptquartier.
```

Eine Meldung, die elektrisiert, die aber nichts über die Quelle sagt. Wer hat mitgeteilt, dass ein mutmaßlicher Terrorist festgenommen wurde? Die Sicherheitsbehörden? Und wer sind die Behörden? Hat die Redaktion das selbst recherchiert? Woher weiß der Redakteur, dass ein Anschlag geplant war?

Originalquelle nutzen. Der mit vielen Bildern bestückte Nachruf auf den berühmten Aktfotografen Günter Rössler war gerade im neuen Heft der „Super Illu" erschienen. Titel: Der letzte Akt ist vorüber. Nun griff die Redakteurin zum Telefon, um der Witwe ihr Beileid auszusprechen. Am Telefon: der Fotograf selbst, gesund und munter. Und nicht besonders amüsiert. Das Blatt hatte ihn mit einem anderen Fotografen verwechselt. Fest steht, dass der Fehler zu vermeiden gewesen wäre. Wenn die Redakteurin vorher angerufen hätte.

„Das erste Opfer des Krieges ist immer die Wahrheit!" US-Senator Hiram Johnson (1917)

Diese Meldung hatte dpa exklusiv:

```
In der kalifornischen Kleinstadt Bluewater soll es nach
einem Bericht des örtlichen Senders vpk-tv zu einem
Selbstmordanschlag gekommen sein.
```

Viele deutsche Medien verbreiteten das sofort. Dann stellte sich heraus: Es gibt keine Stadt Bluewater, keinen Sender vpk-tv – und keinen Anschlag. Die Agentur war auf eine perfekt inszenierte Nachrichtenfälschung hereingefallen. Eine Blamage für dpa. Die Agentur zog daraus folgende Lehren:

- Im Wettbewerb mit der Konkurrenz geht Richtigkeit immer vor Schnelligkeit.
- Je größer und unwahrscheinlicher eine Story ist, desto gründlicher muss sie überprüfet werden.
- Bei exklusiven Informationen werden mindestens zwei Mitarbeiter zur Verifizierung der Informationen freigestellt.
- Der ortsansässige Korrespondent wird immer hinzugezogen – unabhängig von der Uhrzeit.
- Nicht nur die lokale Behörde, sondern mindestens eine übergeordnete Stelle muss die Information bestätigen können.
- Jeder Mitarbeiter soll in die Lage versetzt werden, die Echtheit von Webseiten kompetent zu überprüfen.
- Tauchen Zweifel auf, werden die Kunden von Anfang an per Achtungshinweis informiert.

Quellen vergleichen. Eine der wichtigsten Methoden, der Wahrheit näher zu kommen, ist der Quellenvergleich. Je mehr Quellen der Redakteur nutzt, umso sicherer kann er sein, dass die Information stimmt. Im Einzelfall muss er entscheiden, wie viele Quellen notwendig sind. Ein Beispiel:

Das Hochwasser steigt seit Tagen. Die Deiche werden weich. Die Angst wächst. Da heißt es bei Facebook und Twitter: `Der Deich bei Schöndorf ist gebrochen.` Die Information verbreitet sich schnell. Sie stammt angeblich von Anwohnern. Der Konkurrenzsender spricht von einem Deichbruch und einer Flutwelle – ohne Quellenangabe.

Was tun? Die Redaktion entscheidet: Wir melden das nicht. Wir recherchieren! Was weiß der Krisenstab? Was wissen Feuerwehr und Technisches Hilfswerk? Und: Was können die eigenen Reporter in Erfahrung bringen? Die Bundeswehr entscheidet, einen Erkundungsflug zu starten. Das Ergebnis: `Der Deich bei Schöndorf hält.` Die gute Nachricht wird über alle Kanäle verbreitet, auch über Facebook und Twitter.

Die Offenlegung der Quellen hat im Internetzeitalter zusätzlich an Bedeutung gewonnen. Die *Transparenz* ist die neue Objektivität, meint der Internetphilosoph David Weinberger. Der Journalist weist auf Quellen, weiterführende Fakten, widersprüchliche Angaben, Hintergründe und Zusammenhänge hin. Und der Leser kann sich selbst ein Urteil bilden. Diese Transparenz verleiht der Nachricht zusätzliche Glaubwürdigkeit – und auch dem Autor.

Ein Quellenvergleich ist immer notwendig, wenn:

- die Fakten nicht gesichert sind (Staatsekretär wechselt angeblich nach Berlin),
- es Widersprüche gibt (A sagt dies, B sagt das),
- es Zweifel an der Glaubwürdigkeit der Quelle gibt (Fanclubchef: Eishockeyverein ist pleite),
- Ereignisse schwer zu überschauen sind (Am Rande von Tarifverhandlungen berichten Teilnehmer von Fortschritten),
- die subjektive Einschätzung des Berichterstatters eine besondere Rolle spielt (Auftaktkonzert der Band ein Flop).

Leser, Hörer und Zuschauer können eine Nachrichtenquelle sein:

Ein schwerer Sturm ist am Abend über den Harz gezogen. Er deckte Dächer ab und knickte Bäume um. Ein Bach wurde zum reißenden Fluß.

Im Radio, bei Facebook und Twitter rief die Redaktion auf: Was haben Sie gesehen? Minuten später gab es Augenzeugenberichte, Fotos von überschwemmten Tiefgaragen, ein Handy-Video zeigte, wie eine Brücke weggerissen wurde. Leser, Hörer und Zuschauer sind eine erstklassige Nachrichtenquelle. Sie müssen nur gefragt werden! Die sozialen Netzwerke eignen sich dafür hervorragend. Natürlich müssen die Informationen geprüft werden.

Raus aus der Filterblase. Über dem Funkhaus blitzte und donnerte es; der Nachrichtensprecher dagegen verkündete Sonnenschein. Auf die Frage, ob er das Gewitter nicht bemerkt habe, sagte er, er orientiere sich lieber an den Berichten des Wetterdienstes. Ein typischer Fall der *Filterblasen-Krankheit*! Es ist gut, Wetterberichte, Agenturen oder Pressemitteilungen im Blick zu haben und zu wissen, was gerade im Internet passiert. Das ist aber die Nachrichtenwelt *in der* Filterblase. Deshalb muss der Redakteur auch raus aus der Filterblase, raus aus der Redaktion, raus aus dem Netz. Er muss rein ins Leben und sich selbst ein Bild machen.

Regel 3: Die Nachricht muss alle Seiten zeigen!

Vollständig berichten. Nachrichten müssen alle Seiten eines Ereignisses berücksichtigen, die a) interessant und wichtig und die b) zum Verständnis notwendig sind. Beispiel:

> Die Bahn stellt ein neues Preissystem vor. Rabatte für Frühbucher und Familien. Der Bahnchef: Bahnfahren wird für Millionen Menschen so günstig wie nie. Das ist auch der Tenor der ersten Meldungen. Das Studium der Preise zeigt jedoch: Einschränkungen, Sonderregelungen trüben das Bild. Viele zahlen mehr.

> „All the News That's Fit to Print." Das Motto der „New York Times", das sie seit 1896 im Zeitungskopf trägt.

Vielfalt der Meinungen widerspiegeln. Im Prozess der Meinungsbildung in einer demokratischen Gesellschaft müssen möglichst viele Personen, Gruppen, Parteien angemessen zu Wort kommen. Außerdem müssen sie mit ihren wichtigsten Argumenten zitiert werden. Das bedeutet nicht, dass alle Meinungen in *einer* Nachricht eine Rolle spielen müssen. Aus Platzgründen ist das oft nicht möglich. Außerdem äußern sich ja nicht alle Seiten zur gleichen Zeit. Wenn es aber die Möglichkeit gibt, mehrere Meinungen in einer Nachricht gegenüberzustellen, sollte der Redakteur diese Chance nutzen. Beispiel:

> `Fortschritte bei der Forschung an embryonalen Stammzellen.` Ein umstrittenes Thema, das viele angeht. Zur Vielfalt der Stimmen gehören nicht nur Regierung und Opposition, sondern auch Wissenschaftler, Unternehmen, Familienverbände und die Kirchen. Zur Meinungsbildung sind auch in dieser Diskussion viele Meinungen notwendig.

Widersprechende Standpunkte darstellen. „Der Gegenargumentation muss Raum gegeben werden, die Minderheitsmeinung ist im Rahmen ihres relativen Gewichts in der Gesellschaft zu berücksichtigen", fordert dpa. Möglichst in derselben Nachricht. Beispiele:

> `Gebäudereiniger wollen mehr Lohn.` Was sagen die Arbeitgeber?
> `Ermittlungen gegen den Landrat.` Was sagt er selbst dazu?
> `Verkehrsministerium plant Ausbau der Bundesstraße.` Was sagen Anwohner und Umweltschützer?

> „Je umstrittener und politisierter ein Sachverhalt ist, desto wichtiger ist es,
> die Meinung der Gegenseite anzuführen und mehrere Quellen für eine Nach-
> richt zu haben." AFP

Umstritten ist der Begriff Ausgewogenheit. Ist es ausgewogen, wenn ich bei der
Bundestagsdebatte jeder Partei einen genau definierten Raum gebe? Jeder Partei
fünf Zeilen? Oder im Verhältnis zur Zahl ihrer Sitze? Das wäre *Taschenrechner-
journalismus*. Ausgewogenheit heißt: Ein Ereignis nicht nur aus einem Blickwinkel beschreiben. Alle Aspekte berücksichtigen!

Keine Zensur akzeptieren. Keine Selbstzensur üben. Der gröbste Verstoß gegen die Objektivität ist es, wichtige Ereignisse totzuschweigen, unliebsame Meldungen zu unterdrücken oder entscheidende Seiten auszublenden. Das waren und
sind Methoden in totalitären Systemen, in der Demokratie sind sie allerdings auch
nicht ganz unbekannt. Beispiele:

Den Redakteuren einer wichtigen Zeitung im Ruhrgebiet war es von der Chefredaktion untersagt, über einen Korruptionsskandal zu berichten. Später stellte
sich heraus, dass auch der Chefredakteur in den Skandal verwickelt war.

Die Redaktion weiß aus gesicherter Quelle, dass über 50 Grundschulen geschlossen werden sollen. Der Kultusminister greift selbst zum Telefon und fordert die Redakteurin auf, die Meldung von der Internetseite zu nehmen. Der
Minister darf sich beschweren: bei der Chefredaktion. Die Meldung bleibt da,
wo sie ist.

Zehntausende DDR-Bürger flüchteten 1989 in den Westen: Die DDR-Medien
berichteten lieber über Ernteerfolge.

Regel 4: Die Nachricht muss wertungsfrei sein!

Nachricht und Kommentar trennen. Die Trennungsnorm ist eine zentrale Forderung an die Nachrichtengebung. Die Nachricht – das sind allein die Fakten, die
es dem Publikum ermöglichen sollen, sich eine Meinung zu bilden. Ein Kommentar, die Meinung des Journalisten hat in der Nachricht nichts zu suchen. Negativ-
beispiele:

Der TV-Korrespondent in Athen steht vor der Kulisse der Akropolis und berichtet live über die neue griechische Regierung. Seinen Zuschauern macht er klar, dass er keine gute Meinung von dieser Regierung hat:

```
Mit geschwellter Brust und geschwollenem Kamm geht diese
Regierung an den Start.
```

Der Bundeswirtschaftsminister ist vor zwei Tagen zurückgetreten – doch die Bundesregierung schweigt. Der Nachrichtenredakteur ahnt, woran das liegen könnte und spekuliert:

```
. . . Bei der Frage, wer die Nachfolge des Wirtschafts-
ministers antritt, scheint in der Regierung noch Ratlo-
sigkeit zu herrschen.
```
Nur eine Stunde später stellte sich der neue Minister auf einer Pressekonferenz vor.

Wochenlang haben Arbeitgeber und Gewerkschaften verhandelt. Jetzt steht der neue Vertrag. Im letzten Satz der Meldung heißt es:

```
. . . Der neue Tarifvertrag könnte nach Einschätzung von
Beobachtern bundesweite Signalwirkung haben.
```
Ein interessanter Fakt. Doch wer ist der Beobachter? Ganz sicher der Journalist selbst. Der Beobachter dient dem Redakteur nur dazu, seine Meinung in der Nachricht unterzubringen. So wird aus dem angeblichen Fakt ein Kommentar. Mit dem ominösen Beobachter verstößt er auch gegen den Grundsatz, die Quellen offenzulegen.

> "Comment is free, but facts are sacred." Charles Prestwich Scott, Chefredakteur des Manchester Guardian (1921)

Kommentare – nein, Hintergrundinformationen – ja. Worin besteht der Unterschied? Ein Beispiel:

```
. . . X gestorben. Er war einer der besten Fußballspieler
der Welt.
```

Kommentare sind subjektive Meinungsäußerungen, Hintergrundinformation sind Fakten. Wenn X zweimal Weltfußballer war, gehörte er zu den besten Spielern der Welt. Also kann der Redakteur das zur Einordnung auch schreiben.

Eigene und fremde Rede unterscheiden. Handelt es sich um einen gesicherten Fakt oder um eine Meinungsäußerung? Das muss für Leser, Hörer und Zuschauer immer klar sein. Beispiele:

```
Die Bundesregierung will am solidarischen Gesundheits-
system festhalten.
```

Kein Redakteur weiß, was die Regierung will. Deshalb muss es heißen: `will nach eigenen Angaben`. Außerdem: Nicht alle sind der Meinung, dass das Gesundheitssystem solidarisch ist. Also: `solidarisch` streichen.

Negativbeispiel 2:

```
In Deutschland fehlen 100.000 Beamte. Darauf hat der
Beamtenbund hingewiesen.
```

Fehlen wirklich 100.000 Beamte? Korrekt:

```
In Deutschland fehlen nach Einschätzung des Beamtenbun-
des . . .
Operndirektor X hofft, dass . . .
```

Wer weiß, ob er die Hoffnung nicht längst aufgegeben hat. Korrekt:

```
hofft nach eigener Darstellung . . .
```

```
Der Ministerpräsident verwies auf die Erfolge der letzten
Jahre.
```

Ob es Erfolge waren, sollen die Wähler entscheiden. Korrekt:

```
Der Ministerpräsident sprach von Erfolgen . . .
```

Distanz zum Ereignis und zu den Akteuren halten. Das muss die grundsätzliche Einstellung des Journalisten sein. Der langjährige „Tagesthemen"-Moderator Hanns Joachim Friedrichs hat das so beschrieben: „Immer dabei sein, niemals dazu gehören!"

„Wir müssen Interessenkonflikte vermeiden."
Das Schweizer Radio und Fernsehen SRF hat für die Mitarbeiterinnen und Mitarbeiter *Verhaltensregeln* erlassen. Ein Auszug: Interessenbindungen, die für die Tätigkeit von Bedeutung sein könnten, müssen offen gelegt werden. Auf Ämter in Vereinen oder Parteien wird verzichtet. Wirtschaftsredakteure besitzen keine Aktien. Geschenke dürfen einen Wert von 100 Franken nicht übersteigen. Stellungnahmen zu politischen, religiösen, kommerziellen und ähnlichen Themen sind zu vermeiden, auch im Internet. Private Postings dürfen dem Ansehen des SRF keinen Schaden zufügen und sollen Mindestanforderungen an Stil und Geschmack erfüllen. Und: Wer für den SRF arbeitet, wird als Botschafter des Rundfunks angesehen und kleidet sich entsprechend.

Auch Journalistinnen und Journalisten brennen für Fußballmannschaften, engagieren sich in Gewerkschaften oder spekulieren an der Börse. Das ist nicht verboten. Allerdings sollten sie darauf verzichten, über ihren Fußballverein, ihre Gewerkschaft oder ihre Firmen zu berichten.

Der schwere Unfall mit furchtbaren Bildern, die Jagd nach dem Kindermörder oder die mitreißende Rede des Vorsitzenden – kein Journalist ist frei von Emotionen. Sie dürfen aber nicht den Blick auf die Fakten verschleiern.

Informieren, nicht organisieren.
... Der Protestzug der Gewerkschaft Verdi beginnt um 15 Uhr am Bahnhof. Ab 16 Uhr soll es eine Kundgebung auf dem Alten Markt geben.

Mit dieser Nachricht hat sich der Journalist gerade zum Mitveranstalter gemacht. Er soll aber keiner Partei dienen, sondern die Öffentlichkeit informieren:

Wegen einer Demonstration der Gewerkschaft Verdi kommt es ab 15 Uhr in der Innenstadt möglicherweise zu Verkehrsbehinderungen.

Werbung oder Nachricht?

`Apple stellt ein neues iPhone vor.` `BMW sucht neue Arbeits-`
`kräfte.` `Bockwurstfabrik feiert 100-jähriges Bestehen.`
`Bahnkarten jetzt auch beim Discounter.` `Sekthersteller pro-`
`duziert jetzt auch Wein.`

Was unterscheidet die Nachricht von der Werbung? Die Information muss Nach-
richtwert haben. Es muss sich um neue, besondere Ereignisse oder Produkte handeln, die für das Publikum wichtig oder interessant sind. Und der Redakteur darf
nicht einfach eine Werbebotschaft einer Pressestelle veröffentlichen, sondern muss
die Information journalistisch aufarbeiten.

Neutrale Wörter wählen. Gibt es eine `Asylantenflut` oder einen `Flücht-`
`lingsstrom`? Handelte es sich um einen `Luftschlag` oder um einen `Luft-`
`angriff`? Distanz vermittelt sich auch durch die Wortwahl. Die Sprache muss
sachlich und wertungsfrei sein. Ausführliche Informationen im Kapitel „Die Nachrichtensprache".

Unwort „Döner-Morde"

Unter der Überschrift „‚Döner-Mord' - Nun wird bei Ban-
ken gefahndet" berichtete die „Nürnberger Zeitung" 2005 über eine
„mysteriöse Mordserie an sieben ausländischen Klein-
unternehmern in Deutschland", darunter zwei Besitzer von Döner-
Imbissen. Jetzt war der unsägliche Begriff in der Welt und wurde bedenken-
los von vielen Medien verwendet. Erst 2011 war klar: Die Morde gehen auf
das Konto der Neonazi-Bande NSU. Eine sprachkritische Fachjury wählt
den Begriff „Döner-Morde" zum Unwort des Jahres. In der Begründung
heißt es, mit der sachlich unangemessenen, folkloristisch-stereotypen Eti-
kettierung würden ganze Bevölkerungsgruppen ausgegrenzt. Der Ausdruck
stehe prototypisch dafür, dass die politische Dimension der Mordserie jah-
relang verkannt oder willentlich ignoriert worden sei. Die *Otto-Brenner-
Stiftung* geht noch weiter. Sie spricht von einem „Medienversagen", weil
die mangelhaften Erkenntnisse und spekulativen Mutmaßungen der Ermitt-
ler unkritisch übernommen worden seien. Außerdem hätten die Medien viel
zu wenig eigenständig recherchiert.

▶ **Merksätze**

1. Objektive Nachrichtengebung bedeutet, Ereignisse sachlich, unvoreingenommen und unparteilich darzustellen. Objektivität gibt es im Nachrichtenjournalismus als Ideal, als Norm und als Regelwerk.
2. Die Fakten müssen stimmen. Dazu gehört, eine unsichere Faktenlage zu benennen, alle Aussagen mit gesicherten Fakten zu belegen und die Ereignisse in den richtigen Proportionen darzustellen.
3. Die Nachricht muss transparent sein. Redakteure müssen ihre Quellen offen legen, möglichst die Originalquellen nutzen und sich möglichst viele Nachrichtenquellen erschließen. Dazu gehören auch Leser, Hörer und Zuschauer.
4. Die Nachricht muss alle Seiten eines Ereignisses zeigen. Der Nachrichtenjournalist sollte vollständig über Ereignisse berichten, die Vielfalt der Meinungen berücksichtigen, widersprechende Standpunkte darstellen, keine Zensur akzeptieren und keine Selbstzensur üben.
5. Die Nachricht muss frei von persönlichen Wertungen sein. Deshalb ist es notwendig, Nachricht und Meinung zu trennen, Distanz zum Ereignis und zu den Akteuren zu halten und neutral zu formulieren.

Weiterführende Literatur

Claudia Mothes: Objektivität als professionelles Abgrenzungskriterium im Journalismus (Baden-Baden: Nomos 2014)

Philomen Schönhagen: Unparteilichkeit im Journalismus. Tradition einer Qualitätsnorm (Tübingen: Niemeyer 1998)

Nachrichten als Waffe im Klassenkampf

Jeden Donnerstag, 10 Uhr, ließ Heinz Geggel die Chefredakteure der DDR-Medien antreten: im Raum 3119 im Zentralkomitee der SED am Werderschen Markt. Das war das *Große Haus*, die Machtzentrale der DDR. Als Chef der Agitationsabteilung befehligte Geggel von 1973 bis 1989 die DDR-Medien. In Anlehnung an den Nazi-Propagandaminister wurde er hinter vorgehaltener Hand „Dr. Geggels" genannt. Der Journalist Franz Loeser, der später in den Westen flüchtete, erinnert sich mit Grausen an diese Unterweisungen:

„Wie Schuljungen in einer Klippschule, so sitzen sie demütig vor dem Genossen Geggel. Seine Anweisungen sind knapp und präzise. Sie legen die politische Linie der Massenmedien für die kommende Woche fest, über welche Fragen mit was für einer Priorität und wie zu berichten ist. Widerspruch ist undenkbar. Offiziell sind die Massenmedien frei, zu schreiben und zu sagen, was sie wollen. Dieses Recht ist fest verankert in der Verfassung der DDR. Hinter dieser scheinbaren Freiheit verbirgt sich ein raffiniertes System des geistigen Terrors. Jeder weiß natürlich, dass selbst die geringste Abweichung von Geggels Anleitung das Ende der Karriere bedeuten kann.“

Anweisungen der Agitationsabteilung waren zum Beispiel:

```
Gebrechen des Imperialismus stärker an den Pranger stel-
len
Nichts über Kernkraftwerke
Keine Propaganda für Tiefkühltruhen. Führt alles zur
Erhöhung des ohnehin hohen Verbrauchs
Nicht von ehemaligen DDR-Bürgern sprechen, sondern von
illegal Ausgereisten
Nicht den Begriff Staatszirkus verwenden
```

Über die Donnerstagsrunde hinaus gab es mehrmals am Tag konkrete *Empfehlungen*, wie mit Nachrichten umzugehen war:

```
Karl-Marx-Orden für Nicolae Ceausescu: Spitzenmeldung
bis Mitternacht
```

„Eine besonders wirkungsvolle Waffe im Klassenkampf.“ Das war die Nachricht in den Augen der DDR-Oberen. Wer Nachrichten machte, der sollte nicht informieren, sondern „klassenmäßig bestimmt neue Erkenntnisse“ vermitteln. Die Funktion der Nachricht bestand „in einer auf die Informationspolitik der Partei der Arbeiterklasse bezogenen Agitation durch Tatsachen“. Jeder DDR-Bürger wusste das. Und wer sich wirklich informieren wollte, schaltete die *Feindsender* aus dem Westen ein. DDR-Nachrichten waren vor allem – langweilig. Der Schriftsteller Stefan Heym hat das 1977 beschrieben – in einem Beitrag für das (damals westliche) Magazin „Stern“:

„Da erfahre ich an einem gewöhnlichen Tag, daß heute im Leipziger Hauptbahnhof 180.000 Menschen abgefertigt wurden, daß die Rationalisatoren in Leuna

88 Millionen Mark eingebracht haben, daß bei der Textima in Gera der Jahresplan zwei Wochen vorfristig abgerechnet und das Gütezeichen Q bereits im November erworben werden soll, daß unsere Agrarflieger 82.000 Hektar Getreide und Zwischenfrüchte in diesem Herbst bestellt haben, daß in allen Zweigen der Volkswirtschaft die Woche des Brandschutzes und der Winterbereitschaft abgeschlossen wurde und daß im Wohnungsbauprojekt Fritz-Heckert in Karl-Marx-Stadt die Fundamentierungsarbeiten vor Einbruch des Frosts abgeschlossen werden. Es geht also voran, und ich freue mich."

In der Agitationsabteilung erschien jeden Tag ein Bote der Nachrichtenagentur ADN, um die berühmt-berüchtigte *Tasche* abzuholen. Darin befanden sich Nachrichten, die von den Genossen selbst geschrieben wurden – und die ADN zu verbreiten hatte, anonym natürlich. Meist ging es dabei um brisante Themen, zum Beispiel um das Verhältnis zur BRD. Als im Sommer 1989 Zehntausende von Bürgern flohen, fügte Erich Honecker einem ADN-Kommentar höchstselbst den Satz hinzu: `Man sollte ihnen keine Tränen nachweinen.` Was der Allgemeine Deutsche Nachrichtendienst meldete, war Gesetz. Gelogen hat ADN selten; beliebter war es, Ereignisse zu verzerren oder zu verschweigen. So berichtete 1986 die ganze Welt über erhöhte Strahlung in Europa und ein mögliches Reaktorunglück. ADN meldete – nichts. Erst als die sowjetische Nachrichtenagentur TASS nach 48 Stunden eine karge 4-Zeilen-Meldung hervorbrachte, wurde sie auch von ADN verbreitet.

DDR-Journalismus: Das war ein ausgeklügeltes System von Lenkung und Kontrolle, Zensur – und Selbstzensur. Denn die meisten Journalisten mussten sich keinem Druck beugen. Sie wussten, wie sie sich zu verhalten hatten. Denn die meisten sahen sich auch selbst als „Funktionäre der Partei", die an der „Leitung politischer Prozesse" teilnehmen, die „Herausbildung des sozialistischen Weltbildes" fördern und den „imperialistischen Klassengegner" bekämpfen. Wer einen festen Standpunkt hatte, durfte auf das Wohlwollen der Genossen hoffen. So schickte Rundfunkchef Achim Becker der Agitationsabteilung eine „Liste der Genossen, die sich für den Kauf eines PKW angemeldet haben". Und fügte hinzu: „Wenn durch Eure Hilfe eine Realisierung der Anmeldung zu erreichen wäre, wäre uns sehr geholfen."

Zwei Tage nach Honeckers Sturz, am 19. Oktober 1989, fand die letzte Runde bei Heinz Geggel statt. Er kündigte den erstaunten Chefredakteuren an, die „journalistenunfreundlichen Zeiten" seien vorbei. „Wir werden den Medien jetzt nicht mehr reinreden. Ich bin nicht bereit, eine große Vergangenheitsbewältigung zu machen. Die Chefredakteure sind verantwortlich."

Weiterführende Literatur und Quellen

Gunter Holzweissig: Die schärfste Waffe der Partei (Köln: Böhlau 2002)

Michael Meyen: Die Grenze im Kopf: Journalisten in der DDR (Berlin: Panama Verlag 2010)

Jürgen Wilke: Presseanweisungen im zwanzigsten Jahrhundert. Erster Weltkrieg – Drittes Reich – DDR (Köln: Böhlau 2007)

Presse in der DDR. Eine Sammlung von Beiträgen und Materialien. Im Internet: pressegeschichte.docupedia.de/wiki

Die Nachrichtensprache

von Josef Ohler

Zusammenfassung

Nachrichten müssen verständlich und wertungsfrei sein. Das sind die wichtigsten Anforderungen an die Nachrichtensprache. Tipps für maximale Verständlichkeit sind z. B. kurze Sinnschritte, die Neuigkeit nach hinten, keine Synonyme. Wertungsfrei heißt: Euphemismen, Kampfbegriffe und andere parteiliche Wörter vermeiden. Ein eigener Nachrichtenjargon ist unzweckmäßig. Wie alle journalistischen Texte müssen auch die Nachrichten die standardsprachlichen Normen einhalten.

Vernünftig ist, dass die politischen Spitzen, wenn sie miteinander sprechen, darüber sprechen, wie mit der Sache umzugehen ist, wie ernst Vorwürfe zu nehmen sind und wie man damit umgeht, Vorwürfe zu besprechen, zu klären, zu verifizieren oder aus der Welt zu schaffen. Vernünftig ist, dass über die tatsächliche Art dessen, was nachrichtendienstlich auf der einen oder anderen Seite getan worden ist, diejenigen sprechen, die eine intensive Detailkenntnis davon haben (Der Sprecher der Bundesregierung zur NSA-Abhöraffäre).

Oft sind es solche Sätze, die Journalisten zu Nachrichten verarbeiten müssen. Kein leichtes Geschäft. Was ist beim Schreiben zu beachten?

© Springer Fachmedien Wiesbaden 2016

D. Schwiesau und J. Ohler, *Nachrichten – klassisch und multimedial*,
Journalistische Praxis, DOI 10.1007/978-3-658-08717-3_6

- Die Nachricht muss so geschrieben sein, dass jeder durchschnittlich gebildete Mensch sie mühelos versteht.
- Die Nachricht muss so formuliert sein, dass jeder Wohlwollende sie als sachlich und unparteilich empfindet.
- Die Nachricht sollte nicht in einem speziellen Nachrichtenjargon geschrieben sein.
- Die Nachricht muss lexikalisch, grammatisch und orthografisch den Regeln entsprechen.

Wenn eine Nachricht nicht sofort verstanden wird, ist sie misslungen. Dann kann die Redaktion fast darauf verzichten, sie zu drucken, zu senden oder ins Netz zu stellen. Denn die Nachricht kommt beim Empfänger nicht oder nur teilweise an. Oberste Pflicht des Nachrichtenschreibers ist es deshalb, leicht verständlich zu formulieren – auch bei komplizierten Themen.

Ganz besonders gilt das beim Schreiben für Radio und Fernsehen. Hörer und Zuschauer sind in einer speziellen Situation. Sie müssen die Information beim erst- und einmaligen Hören oder Sehen begreifen. Zeitungs- und Internetleser haben es leichter. Sie können die Nachricht notfalls zweimal lesen und zwischendurch sogar noch googeln und einen Fachbegriff recherchieren. Sie *können* es – aber sie *wollen* es nicht.

Die Regeln für leichte Verständlichkeit kennt im Grunde jeder, der einen guten Deutschlehrer hatte. Kurze Sätze, bekannte Wörter, eine klare Linie, nichts Kompliziertes. Trotzdem lohnt es sich, etwas genauer hinzusehen und zu überprüfen, was Journalisten immer wieder falsch machen – vielleicht weil sie zu viel auf einmal sagen wollen. Es kann nicht schaden, wenn sie genau wissen, was besonders schwer verständlich ist und besser vermieden werden sollte.

Die größte Hürde für das Verstehen von Texten ist die überlange Verkettung von Wörtern, egal ob es sich um einen ganzen Satz oder nur einen Satzteil handelt:

```
Mit der „Bodenzustandserhebung Landwirtschaft" will
das Institut für Agrarklimaschutz des Braunschweiger
Thünen-Institutes unterstützt durch das Bundesministe-
rium für Landwirtschaft erstmalig eine deutschlandweite
Datengrundlage zu den Kohlenstoffvorräten landwirt-
schaftlich genutzter Böden schaffen.
```

Wer das beim ersten Lesen versteht, darf sich gratulieren. Durchschnittskonsumenten müssen bei solchen Wortketten mindestens zweimal hinschauen. Warum? Ihr Kurzzeitgedächtnis ist überfordert. Es hat enge Grenzen. Psychologische Erkenntnisse besagen, dass wir beim Lesen und Hören stets versuchen, innerhalb eines relativ kurzen Zeitraums den Sinn einer Aussage zu erfassen. Der Leser will spätestens nach zwölf Silben, also durchschnittlich nach sechs Wörtern wissen, was zusammengehört und was gemeint ist. Für den Hörer muss nach drei Sekunden alles klar sein.

Wie kann man den Monstersatz retten? Zum Beispiel so:

```
In deutschen Ackerflächen steckt viel Kohlenstoff. Die
genaue Menge will jetzt das Institut für Agrarklimaschutz
herausfinden.
Unterstützt   wird   das   Institut   vom   Bundeslandwirt-
schaftsministerium.
Der Titel des Projekts lautet: Bodenzustandserhebung
Landwirtschaft.
```

Wir haben den Text in vernünftige Portionen aufgeteilt. Das Ziel von sechs Wörtern pro Portion wurde zwar nicht ganz erreicht, aber die Nachricht ist jetzt leichter verständlich, auch bei einmaligem Lesen. Das schlichte Geheimnis der Verständlichkeit heißt: jeweils eine möglichst geringe Zahl von Wörtern zu einer Sinneinheit zusammenfassen!

Regel 1: Den Nachrichtentext sinnvoll gliedern

Sprechwissenschaftler nennen die Portionen *Sinnschritte*. Manchmal sind das komplette Sätze, vielfach aber nur Wortfolgen, ohne dass der Satz zu Ende ist. Wer einen Text vorliest, erkennt das Ende des Sinnschritts daran, dass er eine Pause einlegen und Luft holen kann.

```
Trotz eines Stimmenverlustes von 1,1 Prozentpunkten ist
die seit vier Jahren gemeinsam mit den Linken regierende
SPD bei den Landtagswahlen in Brandenburg wieder stärkste
Partei geworden.
```

Bis man den Sinn dieses Satzes voll erfasst, muss man sage und schreibe 26 Wörter mit sieben Informationen im Kopf behalten. Das sind 20 Wörter zu viel. Was tun?

Wir müssen den Text entflechten und ihn in Schritte aufteilen, die jeweils für sich eine sinnvolle Wortfolge ergeben, etwa so:

Schritt 1: `Bei den Landtagswahlen in Brandenburg`
Schritt 2: `ist die SPD wieder stärkste Partei geworden.`
Schritt 3: `Ihr Stimmenanteil sank`
Schritt 4: `um 1,1 Prozentpunkte.`
Schritt 5: `Die SPD regiert in Brandenburg bereits 24 Jahre –`
Schritt 6: `seit 2010 gemeinsam mit den Linken.`

Lange Sätze sind nicht von vornherein schlecht. Wenn sie klar gegliedert sind, können sie ohne weiteres verständlich sein. Ein positives Beispiel:

```
Beim nächsten Sommerkonzert des Neustädter Heimatver-
eins
am Donnerstag in der „Waldeslust"
ist das Duo Svenja und Wolf zu hören
mit musikalischen Hits aus 40 Jahren -
vom Kultschlager aus den 60ern
bis zum Rock und Pop von heute.
```

Das sind 37 Wörter, aber sie sind vernünftig aufgeteilt.

Entflechtung ist in vielen Fällen einfach: Satzteile, die den Satz belasten und schwer verständlich machen, werden herausgenommen und *nachgestellt*. Dann entsteht ein neuer Sinnschritt, und der Text wird übersichtlich. Man kann aber auch gleich so schreiben, dass eine Entflechtung gar nicht nötig wird.

Regel 2: Wortschlangen vermeiden

Überlange Wortschlangen, deren Sinn sich nur mühsam erschließt, entstehen vor allem bei speziellen Satzgliedern, bei

- erweiterten Partizipien,
- erweiterten Adjektiven,
- aneinander gereihten Attributen und
- überladenen Adverbialbestimmungen.

Also:

Vorsicht bei der Verwendung von Partizipien:

> Die Wähler der *7,6 Millionen Einwohner zählenden* spanischen Region Katalonien stimmen am Sonntag über den *von ihrem Ministerpräsidenten Artur Mas vorgeschlagenen* Kurs zur staatlichen Unabhängigkeit ab.

In diesem Fall hat der Nachrichtenschreiber in guter Absicht versucht, mit Hilfe von *Partizipien* zusätzliche Informationen in die Nachricht zu packen. An die Aufnahmefähigkeit des Lesers, Hörers oder Zuschauers hat er nicht gedacht. Wie macht er es einfacher und besser? Vorschlag:

> Soll Katalonien mittelfristig von Spanien unabhängig werden? Über diese Frage entscheiden am Sonntag die Wähler der Region. Ministerpräsident Artur Mas strebt die staatliche Unabhängigkeit an. Katalonien hat rund 7,6 Millionen Einwohner.

> **Extremes Beispiel einer doppelten Partizipialkonstruktion**
> Das im Zusammenhang mit ihrem im Schweizer Kanton Bern *tot aufgefundenen* Kind *gesuchte* deutsche Ehepaar Pelz ist im Kanton Aargau bei einem Autounfall schwer verletzt worden.

Ein kurzer Nebensatz ist oft besser – allerdings nur, wenn er nicht eingeklammert, sondern nachgestellt wird. Mit kurzen Nebensätzen könnte die Meldung so lauten:

> Eine Volksabstimmung findet am Sonntag in der Region Katalonien statt, *die rund 7,6 Millionen Einwohner zählt.* Die Wähler entscheiden über den Kurs zur staatlichen Unabhängigkeit, *den Ministerpräsident Artur Mas vorgeschlagen hat.*

Das ist nicht so gut wie der andere Vorschlag, der den Inhalt auf vier Hauptsätze verteilt, aber besser als die Urfassung.

Das Netzwerk „Leichte Sprache"
will die Nachrichtensprache radikal vereinfachen. Die Initiatoren denken dabei an Einwanderer und andere Menschen, die sich mit der deutschen Sprache schwer tun. Verallgemeinern lässt sich das Regelwerk nicht. Es würde die Sprache verarmen lassen und wäre auch aus journalistischen Gründen nicht zu rechtfertigen. Hier einige Empfehlungen des Netzwerks – jeweils mit kritischen Anmerkungen:

Kurze Sätze – *gut, aber zur Abwechslung auch mal einen langen.*

Nur eine Aussage pro Satz – *lobenswert, aber es geht auch mit mehr Aussagen pro Satz, wenn der Satz in Portionen aufgeteilt ist.*

Nur Aktiv, kein Passiv – *ist nicht durchzuhalten. Manchmal ist das Passiv unumgänglich*: Die Straße wurde wieder für den Verkehr freigegeben.

Nur Indikativ, kein Konjunktiv – *so pauschal nicht haltbar! Der Konjunktiv ist notwendig, um eigene und fremde Aussagen zu unterscheiden.*

Möglichst kein Genitiv, sondern Dativ: Das Auto von dem Nachbarn – *Unsinn!*

Keine abstrakten Begriffe – *ist nicht durchzuhalten.*

Keine Metaphern – *wäre eine Verarmung der Sprache.*

Fremd- und Fachwörter nur mit Erklärung – *ja, wenn es unbekannte Wörter sind.*

Vorsicht bei der Verwendung von Adjektiven:

Der Bundestag hat das *außerordentlich komplizierte, in seinen Auswirkungen noch nicht überschaubare* Gesetz angenommen.

Das Akkusativ-Objekt des Satzes (Gesetz) wird von zwei erweiterten Adjektiven belastet. Nachstellen!

Der Bundestag hat das Gesetz angenommen. Es ist außerordentlich kompliziert und in seinen Auswirkungen noch nicht überschaubar.

Vorsicht bei aneinander gereihten Attributen:

> Die Forderung des griechischen Ministerpräsidenten nach
> deutschen Kriegsschuld-Zahlungen zur Finanzierung von
> Sozialmaßnahmen stößt in der Berliner Koalition auf klare
> Ablehnung.

Ein überlanges Subjekt (Forderung), belastet mit fünf Attributen, für einen
Sinnschritt viel zu viel. Aufgliedern!

> Die neue Forderung des griechischen Ministerpräsidenten
> wird in der Berliner Koalition abgelehnt. Er verlangt,
> dass Deutschland Schulden aus dem 2. Weltkrieg zurück-
> zahlt. Die griechische Regierung will damit Sozialmaß-
> nahmen finanzieren.

Noch schlimmer ist es, wenn an einem Subjekt mehrere Attribute und dazu noch
ein Nebensatz hängen:

> Eine Vortragsreihe über bedeutende amerikanische TV-
> Serien wie Lost, Six Feet Under und The Wire, die das
> Deutsch-Amerikanische Institut (DAI) gemeinsam mit der
> VHS und den Filmfreunden Saarbrücken entwickelt hat,
> steht im Mittelpunkt des DAI-Frühjahrsprogramms.

Hier soll der Leser 28 Wörter behalten, bis er erfährt, was es mit der Vortrags-
reihe auf sich hat. Besser:

> Das Deutsch-Amerikanische Institut (DAI) veranstaltet
> im Frühjahr eine Vortragsreihe über bedeutende amerika-
> nische TV-Serien. Es geht um Serien wie Lost, Six Feet
> Under und The Wire. An der Vortragsreihe beteiligt sind
> die Volkshochschule und die Filmfreunde Saarbrücken.

Vorsicht bei überladenen adverbialen Bestimmungen:

> Deutschlands zweitgrößter Softwarehersteller Software
> AG hat im dritten Quartal wegen geringerer Umsätze und
> hoher Ausgaben für den Vertrieb weniger verdient.

Hier ist eine inhaltlich wichtige adverbiale Bestimmung (wegen geringe-
rer Umsätze . . .) zwischen Subjekt und Prädikat geklemmt. Ausweg: die
adverbiale Bestimmung ausklammern und nachstellen:

Der zweitgrößte deutsche Softwarehersteller, die Software AG, hat im dritten Quartal weniger verdient. Grund waren geringere Umsätze und hohe Ausgaben für den Vertrieb.

Völlig unverständlich wird eine Aussage, wenn ihr eine adverbiale Bestimmung *vorangestellt* ist, die für sich allein noch gar keinen Sinn ergibt. Beispiel:

Mit seinen häufig unbequemen Mahnungen, mit der Warnung vor der „Diktatur des Relativismus", mit seinem unbedingten Eintreten für das Leben gleich in welchem Entwicklungsstadium und seiner Dialogbereitschaft anderen Religionen gegenüber hat sich der frühere Papst höchste Anerkennung auch in den Reihen Andersgläubiger erworben.

Eine *Präpositionalphrase* aus vier Teilen! Unbedingt nachstellen:

Auch in den Reihen Andersgläubiger hat sich der frühere Papst Anerkennung erworben - mit seinen häufig unbequemen Mahnungen, mit der Warnung vor der „Diktatur des Relativismus" . . .

Ganz verzichten sollte man auf Parenthesen, also auf grammatisch unabhängige Einschübe. Sie zwingen den Leser oder Zuhörer zu einem sinnlosen *Hin und zurück*:

Der Kartenverkauf für die Oper „Lucia di Lammermoor" - *die Premiere war von Publikum und Kritik umjubelt worden* - läuft nach Angaben des Staatstheaters ausgesprochen schlecht.

Besser:

Der Kartenverkauf für die Oper „Lucia di Lammermoor" läuft ausgesprochen schlecht. Das hat das Staatstheater mitgeteilt. Die Premiere war von Publikum und Kritik umjubelt worden.

Anfang der 1970er Jahre haben die Psychologen Inghard Langer, Friedemann Schulz von Thun und Reinhard Tausch das *Hamburger Verständlichkeitskonzept* entwickelt. Das Hauptziel der Autoren war, den Bürgern eine leichtere Teilhabe am demokratischen Diskurs zu ermöglichen. Langer, Schulz und Tausch nennen für die bessere Verständlichkeit vier Punkte:

- Einfachheit, z. B. kurze, höchstens dreisilbige Wörter,
- Gliederung, z. B. nur ein Gedanke pro Satz,
- Prägnanz, z. B. mehr Verben als Substantive,
- Anregung z. B. wörtliche Zitate.

Lange Wortschlangen sind ein Übel, das oft mit einem zweiten Übel zusammenhängt: mit zu großen *Satzklammern*. Vielfach sind das zwei Seiten einer Medaille. Deshalb: Wer beim Schreiben lange Wortketten vermeidet, schließt damit gleichzeitig aus, dass überdehnte Satzklammern entstehen. Wer die Klammern eng fasst, vermeidet Wortschlangen.

Regel 3: Klammern nicht überdehnen

Große Satzklammern gibt es, wenn zwischen zwei Satzteilen zu viele Wörter untergebracht werden:

- zwischen Subjekt und Prädikat oder
- zwischen Subjekt und Objekt.

Auch die alten Sprachkritiker haben das bemängelt. Ludwig Reiners sprach von *Klemmkonstruktionen*, Wolf Schneider vom *Rührei-Stil*. Abhilfe schaffen kann man nur nach dem Motto: „Alles muss raus!". Das heißt: Alle Satzglieder, die genauso gut außerhalb der Satzklammer stehen können, wandern nach hinten. Das Gleiche gilt für eingeschobene Nebensätze.

Zwei Seiten einer Medaille. Deshalb noch einmal das Negativ-Beispiel von oben:

```
Deutschlands zweitgrößter Softwarehersteller Software
AG hat im dritten Quartal wegen geringerer Umsätze und
hoher Ausgaben für den Vertrieb weniger verdient.
```

Eine überladene adverbiale Bestimmung, eine überdehnte Satzklammer! Die Satzklammer entsteht, weil Subjekt und Prädikat auseinander treten, hier wegen der Satzkonstruktion im *Perfekt*: . . . hat . . . verdient.

Gerade der Leadsatz der Nachricht steht meistens im Perfekt. Also Vorsicht! Nicht zu viel Inhalt zwischen Hilfsverb und Partizip! Negativ-Beispiel:

> Die Geschäftsleitung der Koenig & Bauer AG hat sich mit ihren Arbeitnehmervertretungen an den Standorten für Rollendruckmaschinen in Würzburg, Frankenthal und Trennfeld auf eine neue Arbeitszeitkontenregelung für flexiblere und längere Arbeitszeiten geeinigt.

Hier werden zwei adverbiale Bestimmungen und ein langes Objekt umklammert. Also aufdröseln:

> Bei der Koenig & Bauer AG werden die Arbeitszeiten neu geregelt. Geschäftsleitung und Gewerkschaften haben vereinbart, flexiblere und längere Arbeitszeiten zu ermöglichen. Betroffen sind die Standorte . . . Dort werden Rollendruckmaschinen hergestellt.

> „Berühmt ist die Geschichte von dem Franzosen, der in einer Versammlung den Vortrag des Deutschen nicht versteht und auf seine Frage, was denn der Redner sage, die Antwort bekommt: ‚Attendez le verbe! Warten Sie, bis das Verb kommt!‘" Ludwig Reiners, Stilkunst (1951)

Ein übergroßer Abstand zwischen Subjekt und Prädikat kann sich aber nicht nur beim *Perfekt ergeben,* sondern auch bei *Plusquamperfekt und Futur.* Auch diese Tempusformen zwingen dazu, das sinntragende Verb auseinanderzureißen in Hilfsverb und Partizip oder in Hilfsverb und Infinitiv (hatte . . . erklärt; wird . . . abreisen). So entsteht der Platz für Füllstoff. Genauso ist es beim Gebrauch des *Passivs* (wurde . . . mitgeteilt) und beim Gebrauch der *Modalverben sollen* und *wollen* (soll . . . gesagt haben; will . . . besuchen).

Beispiel Plusquamperfekt:

Das Ehepaar *hatte* erst kurz vor dem Absturz ihrer Maschine von Yeti Airlines auf dem gefährlichsten Flughafen der Welt mit 18 Toten *geheiratet*.

Diesen verunglückten Klammersatz muss der Nachrichtenredakteur auflösen, um ihn verständlich zu machen:

Das Ehepaar hatte erst kurz vor dem Absturz geheiratet. Insgesamt kamen bei dem Unglück 18 Menschen ums Leben. Die Maschine der Yeti Airlines stürzte im Landeanflug ab. Der Flughafen gilt als der gefährlichste der Welt.

Beispiel Futur:

Der Globus-Elektronik-Fachmarkt Alphatec *wird* seinen Standort im Einkaufszentrum Blitz im Homburger Standort Einöd Ende August *räumen*.

Besser:

Der Globus-Fachmarkt für Elektronik, Alphatec, in Homburg-Einöd schließt. Als Termin nannte die Firma Ende August . . .

Beispiel Passiv:

Am Dienstag *wurde* in der Zeit zwischen 10.15 Uhr und 11.20 Uhr an einem Pkw, der in der Nähe des Friedhofes in der Straße Am Mühlgraben in Lautzkirchen zum Parken abgestellt war, die hintere linke Seitenscheibe *eingeschlagen*.

Was bringt Abhilfe? Die adverbialen Bestimmungen und den Nebensatz ausklammern und das Ganze im Aktiv ausdrücken:

In Lautzkirchen haben Unbekannte an einem PKW die hintere linke Seitenscheibe eingeschlagen. Der Wagen war in der Nähe des Friedhofes . . . abgestellt. Tatzeit: am Dienstag zwischen 10.15 und 11.20 Uhr.

Zwischenbemerkung: Den Verzicht auf das Passiv empfehlen manche Sprach-ratgeber ganz grundsätzlich. Dieser Verzicht ist in der Tat gerade aus journalisti-schen Gründen vielfach richtig, weil wir im Aktiv die handelnden Personen oder Institutionen besser benennen können. Andererseits gibt es auch Aussagen, bei denen handelnde Personen überhaupt keine oder nur eine untergeordnete Rolle spielen. Dann ist das Passiv durchaus angebracht: `Die neue Brücke über den Rhein` *wird* `heute` *eröffnet*. Wer sie einweiht, ist unwichtig.

Beispiel Modalverb – verbunden mit einem anderen Verb im Infinitiv:

> `Mit dem Gesetz` *will* `der Bundestag Benachteiligungen wegen ethnischer Herkunft, Geschlecht, Religion oder Weltanschauung, Behinderung, Alter und sexueller Iden-tität grundsätzlich` *verbieten*`.`

Wie macht man es besser? Indem man die Präpositional-Attribute herausnimmt und nachstellt:

> `Mit dem Gesetz will der Bundestag erreichen, dass niemand benachteiligt wird, weder wegen ethnischer Herkunft, Geschlecht, Religion oder Weltanschauung, noch wegen Behinderung, Alter oder sexueller Identität.`

Übergroße Klammern drohen auch, wenn bei *zusammengesetzten Verben* – grammatisch bedingt – Präfix und Stammwort wieder getrennt werden (`lehnt . . . ab`) oder wenn *Subjekt* und ergänzendes *Objekt* zu weit auseinander stehen (`verabschiedete . . . das Gesetz`).

Beispiel zusammengesetztes Verb. Im Präsens und im Präteritum werden sei-ne Bestandteile wieder getrennt: Stammwort und Präfix rücken auseinander und machen Platz für Füllstoff.

> `Die Bundeswehr` *gibt* `ihren zweitgrößten Afghanistan-Stützpunkt Kundus, in dem auch zahlreiche Soldaten der Saarland-Brigade eingesetzt waren, nach knapp einem Jahrzehnt` *auf*`.`

Diese Klammer ist zu groß. Abhilfe schafft ein einfaches Ersatzwort (`schließt`). Und alle Einzelheiten werden nachgestellt.

> `Die Bundeswehr schließt den Afghanistan-Stützpunkt Kun-dus. Es ist die zweitgrößte deutsche Militärbasis in`

Afghanistan. Sie besteht seit knapp 10 Jahren. In Kundus
waren auch viele Soldaten der Saarland-Brigade eingesetzt.

Auch zwischen einem Verb und dem ergänzenden Objekt dürfen sich nicht zu
viele Wörter breit machen.

Die Fluggesellschaft SAS *verordnet* ihren 15.000 Beschäftigten im Überlebenskampf gegen Billigflieger
*Lohnkürzungen, längere Arbeitszeiten, geringere Ren-
tenansprüche sowie Stellenabbau*

Hier muss der Leser oder Hörer zu lange darauf warten, bis erfährt, was die
Fluggesellschaft *verordnet*: Lohnkürzungen etc. Also ausklammern, nachstellen und aufgliedern:

Die Fluggesellschaft SAS will Personalkosten sparen. Sie
verlangt von ihren 15.000 Beschäftigten Lohnkürzungen,
längere Arbeitszeiten und geringere Rentenansprüche.
Außerdem sollen Stellen abgebaut werden. SAS steht im
Überlebenskampf gegen Billigflieger.

Regel 4: Nebensätze richtig platzieren

Nebensätze machen uns das Leben schwer, wenn sie innerhalb einer Satzklammer
liegen:

Der Vorsitzende der IG Metall, Detlef Wetzel, der erst
seit zwei Jahren an der Spitze der Gewerkschaft steht,
will nicht für eine zweite Amtszeit kandidieren.

Besser: den Relativ-Nebensatz ausklammern und nachstellen:

Der Vorsitzende der IG Metall, Detlef Wetzel, will nicht
für eine zweite Amtszeit kandidieren. Wetzel steht erst
seit zwei Jahren an der Spitze der Gewerkschaft.

Noch weniger verständlich wird es, wenn der Nebensatz nicht eingeklammert,
sondern *vorangestellt* ist und so die Aussage der Nachricht erst am Schluss klar
wird:

```
Bezahlt ein Mieter die - vom Vermieter rechtmäßig ver-
langte - Mieterhöhung nicht und weigert er sich auch noch
länger als drei Monate nach seiner rechtskräftigen Ver-
urteilung zur Nachzahlung, so kann gegen ihn auf Räumung
der Wohnung geklagt werden.
```

Wer kann sich bei dieser Satzkonstruktion die Bedingungen merken, unter denen ein Mieter aus seiner Wohnung rausgeklagt werden kann? Niemand. Also
lieber so:

```
Säumige Mieter können gezwungen werden, ihre Wohnung zu
räumen. Der Vermieter kann auf Räumung klagen, wenn der
Mieter eine rechtmäßige Erhöhung der Miete nicht bezahlt.
Zur Nachzahlung hat der Mieter drei Monate Zeit.
```

Lesbarkeitsindex nach Flesch
Eine Formel zur Messung der Leseverständlichkeit, benannt nach dem US-
Amerikaner Rudolf Flesch. Gemessen werden die durchschnittliche Länge
der Sätze und die durchschnittliche Länge der Wörter. Aber Vorsicht! Bei
Flesch geht es ausschließlich um die Länge von Sätzen und Wörtern, nicht
um andere Kriterien! Im Netz: schreiblabor.com

Das Wichtigste, die Satzaussage, nach vorn zu bringen, war lange in journalistischen Texten üblich. Damit wollte man Leser, Hörer und Zuschauer ködern
und direkt mit dem Thema konfrontieren. Diese Sucht zur *Inversion,* zur Umdrehung von Subjekt und Objekt, ist passé. Aus gutem Grund! Denn die Absicht war
zwar ehrenwert, die Konstruktion widersprach aber dem wichtigsten Grundsatz der
Satzlogik: Innerhalb des Satzes oder des Sinnschrittes muss Ordnung herrschen.

Regel 5: Die Neuigkeit nach hinten

Der Verstehensprozess ist immer der gleiche. Wenn wir am *Bekannten* anknüpfen
können und dann erst das *Neue* erfahren, ist die Mitteilung leichter zu entschlüs-
seln, als wenn es umgekehrt ist. Schon die Alltagssprache zeigt, wie man einen
Satz sinnvoll aufbaut, damit er sofort verstanden wird. Wir sagen:

```
Onkel Otto hat sich einen großen Bungalow gekauft.
```

Und nicht:

`Einen großen Bungalow hat sich Onkel Otto gekauft.`

Zuerst wird das Thema genannt (`Onkel Otto`), von dem man eine Mitteilung machen will. *Thema* kommt aus dem Altgriechischen und heißt so viel wie das *Gesetzte*. Dann erst folgt die Aussage, in der Fachsprache *das Rhema,* griechisch das *dazu Gesagte* (`. . . einen Bungalow gekauft`). Diese Regel gilt nicht nur für den *gesprochenen,* sondern genauso für den *geschriebenen* Satz. Das Thema steht im so genannten *Vorfeld,* das Rhema im *Nachfeld.*

Beispiele aus dem wahren Nachrichtenleben: Friedensnobelpreis für den chinesischen Dissidenten Liu Xiaobo. Wie haben die Nachrichtenagenturen das Ereignis gemeldet?

`Der inhaftierte chinesische Dissident Liu Xiaobo erhält`
`den Friedensnobelpreis (afp).`
`Das Nobelkomitee hat den Friedensnobelpreis an Liu`
`Xiaobo vergeben (dpa).`
`Der Friedensnobelpreis geht in diesem Jahr an den chi-`
`nesischen Dissidenten Liu Xiaobo (Reuters).`

Welche Eilmeldung kann der Leser am ehesten verstehen? Am besten aufgebaut ist die Meldung von Reuters. Sie knüpft an das Bekannte an (Nobelpreis), lässt aufhorchen und informiert dann über das Neue (Preisträger dieses Jahres).

`Der Fußballschiedsrichter Markus Merk pfeift heute sein`
`letztes Spiel in Oslo.`

Und morgen pfeift er sein letztes Spiel in Helsinki und übermorgen sein letztes Spiel in Stockholm? Nein, das hat der Autor nicht gemeint. Die Nachricht ist, dass der Schiedsrichter heute *sein letztes Spiel* pfeift. Das ist der *Sinnkern,* und er gehört ans Ende, also:

`Der Fußballschiedsrichter Markus Merk pfeift heute in`
`Oslo sein letztes Spiel.`

Andere Wortstellung, anderer Sinn
Zwei Sätze, die jeweils mit den gleichen Wörtern gebildet werden, aber aufgrund der Wortstellung einen unterschiedlichen Sinn ergeben: `Immer mehr Millionäre leben` *`in Bayern`* (das heißt: Von der Gesamtheit der Millionäre ziehen immer mehr nach Bayern) `In Bayern leben immer mehr` *`Millionäre`* (das heißt: In der Gesamtheit der Bevölkerung Bayerns gibt es immer mehr Millionäre)

Ein direkter Verstoß gegen das Thema-Rhema-Prinzip ist die erwähnte Umdrehung von Subjekt und Objekt am Anfang eines Nachrichtentextes. Kein journalistischer Berufsanfänger sollte an diese verzopfte Tradition anknüpfen und denken, er mache es besonders gut, wenn er schreibt:

```
Seinen siebten Saisonsieg hat Formel-1-Weltmeister Se-
bastian Vettel beim Rennen in Hockenheim herausgefahren.
```

Das klingt nach der Textsorte Nachricht, wirkt aber geschraubt. Niemand würde das Ereignis in dieser Form seinem Nachbarn zurufen. Vielmehr würde er die Neuigkeit nach hinten schieben und sagen:

```
Der Vettel hat in Hockenheim schon wieder gewonnen - in
dieser Saison schon zum siebten Mal.
```

Das logische Prinzip – zuerst das Bekannte, dann das Neue – gilt aber nicht nur für den einzelnen Sinnschritt oder den einzelnen Satz, sondern auch für den gesamten Text.

Regel 6: Die Sätze logisch verknüpfen

Sinnvoller Textaufbau – das heißt, jeweils am vorher Gesagten anknüpfen und *Gelenkwörter* benutzen. Beispiel:

```
76 Prozent der Deutschen sind nach einer Umfrage be-
reit, im Falle ihres Todes Organe für andere Menschen
zu spenden. Aber nur 25 Prozent haben tatsächlich einen
Spenderausweis. Also klafft zwischen Wort und Tat eine
große Lücke. Diese Lücke will die Bundesregierung jetzt
```

mit einem neuen Gesetz zumindest teilweise schließen. *Nach dem Gesetz* sollen die Krankenkassen alle Versicherten nach ihrer Spendenbereitschaft befragen. Die Antwort, *also* Ja oder Nein, soll auf der neuen Gesundheitskarte elektronisch gespeichert werden. Deutlich weiter *als* in Deutschland geht man in einigen anderen europäischen Ländern. *Zum Beispiel* gilt in Spanien jeder als möglicher Organspender, wenn er nicht einen schriftlichen Widerspruch bei sich trägt.

Hier baut jeder Satz auf dem vorherigen auf, und der Leser kann mühelos folgen. Alles ist durch Gelenkwörter verbunden. Gelenkwörter sind vor allem die klassischen Konjunktionen wie aber, *also, denn, deswegen, dagegen, deshalb, trotzdem, dennoch, dadurch, darum, weil, obwohl* ... Hinzu kommen aber noch andere Anknüpfungen wie Adverbien, Negationen und Präpositionen, hier z. B. *Diese Lücke, Nach dem Gesetz, Zum Beispiel* ...

Hilfreich für den logischen Textaufbau und damit für die Verständlichkeit sind auch kleine Zwischentexte. Das gilt vor allem für längere Nachrichten und Berichte:

Zusammengefasst heißt das . . .
Ganz anderer Ansicht ist die Opposition . . .
Ähnlich argumentieren Naturschützer . . .

Das sind gute Verständnishilfen. Aber Vorsicht! Sie dürfen nicht zum Kommentar werden.

Logisch korrekt, aber oft schwerverständlich sind alle doppelten oder gar dreifachen Verneinungen. Sie verlangen vom Leser, Hörer oder Zuschauer eine erhöhte intellektuelle Anstrengung, die er vielfach nicht leisten kann oder nicht leisten will. Also machen wir es ihm einfach:

Regel 7: Keine doppelten Verneinungen

Ein Beispiel, in dem sich die (teilweise versteckten) Verneinungen unerträglich häufen:

Der Bund für Umwelt und Naturschutz BUND fordert ein
Einschreiten der Kommunalaufsicht *gegen* Landrat Lindemann, weil dieser sich *weigert*, die Baugenehmigung
für die Erweiterung des Golfplatzes Katharinenhof
aufzuheben. Das Bundesverwaltungsgericht hatte den Bebauungsplan kürzlich für *nichtig* erklärt. Lindemann
argumentiert, die Baugenehmigung werde davon *nicht*
berührt.

Einen Teil der Verneinungen kann man vermeiden. Vielleicht so:

Die Arbeiten zur Vergrößerung des Golfplatzes Katharinenhof gehen weiter. Zuständig dafür ist Landrat Lindemann. Er argumentiert, die Baugenehmigung sei rechtmäßig. Der Bund für Umwelt und Naturschutz BUND fordert
dagegen, dass die Kommunalaufsicht, also das Innenmi-
nisterium, die Arbeiten stoppt. Das Bundesverwaltungsgericht hatte den Bebauungsplan kürzlich für nichtig
erklärt.

Die doppelte Verneinung ins Positive wenden!

Nicht falsch	Besser
Das Badeverbot in der Elbe ist aufgehoben	In der Elbe darf man wieder baden
Die CDU-Landesverbände Nordrhein-Westfalen und Rheinland-Pfalz haben ihren Widerstand gegen die Pkw-Maut aufgegeben	Die CDU-Landesverbände Nordrhein-Westfalen und Rheinland-Pfalz wollen der Pkw-Maut jetzt doch zustimmen
Das Unternehmen hat die angestrebte Umsatzsteigerung nicht erreicht	Der Umsatz des Unternehmens stagniert

Schwer verständlich sind nicht nur komplexe Satzkonstruktionen, sondern auch
viele einzelne Wörter, vor allem wenn sie aus vielen Silben bestehen.

Regel 8: Einfache, kurze Wörter benutzen

```
Fernstraßenbauprivatfinanzierungsgesetz
Kapitalertragssteuerbefreiungsantrag
Steuervergünstigungsabbaugesetz
```

Das sind Wörter, die jeweils zehn bis zwölf Silben haben, also just so viel, wie gerade ein ganzer Sinnschritt haben sollte. Wörter, die zur Realsatire taugen, aber nicht zum Schreiben von Nachrichten. Eine Auflösung der Komposita macht die Inhalte etwas leichter verständlich:

```
Gesetz über die private Finanzierung von Fernstraßen,
Antrag auf Befreiung von der Kapitalertragssteuer,
Gesetz über den Abbau von Steuervergünstigungen.
```

Damit ergeben sich allerdings fast schon wieder Wortschlangen wie oben, die wir vermeiden wollen. Also muss der Nachrichtenschreiber auch die Verbindungen auflösen, etwa:

```
Fernstraßen werden künftig auch privat finanziert. Das
Gesetz über die private Finanzierung . . .
```

oder

```
Von der Steuer auf Kapitalerträge kann man sich befreien
lassen. Der Antrag auf Befreiung . . .
```

Nachrichten sind in der Regel für die Allgemeinheit gedacht und nicht für ein Fachpublikum. Deshalb taugen für Nachrichten zwangsläufig nur solche Wörter, die allgemein bekannt sind. Andererseits gehört es zur täglichen Aufgabe des Journalisten, aus der Welt von Fachleuten zu berichten. Es geht in den Medien nicht nur um Politik, Katastrophen und Kuriositäten, es geht genauso um Wirtschaft, Recht, Medizin, Naturwissenschaften und andere Fachgebiete – Fachgebiete, die jeweils von einer *Fachterminologie* geprägt sind. Für den Nachrichtenschreiber heißt das: Er muss den Fachjargon in die Alltagsprache übersetzen, ohne die inhaltliche Präzision zu schmälern. Unvermeidliche Fachausdrücke, die nicht allgemein bekannt sind, muss er erklären.

Regel 9: Bekannte Wörter benutzen

Bei vielen Fachbegriffen fragt sich der Redakteur, ob sie bereits allgemein geläufig sind oder ob er sie *übersetzen* muss. Hier eine kleine Auswahl von Begriffen aus dem Wirtschaftsleben. Welche muss er erläutern, welche nicht?

```
Benchmarking, Consulting, Crowdfunding, evaluieren, ex-
traktiv, Kick-off, inklusiv, Kapitalschnitt, Lean Ma-
nagement, Panel, Peergroup, Primärüberschuss, Rezipro-
zität, Soft Skill, Synergieeffekte, volatil.
```

> „Man brauche gewöhnliche Wörter und sage ungewöhnliche Dinge." Arthur Schopenhauer (1851)

Unter den Fachwörtern gibt es viele Fremdwörter, aber nicht alle Fremdwörter sind Fachwörter. Im Gegenteil: Fremdwörter gehören zu unserer Umgangssprache wie der Christbaum zu Weihnachten, z. B. `Abonnement, Chance, Compu-ter, Diskothek, Export, fair, Finale, Konto, Literatur, Party, Pizza, Prozession, Rallye, Rhythmus, Tarif.` Kein vernünftiger Mensch wird auf solche Wörter verzichten. Seit Jahrhunderten haben Fremdwörter in immer neuen Schüben die deutsche Sprache ergänzt und *berei-chert* – mit Ausdrücken aus dem Lateinischen, Griechischen, Französischen, Italienischen und Englischen. Und sie waren oft umstritten. Sprachreiniger haben sie bekämpft – manche aus nationalen Motiven (etwa Ludwig Reiners, der von einer „Schlammflut der Fremdwörterei" sprach), andere (wie der Mathematiker Gottfried Wilhelm Leibniz), weil sie wollten, dass nicht nur die Gelehrten, sondern auch die Menschen aus dem *Volk* die Dinge verstehen. Allein dieses Argument sollte auch für die Nachricht Maßstab sein. Fremdwörter, die nicht allgemein bekannt sind, sollte der Journalist vermeiden oder erläutern. Geläufige Fremdwörter kann er problemlos benutzen.

> „Das maximale Volumen subterraner Agrarprodukte steht in reziproker Relation zur spirituellen Kapazität des Produzenten."
>
> Normaldeutsch: „Die dümmsten Bauern haben die dicksten Kartoffeln."

Deutschtümelei ist unsinnig. Manche Versuche, Fremdwörter ins Deutsche zu übersetzen, wirken albern. Ein Brunch ist kein Spätstück, und ein Browser kein Stöberer. Für die E-Mail wird sich kaum der E-Brief durchsetzen lassen, ebenso wenig saugen für downloaden, und ein Comeback ist mehr als eine einfache Wiederkehr. Man sieht: Beim Fremdwortgebrauch kommen auch Geschmacksfragen ins Spiel. Wer von Paradigmen statt von Denkmustern spricht und vom Basisnarrativ statt vom kollektiven Gedächtnis, dokumentiert etwas überdeutlich seine Gelehrsamkeit. Wer inkludiert statt eingeschlossen sagt oder performen statt aufführen, macht sich wichtig. Der Nachrichtenredakteur sollte nicht jeder Mode folgen. Statt Airline kann er ruhig noch Fluggesellschaft sagen, statt outsourcen auslagern und statt generieren erzeugen oder bewirken. Mit Gleichstellungspolitik können wahrscheinlich mehr Leser etwas anfangen als mit Gender Mainstreaming.

Kritisiert werden vielfach vor allem die Fremdwörter aus dem Englischen und die grammatischen Anglizismen. Wie verhält sich der Nachrichtenjournalist?

Englisches bekämpfen oder tolerieren? Das kommt darauf an. Niemand sollte in Anglophobie verfallen, entscheidend ist auch hier die Verständlichkeit. Viele Lehnübersetzungen oder Lehnschöpfungen sind längst nicht mehr als Anglizismen erkennbar, z. B. Außenseiter, Fernseh-Kanal und Untergrund. Andere englische Ausdrücke sind als Fremdwörter in den deutschen Wortschatz eingegangen und unentbehrlich geworden, z. B. Airbag, Interview und Trend.

Streiten kann man sich über die Anglizismen, die auf Deutsch im Wortsinn fragwürdig sind (stehende Ovationen, einmal mehr) oder vielleicht auf manche Leser oder Hörer modisch-arrogant wirken (in 2016, promoten, screenen). Da ist es sinnvoll gegenzusteuern. Ansätze sind da: Neben dem Computer behauptet sich der Rechner. User werden auch Nutzer genannt. Fertignahrung ist immer noch gebräuchlicher als Convenience Food. Und statt recyceln sagt man auch wiederverwerten.

Verständniserschwerend sind außer den Fachwörtern auch die Synonyme, also tatsächlich oder vermeintlich sinngleiche Wörter. Sie können den Rezipienten vor allem dann irritieren, wenn er erst darüber nachdenken muss, ob mit dem neuen Wort das Gleiche oder etwas Anderes gemeint ist.

Regel 10: Möglichst wenig Synonyme

Nichts gegen literarische Eleganz. Synonyme galten schon bei den Lateinern als Stilmittel. „Variatio delectat" hieß es. Abwechslung erfreut. Aber in Nachrichten hat die Verständlichkeit Vorrang. Der `Bundestag` ist der `Bundestag` und muss sich nicht in das `Parlament` oder gar in die `Volksvertretung` verwandeln. Der `Papst` bleibt der `Papst` und sollte nicht im weiteren Nachrichtentext `Pontifex` oder `Oberhaupt der katholischen Kirche` genannt werden. Und wenn der `Hund` zum `Vierbeiner` wird und der `Ball` zum `Spielgerät`, ist das lächerlicher Journalistenslang. Wenn es sich um Wörter handelt, die nur von Journalisten gebraucht werden, weil Journalisten krampfhaft nach einem anderen Ausdruck suchen. Linguisten nennen das einen *textsortenspezifischen Zwang zur lexikalischen Varianz*. Niemand, der nach `Köln` fährt, wird im normalen Leben sagen, er fahre in die `Domstadt`. Und wer fragt seinen Nachbarn, ob er schon seinen `Urnengang` gemacht habe. Nein, er fragt: `Warst du schon wählen`? Eindeutigkeit erhöht die Verständlichkeit, lexikalische Varianz vermindert sie.

Vielfach sind es freilich journalistische Gründe, die den Nachrichtenschreiber veranlassen, Synonyme zu gebrauchen. Er sieht darin einen bequemen Weg, möglichst viele zusätzliche Informationen in der Nachricht unterzubringen. Ein Beispiel:

```
Das Oberste Gericht Israels hat den früheren Staatschef
Moshe Katzav wegen Vergewaltigung zu sieben Jahren Ge-
fängnis verurteilt. Der 65-Jährige saß mit versteinerter
Miene auf der Anklagebank. Der aus dem Iran stammende
Politiker hat die Vorwürfe stets bestritten. Eine Frau
hatte dem einstigen Staatsoberhaupt vorgeworfen, er habe
sie zweimal vergewaltigt. Der Vater von fünf Kindern und
mehrfache Großvater präsentierte sich als Opfer einer
Hexenjagd.
```

In dieser Nachricht bekommt der frühere israelische Staatschef insgesamt fünf Synonyme: `Der 65-Jährige, der aus dem Iran stammende Politiker, das einstige Staatsoberhaupt, der Vater von fünf Kindern und mehrfache Großvater`. Das ist zu viel. Sicher, die Synonyme enthalten Zusatzinformationen. Die sind aber eher versteckt, und beim Sprechen können sie in dieser Form in keinem Fall durch Betonung hervorgehoben werden. Der Text wäre besser verständlich, wenn die Zusatz-Infos in kleinen Extra-Sätzen untergebracht wären: Katzav stammt aus dem Iran. Er ist Vater von fünf Kindern und mehrfacher Großvater.

Medientypische Synonyme: eine Journalistenkrankheit
Staatsbesuch = die Visite; Streik = der Ausstand; Atomkraftwerk = der Meiler; Film = der Streifen; Frankreich = die Grande Nation, Griechen = die Hellenen; Karlsruhe = die Fächerstadt; Oberbürgermeister = der Rathauschef; Polizisten = die Ordnungshüter; Punkt = der Zähler; Schiedsrichter = der Unparteiische; Schulanfänger = die ABC-Schützen; Schweizer = die Eidgenossen; Tor = der Treffer

In vielen Fällen sind wörtliche Wiederholungen sogar zwingend notwendig, und zwar aus journalistischen Gründen. Denn Nachrichten brauchen ein gewisses Maß an Redundanz, besonders im Radio und Fernsehen. *Wer* hat was getan? Vor allem den Namen des oder der Handelnden sollte der Nachrichtenschreiber mindestens einmal innerhalb Nachricht wiederholen. Und *wo* war das Ganze? Je nach Wichtigkeit sollte auch der Ort des Geschehens mindestens zweimal erscheinen:

Im österreichischen Burgenland hat die sozialdemokratische Partei SPÖ erstmals eine Koalition mit der Freiheitlichen Partei Österreichs (FPÖ) vereinbart.
Auf Bundesebene lehnt die SPÖ ein Zusammengehen mit der FPÖ strikt ab, weil sie die Partei als rechtspopulistisch einschätzt. (Indirekte Wiederholung von Wer? Was?)
Im Burgenland (wichtige Wiederholung des wo?)
hatten die Sozialdemokraten (wer?)
bisher zusammen mit der konservativen ÖVP regiert.

Um Missverständnisse auszuschließen: In bestimmten Fällen kann auch der Wechsel im Ausdruck zweckmäßig sein. Denn einen völligen Gleichklang empfinden wir als langweilig und inkompetent. Das gilt allerdings nur dann, wenn das gleiche Wort oder gar die gleiche Wortkombination zweimal oder noch öfter an prominenter (und entsprechend betonter) Stelle stehen. Beispiel:

Die Bundeskanzlerin hat die Forderung der Linkspartei
nach einem völligen Abzug der Bundeswehr aus Afghanistan *kritisiert*. Auch die Grünen haben die Forderung
kritisiert.
In beiden Sätzen wird das gleiche, Sinn tragende Wort *kritisiert* hervorgehoben. Das kann der Leser oder Zuhörer als unelegant empfinden. Deshalb
empfiehlt es sich, *hier* den Ausdruck zu wechseln und den zweiten Satz umzu-
drehen: Gegen die Forderung der Linkspartei wenden sich
auch die *Grünen*.

Atmosphäre oder Normaldeutsch?
Auslandskorrespondenten sollen nicht nur von Ereignissen in ihrem Gast-
land berichten. Sie sollen auch etwas von der ausländischen Atmosphäre
vermitteln. Da liegt es nahe, dass sie einen Hauch des Fremden auch
sprachlich wiedergeben. Natürlich müssen sie deutsch reden und schreiben, und ihre Sprache soll nicht exklusiv oder arrogant wirken. Deshalb
müssen Korrespondenten in vielen Fällen abwägen, welchen Ausdruck sie
benutzen. Administration oder US-Regierung? Westbank oder
Westjordanland? Warlords oder Kriegsherren? Penta-
gon oder amerikanisches Verteidigungsministerium? Der
Elyséepalast oder der französische Staatspräsident? Den
Ort als Synonym für ein Land zu benutzen, bleibt fragwürdig. Pjöngjang
statt Nordkorea – lieber nicht!

Regel 11: So konkret wie möglich schreiben

Das ist nicht nur eine sprachliche, sondern auch eine journalistische Tugend. Wir
müssen die Dinge beim Namen nennen. Wenn z. B. bei einem Unglück die Rettungsmannschaften Schaufelbagger und einen Kran einsetzen, sollten wir
nicht geheimnisvoll von schwerem Gerät sprechen. Wenn es sich bei den
Rettungsmannschaften um Feuerwehr und Technisches Hilfs-
werk handelt, ist ebenfalls die konkrete Bezeichnung besser. Starke Rauch-
entwicklung? Da kann man ruhig Qualm sagen. Regierungen beschließen
Maßnahmen zur Konjunkturbelebung – die Nachrichten darüber sollten
präziser sein, vielleicht handelt es sich bei den Maßnahmen um Steuerer-
leichterungen und zinsgünstige Kredite. Und beim Wetterbericht

sind die genauen Bezeichnungen `Regen`, `Hagel` und `Schnee` besser als `Niederschläge`.

Sprachlich und journalistisch sinnvoll ist es auch, den Substantivstil zu meiden, der für akademische und bürokratische Texte kennzeichnend ist und von dort aus die Mediensprache infiziert hat. Texte, in denen viele *Verben* vorkommen, sind leichter zu verstehen als Texte mit vielen Substantiven. Besonders schwer verständlich sind vielfach die substantivierten Verben, weil sie die Information komprimieren und vom Rezipienten erst wieder aufgelöst werden müssen.

Regel 12: Möglichst viele Verben

Auch die Alltagserfahrung spricht dafür: Mitteilungen im Verbalstil sind lebendiger und dynamischer.

Substantivstil	Verbalstil
`Das Theater will die Oper „Carmen" zur Aufführung bringen`	`Das Theater will die Oper „Carmen" aufführen`
`Die Baumaßnahme erfordert einen Kostenaufwand`	`Der Bau kostet`
`Durch Arbeitsniederlegungen kommt es im Bahn- und Busbereich zu Fahrplanunregelmäßigkeiten`	`Weil gestreikt wird, fahren Busse und Bahnen unpünktlich`

Bei den Verben muss man freilich unterscheiden. Die *falschen* Verben können nämlich geradewegs zu dem unerwünschten Nominalstil führen. Es sind die *Stützverben* (Funktionsverben, Streckverben), die für sich allein keine inhaltliche Bedeutung haben und deshalb zwingend nach einem Substantiv verlangen (`stattfinden, erfolgen, veranstalten, durchführen ...`)
Also nicht:

`Der Rotary-Club führt eine Frankreich-Reise durch.`

sondern:

```
Der Rotary-Club fährt nach Frankreich.
```

Um optimale Verständlichkeit zu erreichen, sollte der Journalist Nachrichten möglichst so schreiben, wie er sich auch im Alltag ausdrücken würde. Trotzdem ist die Nachrichtensprache anders. Sie hat ein wesentliches Merkmal, das sie von der Alltagssprache unterscheidet: Sie muss auf Wertungen verzichten. Nachrichten haben, wie die Linguisten sagen, eine *expressive Nullfärbung*, d. h. einen Sprachstil ohne wertende Konnotationen – ähnlich dem Sprachstil, der für Lexika gebraucht wird.

In der Alltagssprache sind wir gewöhnt, Personen, Ereignisse und Zustände ständig zu bewerten – sei es offen, sei es versteckt: `Ein Sauwetter heute!` `Ein Superspiel gestern Abend!` `. . . eine alberne Bemerkung!` Für die Nachricht, die dem Objektivitätsideal verpflichtet ist, gelten andere Regeln.

Vor allem die sprachlichen Beschönigungen, die Euphemismen, haben in der Nachricht keinen Platz. Denn es gehört zu den zentralen journalistischen Aufgaben, die Dinge beim Namen zu nennen und nicht zu beschönigen. Euphemismen sind vielfach nicht wertneutral. Ins Spiel gebracht werden sie meistens von interessierter Seite, um gezielt zu *verschleiern,* zu *werben* oder zu *schmähen*:

Regel 13: Keine Euphemismen

In der Alltagssprache ist gegen Euphemismen nichts einzuwenden, zumindest solange sie harmlos sind und nur dazu dienen, die Wahrheit nicht ganz so direkt auszusprechen, z. B. `nicht mehr alle Tassen im Schrank haben,` `einen dicken Hals bekommen, den Löffel abgeben.`

Im Gegensatz zu dieser Alltagspraxis sollten Journalisten selbst auf harmlose Beschönigungen verzichten. Denn Euphemismen vermindern die Verständlichkeit und sind vielfach Teil einer Sprachpolitik, die darauf abzielt, die Deutungshoheit über die Dinge zu gewinnen. Wer die *richtigen, beschönigenden* Wörter unters Volk bringt, will die Menschen dazu veranlassen, richtig zu denken. Politiker, Unternehmervertreter, Gewerkschafter, Kirchenleute und andere versuchen, die Sprache in ihrem Sinne zu prägen. Soziologen sprechen vom *Streben nach kultureller Hegemonie,* PR-Leute von *Wording.* Dass Journalisten solche Versuche der Sprachpolitik aufdecken und ihnen entgegenwirken, gehört zu ihrer Verantwortung. Und wenn sie im Zweifelsfall nur Anführungszeichen gebrauchen, um zu einzelnen Wörtern Distanz zu schaffen.

Beispiele für Verschleierung
abwickeln statt schließen; Freistellung statt Entlassung; Haushaltsrisiken statt Fehlbeträge; Kollateralschaden statt unbeabsichtigte Tötung; neutralisieren statt verwunden oder töten; Preiskorrektur statt Preiserhöhung; selektiver Rückbau statt Abriss; Separatorenfleisch statt Sehnen, Knorpel und Fett; Strukturen optimieren statt Stellen abbauen; strukturschwache Gebiete statt arme Gegenden; Verteidigungsfall statt Krieg; Vollzugsanstalt statt Gefängnis; Wehrtechnik statt Rüstung.

Außer der Verschleierung haben Euphemismen, wie der Name sagt, die Funktion, *positive Aspekte einer Sache hervorzuheben*. Ein Begriff wie Frieden schaffende Maßnahmen (statt Kampf, Angriff) ist dafür typisch. Politische Sprache wird zur Werbesprache. Ein propagandistischer Euphemismus ist zum Beispiel die thermische Verwertung, die nichts anderes bedeutet als Müllverbrennung. Und die vollzieht sich nicht in Müllverbrennungsanlagen, sondern in Entsorgungszentren oder Ersatzbrennstoffanlagen. Die positiv besetzten Begriffe Modernisierung, Flexibilisierung und Reform werden oft auch für Veränderungen verwendet, die für viele Menschen negative Folgen haben. Das Zukunftsprogramm zur Sicherung von Arbeit, Wachstum und sozialer Stabilität sollte die Abkoppelung der Rente von den Nettolöhnen beschönigen.

Menschen oder Vorgänge ironisch zu verhöhnen, kann eine andere Funktion der Euphemismen sein. Besonders erfindungsreich waren in dieser Hinsicht die Nationalsozialisten: Sie nannten es Schutzhaft, wenn die Gestapo politische Gegner ins KZ verschleppte, Sonderbehandlung, wenn ein KZ-Häftling ermordet wurde, und Endlösung, wenn die Vernichtung aller europäischen Juden gemeint war.

NS-Jargon, der auch heute noch tabu sein sollte: `entartet`, `erbkrank`, `lebensunwertes Leben`. NS-Jargon, der *bewusst oder* unbewusst vielfach auch heute verwendet wird: `Lügenpresse`, `Journaille`, `ausschalten`, `Fremdarbeiter`, `gottgläubig`, `Halbjude`, `Hilfswillige`, `Jungvolk`, `Kritikaster`, `schlagartig`, `Schriftleiter`, `Volksgenosse`.

Zynismus ist freilich nicht auf die NS-Zeit beschränkt: `Ethnische Säuberung` wurde zu Recht als *Unwort des Jahres* herausgestellt (siehe unten). Genauso zynisch ist es, wenn amerikanische Militärs gegnerische Soldaten im Krieg `weiche Ziele` nennen. Ähnliches gab es im alten Ostblock, als 1968 die Besetzung der Tschechoslowakei als `Bruderhilfe` beschönigt wurde. Und auch der Alltag liefert sprachliche Beispiele der Menschenverachtung – wenn Asylsuchende `abgeschoben` oder (in der Schweiz) `ausgeschafft` werden, wenn Kultusminister von `Schülermaterial` reden, wenn Ärzte einen nierenkranken Patienten als `Niere` bezeichnen oder wenn wir gedankenlos melden, es sei jemand in die Klinik `eingeliefert` worden. Menschen werden auf diese Weise verdinglicht und entwürdigt: `Menschenmaterial` – das *Unwort des Jahrhunderts*.

Das Unwort des Jahres
wird von einer sprachkritischen Kommission ausgewählt. Sie will auf Begriffe aufmerksam machen, die *sachlich unangemessen* sind oder gegen die *Humanität* verstoßen. Hier einige Unwörter – mit Kommentar:

1991 `durchrasste Gesellschaft`: ein übler Ausrutscher Edmund Stoibers. Ein Begriff, den sonst nur Neonazis gebrauchen.

1992 `aufenthaltsbeendende Maßnahmen`: ein übler Euphemismus für Ausweisung von Asylbewerbern

1993 `kollektiver Freizeitpark`: eine ironisierende Wortschöpfung des damaligen Bundeskanzlers Kohl, gezielt auf zu hohe Ansprüche an den Sozialstaat. Akzeptable Meinungsäußerung.

1994 `Peanuts`: flapsige Bezeichnung des Bankers Hilmar Kopper über einen Teil der Schulden des Bauunternehmers Jürgen Schneider, Eintagsfliege.

1996 Rentnerschwemme: bösartige Charakterisierung der demografischen Entwicklung.

1998 sozialverträgliches Frühableben: Ausdruck des Ärztefunktionärs Karsten Vilmar. Unverzeihlicher Zynismus oder zulässige Ironie?

2001 Gotteskrieger: fragwürdige Bezeichnung der Taliban und anderer islamistischer Terroristen

2002 Ich-AG: Kurzformel für den Versuch selbstständiger Tätigkeit; sachlich schief, aber nicht ohne Witz.

2004 Humankapital: Strittig. Degradiert das Wort den Menschen zu einer rein ökonomischen Größe oder bezeichnet es bedeutendes menschliches Können?

2007 Herdprämie: Diffamierung der Eltern, die ihre Kinder zu Hause erziehen, oder zulässiger Spott über die CDU/CSU-Politik?

2009 betriebsratsverseucht: Diffamierung berechtigter Arbeitnehmerinteressen.

2010 alternativlos: kein echtes Unwort, sondern eine politische Behauptung, der jeder jederzeit widersprechen kann.

2011 Gutmenschen: hämische Charakterisierung von Menschen, die sich für Menschenrechte, soziale Gerechtigkeit und Umweltschutz einsetzen.

2014 Lügenpresse: Schimpfwort der rechtspopulistischen Pegida-Bewegung für die deutschen Medien. Nazi-Ausdruck.

Fragwürdig sind in der Nachrichtensprache nicht nur die Euphemismen, sondern auch die Wörter, die den Kampf betonen, den Inhalt einer Sache einseitig interpretieren oder Menschen und Sachen herabsetzen: *Fahnenwörter, Kampfbegriffe, Stigmawörter.*

Regel 14: Vorsicht Parteinahme

Im Redaktionsalltag hilft nur eine Methode: Wer unparteiliche Nachrichten schreiben will, muss prüfen, ob der Ausdruck für alle Seiten akzeptabel ist. Zumindest muss er sich darüber im Klaren sein, dass bestimmte Wörter als Parteinahme verstanden werden können. Vielfach wird er die Begriffe in Anführungszeichen setzen oder sich mithilfe von so genannt davon distanzieren.

Jede Zentralregierung nennt Menschen, die nach mehr regionaler Autonomie streben, Separatisten. Sie selbst sehen sich eher als Freiheitskämpfer. Und in jedem Bürgerkrieg neigt das herrschende Regime dazu, Aufständische als Terroristen abzustempeln. Seit den 1980er Jahren gibt es in Deutschland Privatsender, Mediengewerkschaften nennen sie lieber kommerzielle Sender. Lange beharrte die CDU/CSU darauf, dass Immigranten nur Zuwanderer seien. Inzwischen weiß man in der Öffentlichkeit, dass es Einwanderer sind. Auch in der Alltagsberichterstattung muss der Nachrichtenredakteur überlegen: Selbstmord unterstellt, dass eine Selbsttötung verwerflich ist. Freitod unterstreicht bei einer Selbsttötung die freie Willensentscheidung. Einen Ausweg bietet das neutrale Fachwort Suizid. Ein Grenzfall ist das Adjektiv umstritten, das als rein informativ, aber auch als abwertend gesehen werden kann. Informativ und zugleich abwertend ist auch das Wort selbsternannt. Es besagt, dass eine Person oder eine Gruppe einen Anspruch erhebt, der nicht legitimiert ist: Der selbsternannte Sprachexperte, die selbsternannte Volksrepublik. Vorsicht Wertung!

Wörter, die (manchmal versteckt) parteilich geprägt sind

Ausländermaut – Infrastrukturabgabe;

Austerity-Politik – Reformpolitik;

einen Embryo töten – einen Embryo vernichten;

Entwicklungsländer – Länder der 3. Welt – Länder des armen Südens;

genmanipuliert – genverändert;

Intensivhaltung – Massentierhaltung;

Lohnnebenkosten – Lohnzusatzkosten;

Deutscher mit Migrationshintergrund – Deutscher mit ausländischen Eltern – ausländischer Mitbürger – Neubürger – Passdeutscher;

neoliberal – marktradikal – marktwirtschaftlich;

Profit – Gewinn – Ergebnis;

```
Regime – Regierung;

Schlepper – Fluchthelfer;

Steuersünder – Steuerkrimineller;

Terrormiliz – Islamistenmiliz;

Triebtäter - Sexualverbrecher;

Wende – friedliche Revolution;

Wirtschaftsflüchtling – Arbeitsmigrant
```

Lange umstritten: die Namen von Orten, deren staatliche Zugehörigkeit im vergangenen Jahrhundert wechselte: Heißt es Pressburg oder Bratislava? Breslau oder Wroclaw? Zabern oder Saverne? Für die größeren ehemals deutschen Städte, die seit dem Ende des 2. Weltkrieges zu Polen oder Russland gehören, benutzen die deutschsprachigen Medien in der Regel die alten deutschen Namen: Danzig (polnisch: Gdansk), Königsberg (russisch: Kaliningrad). Und die Hauptstadt des französischen Départements *Bas-Rhin* heißt in Deutschland weiterhin Straßburg (französisch: Strasbourg). Bei kleineren Orten sollte man abwägen, welchen Namen die Leser, Hörer, Zuschauer am ehesten kennen. Also eher Zielona Gora und nicht Grünberg, eher Cheb und nicht Eger.

Die großen Schlachten um einzelne Wörter, die in der westdeutschen Öffentlichkeit tobten, liegen weit zurück. Wer in den 1970er Jahren die Rote Armee Fraktion (RAF) als Baader-Meinhof-*Gruppe* bezeichnete, galt in der Öffentlichkeit vielfach als Sympathisant der Terroristen. Wer das Wort Baader-Meinhof-*Bande* benutzte, stellte sich damit indirekt auf die Seite der Springer-Zeitungen. Dem Nachrichtenschreiber, der neutral sein wollte, blieb nur die gequälte Umschreibung der Polizei: kriminelle Vereinigung Baader-Meinhof oder so genannte Rote Armee Fraktion. Ähnlich war es in der alten Bundesrepublik mit der Bezeichnung der DDR. Ostzone, Sowjetzone, Mitteldeutschland, „DDR" in Anführungszeichen – das war die Wortwahl derer, die die Existenz eines zweiten deutschen Staates strikt ablehnten (und von anderen deshalb als *Kalte Krieger* angegriffen wurden). 1990 propagierte die Bundesregierung gezielt die Bezeichnung neue Bundesländer. Der thüringische Ministerpräsident Bernhard Vogel (CDU) versuchte vergeblich, den Begriff junge Bundesländer durchzusetzen. Schließlich blieb es bei dem neutralen Ausdruck ostdeutsche Länder.

Begriffskeulen

`Blockadehaltung`: Unterstellung, dass eine Seite einen politischen oder sozialen Fortschritt verhindert.

`Sozialabbau`: Kampfbegriff der Gewerkschaften, der eine langjährige Tendenz in der deutschen Wirtschafts- und Sozialpolitik kennzeichnen soll...

`Sozialneid`: Unterstellung, dass der Ruf nach sozialer Gerechtigkeit aus niederen Motiven kommt...

`Transferunion`: Schlagwort mit dem Vorwurf, Deutschland zahle einseitig für die anderen Euro-Staaten...

`Unrechtsstaat`: Kampfbegriff, der die DDR charakterisieren soll.

Was ist politisch korrekt? Im Kern geht es bei dieser Frage darum, eine Diskriminierung bestimmter Bevölkerungsgruppen auch sprachlich zu vermeiden. Ob das sinnvoll und praktikabel ist, wird vielfältig diskutiert – oft mit tiefem Ernst, oft mit Spott und Häme. Nachrichtenschreiber sollten umstrittene Wörter und Wendungen kennen und je nach Sachlage vernünftig entscheiden.

Regel 15: Politisch korrekt – mit Augenmaß

Aus Gründen der Geschlechtergerechtigkeit zwingend geboten oder ein lächerlicher Krampf? Immer wieder wird über die so genannten *Paarformeln* gestritten:

> `die Bürgerinnen und Bürger, die Wählerinnen und Wähler,`
> `die Frankfurterinnen und Frankfurter.`

In gedruckten und elektronisch gesendeten Nachrichten kann das nur heißen:

> `die Bürger, die Wähler, die Frankfurter.`

Das ergibt sich aus dem Zwang zur Knappheit, einem Wesensmerkmal der Nachricht. Der Zwang zur Knappheit führt dazu, dass die Medien mit ganz wenigen Ausnahmen beim traditionellen *generischen Maskulinum* bleiben, wonach bei dem Wort `Studenten` immer auch die `Studentinnen` mit gemeint sind. Auf das Partizip Präsens auszuweichen, ist in manchen Fällen möglich, in anderen nicht. Studierende kann man ganz gut sagen, wenn Studenten und Studentinnen gemeint sind. Aber es wirkt verkrampft, analog zu den Studierenden die Dozentinnen und Dozenten als Dozierende zu bezeichnen. Pragmatisch kann es für das Nachrichtengewerbe nur zwei Maßstäbe geben: Knappheit und Alltagstauglichkeit.

Abschied vom Feuerwehrmann

Der Bayerische Rundfunk empfahl 2014 seinen Mitarbeitern offiziell eine geschlechtergerechte Sprache. Danach sollte in der Berichterstattung nicht mehr von Feuerwehrmännern, sondern von Einsatzkräften der Feuerwehr die Rede sein. Auch Fachmänner sollten nicht mehr zu Wort kommen, sondern höchstens Fachleute. Selbst die Teilnehmergebühr wurde tabuisiert, weil das Wort eine männliche Endung hat. Ersatzbegriff: Teilnahmegebühr. Und damit nicht genug. Statt Keiner weiß genau sollte es heißen: Niemand weiß genau.

Von dem Zwang, jede Mode der Political Correctness mitzumachen, ist der Nachrichtenredakteur befreit. Sinnvollem Sprachwandel wird er sich nicht entziehen. Niemand wird einen Menschen schwarzer Hautfarbe heute noch als Neger bezeichnen. Jeder wird von einem Schwarzen sprechen, von einem Afrikaner oder – wenn es um einen US-Bürger geht – von einem Afro-Amerikaner. Überkorrekte Festlegungen, etwa die Bezeichnung Amerikaner afrikanischer Herkunft, kann er ignorieren. Einige Begriffe, die von Nichtregierungsorganisationen und anderen propagiert werden, sind nachdenkenswert, erscheinen aber wegen Überkorrektheit nur teilweise brauchbar, z. B.

Entwicklungszusammenarbeit statt Entwicklungshilfe; Geflüchtete statt Flüchtlinge; Menschen mit Behinderungen statt Behinderte. Türkeistämmige statt Türkischstämmige.

Zigeuner oder Sinti und Roma?

Beide Formulierungen sind problematisch. Zigeuner war bis in die 1970er Jahre die gängige Bezeichnung, teilweise wertneutral, teilweise abfällig gebraucht. Manche Zigeuner halten mit einem gewissen Stolz an der alten Bezeichnung fest. Seit den 80er Jahren wird von Interessensverbänden in

Deutschland der Begriff Sinti und Roma propagiert. Eigentlicher Oberbegriff, der dem alten Zigeuner entspricht, ist aber nur Roma. Er umfasst
alle Romagruppen. Im Zweifelsfall kann man also das starre Wortpaar
Sinti und Roma umgehen und einfach Roma sagen. Quelle: „Neue Deutsche Medienmacher".

Nachrichten müssen leicht verständlich und wertneutral geschrieben sein. Das
ist das Wichtigste. Alles andere ist eine Frage des Stils, und auf diesem Feld
herrscht ein großer Ermessensspielraum. Über das, was sprachlich *schön* ist, gibt
es ohnehin kaum Konsens. Einige Tipps für angemessenen Sprachstil:

Regel 16: Kein Medienjargon

Außer den erwähnten krampfhaften Synonymen, die das Textverstehen erschwe-
ren, gibt es noch eine Reihe anderer Wörter, die nur von Journalisten gebraucht
werden. Eine Sondersprache, ein *Soziolekt*, ist aber kontraproduktiv, weil es zum
Leser, Hörer und Zuschauer eine unnötige Distanz schafft. Wörter aus dem Me-
dienjargon kann man meistens mühelos durch Wörter der Alltagssprache erset-
zen. Einfachste Selbstkontrolle: Würde ich diesen Ausdruck auch privat benutzen?
Wenn die Antwort *Nein* lautet, hat er im Nachrichtentext nichts zu suchen.

Fast täglich ist in den Medien zu hören oder zu lesen, dass ein Verkehrsunfall
oder ein Bombenanschlag Opfer gefordert hat. Im Alltag würde das niemand
sagen. Da heißt es: Bei dem Unfall sind zwei Menschen ums Leben gekommen, und bei dem Anschlag hat es sieben Tote gegeben. Und wenn
zwei Außenminister miteinander verhandeln, stört es niemanden, wenn beide als
Minister bezeichnet werden, in den Nachrichten ist oft aber der eine der Amts-
kollege des anderen. Weiter heißt es dann vielfach, die beiden hätten einen
Meinungsaustausch geführt. Würden wir auch ein Privatgespräch so nennen?
Und wenn sie hinterher auf einer Pressekonferenz etwas sagen, müssen sie das
Gesagte dann betonen, hervorheben und unterstreichen? Manchmal
sagen sie auch etwas gegenüber einer Zeitung. Was zu dem Kalauer geführt hat:
In einer Bude gegenüber der „Frankfurter Rundschau" werden
zwar Würstchen verkauft, aber keine Interviews gegeben.

Mediendeutsch – das sind nicht nur einzelne Wörter, sondern auch viele metaphorische Redewendungen, die nur in den Zeitungen, in den Radionachrichten, im Fernsehen und im Internet vorkommen:

Bürger müssen tiefer in die Tasche greifen und den Gürtel enger schnallen, weil Regierungen und Unternehmen sie zur Kasse bitten. Politiker schlagen Alarm, zeigen Flagge, setzen den Rotstift an, geben den Startschuss oder stellen Weichen, um auf diese Weise alles in den Griff zu bekommen. Nach tagelangem Tauziehen (in der Schweiz Seilziehen) wird dann endlich grünes Licht gegeben, weil die Sache unter Dach und Fach ist oder in trockenen Tüchern. Vorher haben die Politiker den Schulterschluss geübt und alles auf den Prüfstand gebracht oder einem Lackmustest unterzogen, weil sie in eine Sackgasse geraten waren. Aber jetzt ist das Ende der Fahnenstange erreicht, das Paket geschnürt und die Kuh vom Eis. Häuser werden immer wieder ein Raub der Flammen und brennen dann bis auf die Grundmauern ab. Ganze Ortschaften werden dem Erdboden gleich gemacht oder in Schutt und Asche gelegt. Fahndungen laufen stets auf Hochtouren, die Täter werden fieberhaft gesucht, und die Rettungskräfte sind rund um die Uhr bzw. pausenlos im Einsatz. Der Leser merkt, wie leicht es ist, aus solchen Versatzstücken sinnvoll-sinnlose Geschichten zu schreiben.

Journalistische Metaphern
Diese Begriffe sollte der Nachrichtenschreiber nur benutzen, wenn ihm nichts Besseres einfällt: an den Rollstuhl gefesselt sein; das Licht am Ende des Tunnels sehen; den Aufstand proben; den Geldmarkt fluten; die rote Linie überschreiten; die Rote Karte zeigen; die Spitze des Eisbergs sein; ein Blutbad anrichten; einen erdrutschartigen Sieg erringen; einen Schlagabtausch führen; Geld in die Hand nehmen; händeringend suchen; im Dunkeln tappen; immer weitere Kreise ziehen; ins Kreuzfeuer der Kritik geraten; Mangelware bleiben; nicht schlecht staunen; rote Zahlen schreiben; zurückrudern.

Die Bildhaftigkeit dieser Ausdrücke ist vielfach verblasst. Die angestrebte Lebendigkeit verkehrt sich ins Gegenteil. Anfangs sind Vergleiche, Bilder und Metaphern originell. Je öfter sie gebraucht werden, desto mehr wird man ihrer überdrüssig. Über den inflationären Gebrauch fester Redewendungen hat bereits Gustave Flaubert in seinem „Wörterbuch der Gemeinplätze" geklagt. Erstaunt liest man dort, dass schon im 19. Jahrhundert Grenzen hermetisch abgeriegelt wurden. Auch manche festen Koppelungen von Substantiv und Adjektiv enthalten verblasste Bilder:

```
gähnende Leere, herbe Enttäuschung, klirrende Kälte,
scharfer Protest, sintflutartige Regenfälle, strengstes
Stillschweigen.
```

Also ein generelles Bilderverbot? Nein. Metaphern gehören zur Sprache wie der Schnee zum Winter. Es wäre unsinnig, alle Redewendungen, Bilder, Vergleiche vermeiden zu wollen. Entscheidend ist nur die Frage, ob es sich um typische Medien-Schablonen handelt und ob sie durch übermäßigen Gebrauch sprachsensiblen Menschen auf die Nerven gehen. Dafür muss jeder ein Gespür entwickeln. Wir wollen die Kirche im Dorf lassen. Ganz ohne Floskeln wird niemand auskommen. Man sollte aber sparsam damit umgehen.

@Floskelwolke
Grünes Licht, aller Zeiten, Tote gefordert, im Vorfeld, unter Hochdruck, zunächst unklar . . . Die Journalisten Udo Stiehl und Sebastian Pertsch grasen mehrmals am Tag etwa 2000 deutschsprachige Medien nach standardisierten Redewendungen ab. Und veröffentlichen ihre Fundstücke im Internet: @Floskelwolke und Floskelwolke.de

Zum Mediendeutsch gehören auch die Schlagwörter, die man für die knappe Berichterstattung unbedingt braucht und die vielfach auch in die Alltagssprache übergegangen sind. Über viele Schlagwörter wird immer wieder diskutiert, weil sie die Sache nicht hundertprozentig erfassen oder eine leichte Wertung enthalten. Andererseits weiß jeder Mediennutzer, was gemeint ist. Der Nachrichtenredakteur sollte deshalb im Einzelfall prüfen, was schwerer wiegt: die Verständlichkeit oder das sprachliche Manko. Beispiele:

```
Datendiebstahl, Doppelspitze, Ehrenmord, Geisterfah-
rer, Gewinnwarnung, Hartz IV, Heuschrecke, Homo-Ehe,
```

`Kinderarmut, Klimakatastrophe, Nulltarif, Nullwachs-`
`tum, Schuldenbremse, Super-GAU, Schwarze Null, Zwei-`
`Klassen-Medizin.`

Nicht übertreiben!
An einer Volkswanderung nehmen 352 Menschen teil: `Rekord!` Der Dax
steigt auf 12.374 Punkte: `Rekord!` Ein Januartag mit 20 Grad: `Rekord!`
Und wenn die Ereignisse nicht *rekordverdächtig* sind, sind sie *historisch*:
`Die Zahl der Verkehrstoten ist auf ein historisches`
`Tief gesunken.` Und das soll 2014 gewesen sein. Manche Journalis-
ten missverstehen sich offenbar als Historiographen: `Aufstieg in die`
`Landesklasse - Der SV Bielen schreibt Geschichte.`
Und der Abstiegskampf des HSV? `Das war die schlimmste Woche`
`aller Zeiten.` Geht es auch eine Nummer kleiner?

Da Journalisten mit Regierungen, Behörden, Polizei und Justiz zu tun haben,
sind sie immer in Gefahr, auch deren Sprache zu übernehmen: das Amts- und Ju-
ristendeutsch, das dazu neigt, mehr Worte zu gebrauchen als nötig wären. Das
haben bereits die alten Sprachkritiker wie Gustav Wustmann und Ludwig Reiners
getadelt. Nachrichten sind kurz gefasst und müssen sich auf das Wesentliche be-
schränken.

Regel 17: Knapp formulieren, Blähstil vermeiden

Im Alltag machen wir – vor allem in der mündlichen Kommunikation – viele, auch
unnötige, Worte. In der Nachrichtensprache ist das anders. Hier gilt: sparsam mit
den Worten umgehen und die heiße Luft herauslassen. Also: `an der Kreuzung`
und nicht `im Kreuzungsbereich`; anwenden und nicht `zur Anwendung`
`bringen`; anzeigen und nicht `zur Anzeige bringen`; `aufführen` und
nicht `zur Aufführung bringen`; beschuldigen und nicht `Schuld zu-`
`weisen`; beweisen und nicht `unter Beweis stellen`; `einsetzen` und
nicht `zum Einsatz bringen`; Frage und nicht `Fragestellung`; Größe
und nicht `Größenordnung`; laut und nicht `lärmintensiv`; schweigen
und nicht `Stillschweigen bewahren`; `Wetter` und nicht `Witterungs-`
`bedingungen`.

Monströse Wörter der Bürokratie – jeder sprachbewusste Nachrichtenschreiber wird sie wegstreichen oder wenigstens in Anführungszeichen setzen: Beampelung (Aufstellung neuer Verkehrsampeln); Bemautung (Erhebung einer Maut auf bestimmten Straßen); Bestreifung (Streifengänge der Polizei in bestimmten Straßen).

Kunst der Sinngebung des Sinnlosen

„Der Politikertext ist ja meist unerträglich langweilig und es ist eine entsagungsvolle Arbeit, aus dem Schotter dreistündiger Grundsatzreferate die wenigen Goldkörner zu waschen und zu polieren, auf dass Hörer oder Leser von der Gedankenfülle und intellektuellen Brillanz des Redners den rechten Eindruck erhalten: Journalismus als unverstandene Kunst der Sinngebung des Sinnlosen." Aus einem „Streiflicht" der „Süddeutschen Zeitung"

Bei Politikern ist der Blähstil besonders beliebt. Vor allem weil sie gern vage, verschwommene, pseudowissenschaftliche Begriffe benutzen, um zu imponieren oder um eine Festlegung zu vermeiden. Der Sprachwissenschaftler Uwe Pörksen nannte diese Begriffe *Plastikwörter*. Der Nachrichtenschreiber muss sie oft konkretisieren oder sogar *übersetzen* – ohne das Gesagte zu verfälschen.

Wertneutralität und Alltagsnähe – das sind wichtige Stilprinzipien der Nachrichten. Darüber hinaus hat der Einzelne beim Schreiben aber eine stilistische Bandbreite, je nachdem für welches Medium er arbeitet.

Regel 18: Die angemessene Stilebene beachten

Welche Wörter für die Nachrichten passen, muss jede Redaktion nach dem Profil ihres Mediums entscheiden. Wird ein von der Polizei gesuchter Mensch geschnappt oder gefasst? Hat er geklaut oder gestohlen? Sitzt er später im Knast oder im Gefängnis? Sind Zuschauer bei Bergungsarbeiten Schaulustige oder Gaffer? Gucken sie oder schauen sie zu? Handelt es sich bei einer allseits beliebten Tätigkeit um Sex, Geschlechtsverkehr oder Beischlaf?

„Bild" und „taz" halten jeweils andere Wörter für angemessen als die „Frankfurter Allgemeine" oder die „Süddeutsche Zeitung". Bei den Nachrichtenagenturen und den öffentlich-rechtlichen Rundfunkanstalten sind vulgäre oder grob umgangssprachliche Ausdrücke ebenso tabu wie hochgestochene. Es heißt also nicht abhauen, berappen, erwischen, löhnen, Knatsch, Knete, sauer, schmeißen und Visage, aber auch nicht Gattin, Gemahl und Antlitz. Ein Mensch, von dessen Tod wir berichten, ist gestorben und nicht verstorben, das wäre zu würdevoll.

Die Sprache lebt. Fast täglich bringt die Sprachgemeinschaft neue Begriffe und Redewendungen hervor, und dem Nachrichtenredakteur stellt sich immer wieder die Frage, inwieweit er diese aufgreift.

Regel 19: Dem Sprachwandel mit Augenmaß folgen

Größtenteils sind es ja die Medien, die neue Ausdrücke und Redewendungen weiter transportieren und bekannt machen. Manche neue Prägung ist durchaus willkommen, da sie neue Dinge benennt oder Altes präziser ausdrückt. Im Einzelfall muss der Redakteur nach seinem Sprachgefühl entscheiden, ob er einen *Neologismus* benutzt. Wie kurzlebig die meisten Neuschöpfungen sind, zeigt folgende Auswahl, die der Neologismen-Sammlung wortwarte.de entnommen ist:

> **Zehn neue Wörter**
> vom 26. Juni 2015, die längst wieder vergessen sind: das Abschaltfest, der Akustik-Windkanal, das Anti-Panik-System, der Kifferausweis, kopfbesessen, die Luxusanmutung, der Öko-Lifestyle, die Selbstvornahme, das Soundtool, die Trapezfrisur.

Solche Ad hoc-Komposita sind bei der schnellen Textproduktion sehr beliebt: zusammengesetzte Wörter, die aus der Situation heraus entstehen, z.B. Gelbe-Karten-Orgie, wenn ein Fußballschiedsrichter besonders viele Verwarnungen erteilt hat. *Orgie* heißt aber eigentlich *ausschweifendes Gelage*. Sprachlogisch und ästhetisch also eine fragwürdige Zusammensetzung. Genauso fragwürdig: der Suizid-Tourismus. Suizid und Tourismus - das passt nicht zusammen.

Als Mode von Bürokratie und Wirtschaft erscheint der Trend, Wörter in den Plural zu setzen, die bislang nur im Singular gebraucht wurden: Bedarf - Bedarfe; Leerstand - Leerstände; Umsatz - Umsätze; Verbrauch - Verbräuche; Verkehr - Verkehre; Zukunft - Zukünfte.

Ebenso modisch wirkt es, wenn jedes beliebige Substantiv dazu benutzt wird, ein neues Verb daraus abzuleiten, z. B. aus dem Fachterminus Planfeststellung das Tätigkeitswort planfeststellen, aus dem Erheben eines neuen Beitrags vom Einkommen ein verbeitragen. Grundlage von Neubildungen ist manchmal das schlichte Suffix -e, angehängt an den Wortstamm. Es ermöglicht, die Art zu sprechen als Spreche und die Art zu schreiben als Schreibe zu bezeichnen. Nach dem gleichen Muster gebildet: Verkaufe, Denke, Anmache. Akzeptable Bereicherung oder modische Torheit? Geschmackssache!

Menschen, die andere von Berufs wegen informieren, dürfen nicht gegen die sprachlichen Normen verstoßen. Das wäre, wie wenn der Bauingenieur nicht rechnen kann.

Regel 20: Die Wörter lexikalisch korrekt gebrauchen

Wörter haben eine mehr oder weniger feste Bedeutung. Wer Nachrichten schreibt, sollte sich an Karl Kraus halten, der gesagt hat, schlampiger Umgang mit der Sprache sei immer auch schlampiger Umgang mit den Fakten. Hier ein paar Wörter, die man nicht verwechseln sollte:

Wenn ein Hausbesitzer seinen Nachbarn verklagt, hat er wahrscheinlich einen mehr oder weniger plausiblen Grund. Wenn aber ein Flugzeug abstürzt, hat diese Katastrophe keinen Grund, sondern eine Ursache. Ein Mordverdächtiger wird von der Polizei festgenommen. Verhaften kann ihn die Polizei nur, wenn bereits ein Haftbefehl vorliegt. Ein Mensch, der in ein fremdes Haus eindringt, ist ein Einbrecher, zum Räuber wird er erst, wenn er die Bewohner mit Gewalt bedroht. Und wer als neutraler Berichterstatter schreibt, der Angeklagte behaupte etwas, unterstellt indirekt, dass der Angeklagte lügt. Worte (im Sinne einer zusammenhängenden Äußerung) besagen etwas anderes als Wörter (im Sinne von einzelnen Vokabeln).

Wörter, bei denen man aufpassen muss: Es gibt mehrere Möglichkeiten, aber – im eigentlichen Wortsinn – jeweils nur eine Alternative. Scheinbar heißt, dass etwas in Wirklichkeit nicht so ist, wie es aussieht. Anscheinend besagt: Das könnte so sein, aber genau weiß ich es nicht. Das Gleiche ist nicht dasselbe. Zeitgleich heißt, dass zwei Läufer im Wettkampf die gleiche Zeit erreicht haben, gleichzeitig bedeutet, dass etwas zur gleichen Zeit geschehen ist. Das Wort offenbar ist in der Nachricht nur zu benutzen, wenn alle Tatsachen dafür sprechen, dass etwas so ist. Vergleichen kann man vieles, sofern es einen Vergleichspunkt gibt. Denn vergleichen bedeutet etwas anderes als gleichsetzen. Nicht jedes schreckliche Ereignis ist tragisch, und nicht jedes Problem ein Dilemma. Auf einer Bahre werden nur Leichen transportiert, für verletzte Fußballspieler nimmt man eine Trage.

Prozent **bezieht sich auf eine Grundmenge,** die mit 100 gleich gesetzt wird. *Prozentpunkte* sind die Differenz zwischen zwei Prozentzahlen. Nehmen wir den Fall, dass die Grünen in einem Bundesland ihren Stimmenanteil von vier auf sechs Prozent gesteigert haben. Das sind zwei *Prozentpunkte* mehr. Wollte man die Steigerung tatsächlich in *Prozenten* ausdrücken, wären es 50 *Prozent*!

Für den Tod eines Menschen gibt es mehrere Ausdrücke, die sich semantisch unterscheiden. Natürlicher Tod: sterben. Tod durch Aggression: getötet werden. Tod durch Unfälle und Katastrophen: ums Leben kommen. Bei Überfällen werden Menschen möglicherweise ermordet. Hingerichtet wird jemand nur nach einem tatsächlichen oder scheinbaren Gerichtsverfahren. Euthanasie heißt eigentlich *schöner, leichter Tod*, wurde aber in der NS-Zeit als Euphemismus für die Ermordung von Behinderten gebraucht. Deshalb sollte man Sterbehilfe nicht als Euthanasie bezeichnen.

Auch auf die regionalen Unterschiede im Sprachgebrauch ist beim Schreiben und Redigieren zu achten. In Norddeutschland heißt es Sonnabend, im Süden Samstag. In München wird Fasching gefeiert, in Mainz Fastnacht, in Köln Karneval. Im Ruhrgebiet gibt es Zechen, im Saarland werden die (seit 2012 geschlossenen) Kohlenbergwerke Gruben genannt. Zu Weihnachten ist norddeutsch, an Weihnachten süddeutsch. Ein Ausweg, der vielfach in Ostdeutschland benutzt wird: Weihnachten, Ostern und Pfingsten ohne Präposition.

Wörter, die leicht verwechselt werden

effektiv - effizient; fliehen - flüchten; Kandidat - Aspirant; legal - legitim; Quote - Quorum; praktisch - pragmatisch; Referenz - Reverenz; rational - rationell; sublim - subtil; überführt - übergeführt.

Ländernamen mit oder ohne Artikel? Die meisten Länder haben in der deutschen Sprache keinen Artikel, z. B. Frankreich, Italien, Russland. In Ausnahmefällen ist der Artikel zwingend. Es heißt `die Türkei`, `die Schweiz`, `das Elsass`, `die USA` (immer im Plural!). Bei einigen anderen Ländern herrscht Unsicherheit. Nur wenige deutschsprachige Medien haben sich dem englischen Sprachgebrauch angepasst und schreiben `Irak`, `Iran`, `Sudan` und `Libanon` ohne den männlichen Artikel. Die Agenturen und die Mehrheit der Medien folgen der deutschen Tradition, diese Länder mit einem `der` zu versehen. Der Duden lässt beides zu. Künstlich klingt die Voranstellung des Ländernamens als Genitivattribut: `Frankreichs Außenminister`, `Italiens Staatspräsident` . . . Bei Ländernamen, die den Artikel haben, ist diese Wortstellung schlicht falsch, z. B. wenn es heißt: `Saarlands Ministerpräsidentin` . . .

Schwierig wird es, wenn wir ins Deutsche ein französisches Wort übernehmen, das im Französischen ein anderes Geschlecht hat als die deutsche Entsprechung. Französisch heißt es *La Place de la Concorde,* wir sagen *der* Platz. Gilt nun bei der Übernahme die deutsche oder die französische Geschlechtsregel? Bei der Wortkombination *Place de la Concorde* orientieren sich die meisten deutschsprachigen Medien am französischen Sprachgebrauch und benutzen den weiblichen Artikel. Aber in der Sportberichterstattung heißt es nach wie vor *die Tour de France* und nicht (wie es richtig wäre) *der* Tour. Entscheidend ist auch hier, was der Leser, Hörer und Zuschauer mutmaßlich als *normal* empfindet.

Adjektive haben den Zweck, Personen oder Sachen unterscheidbar zu machen. Strittig ist in vielen Redaktionen die Frage, ob Adjektive bei Ortsnamen nur der Unterscheidung oder auch der Verdeutlichung dienen dürfen: im `pfälzischen Neustadt` – das ist korrekt, denn es gibt auch ein oberfränkisches, ein niedersächsisches und ein holsteinisches Neustadt.

Ist aber auch im `pfälzischen Edenkoben` zulässig? Puristen sagen Nein, denn den Ort gibt es nur in der Pfalz. Großzügigere Redakteure nehmen es hin, dass mit dem Adjektiv deutlich gemacht wird, wo der Ort liegt.

Um falschen Wortgebrauch handelt es sich bei Pleonasmen, die sich nicht selten auch in Nachrichten finden:

> `aktive Mitarbeit; auseinanderdividieren; Grundprinzipien; internationaler Weltstar; neu renoviert; Rückantwort; schwere Verwüstungen; wichtiger Meilenstein; Zukunftsprognose.`

Genauso falsch sind doppelte Steigerungen (Hyperlative): In keinster Weise war vielleicht einmal ein witziger Einfall. In der Wiederholung ist die Formulierung unsinnig, denn kein kann man nicht steigern Das Gleiche gilt für bestmöglichst, perfektest, optimalst und einzigst.

Aber noch einmal: Die Sprache lebt, und die Bedeutung einzelner Wörter kann sich verändern. Vor Ort hieß einst im Bergwerk, unter Tage. Heute ist es gleichbedeutend mit am Ort des Geschehens. Evakuieren heißt wörtlich entleeren. Man kann also nach dem ursprünglichen Wortsinn höchstens ein Haus oder einen Ort evakuieren, nicht aber die dort lebenden Menschen. Trotzdem werden seit dem 2. Weltkrieg in vielen Nachrichten immer wieder Menschen evakuiert.

In diesen Fällen ist der Bedeutungswandel nicht mehr rückgängig zu machen. Hinnehmbar erscheint er auch bei manchen Anglizismen: Kontrollieren heißt heute nicht nur überwachen, prüfen, sondern – entlehnt aus dem Englischen – auch beherrschen und steuern. Und wenn jemand unbedingt sagen will Das macht Sinn – why not?

Damit kann man sich blamieren

Die USA *hat* ... Richtig heißt es haben ...

... war gewesen... ist ein falsches Plusquamperfekt!

Die beiden ersten gemeint sind: Die ersten zwei

zwei Pizza's, drei Snack's ... falsche Pluralbildung mit *Deppenapostroph!*

52 Menschen wurden teilweise schwer verletzt am Arm leicht, am Bein schwer? Besser: 52 Menschen wurden verletzt, einige schwer.

vorprogrammiert ... unsinnige Verdoppelung, programmiert reicht.

Die Temperaturen werden wärmer. Nein. Temperaturen können höchstens steigen.

Die Preise werden teurer. Nein, höchstens die Waren. Preise steigen.

Die Olympiade ist der Zeitraum zwischen zwei olympischen Spielen, nicht die Veranstaltung selbst.

Auf der gestern stattgefundenen Pressekonferenz ... Falsch! stattgefunden kann nicht als Adjektiv benutzt werden

Die Todesursache Mayers . . . Geht nicht. Gemeint ist: Die Ursache von Mayers Tod . . .

Er wurde zu lebenslänglicher Haft verurteilt. Nein, höchstens zu lebenslanger Haft.

. . . so schnell als möglich. Falsch. Es heißt: . . . so schnell wie möglich . . .

Regel 21: Die grammatischen Regeln beachten

Parlamentsdebatten, Interviews, Pressemitteilungen – das ist vielfach der Stoff, aus dem Nachrichten gemacht sind: Äußerungen, die wir wörtlich wiedergeben, sinngemäß zitieren oder berichtend zusammenfassen. Die Fachleute sprechen von *Redewiedergabe*, auch wenn es sich keinesfalls immer um *Reden* im engeren Sinne handelt. Hier einige Formen der Redewiedergabe, die in Nachrichten vorkommen:

- **Direkte Rede:**
  Vorstandschef Müller sagte: „Ich bin mit der Entwicklung zufrieden. Die Gewinne sind um 20 Prozent gestiegen“.
  Modus, d. h. Aussageweise der Verben: Indikativ.
- **Indirekte Rede:**
  Müller sagte, er sei . . . zufrieden. Die Gewinne seien . . . gestiegen.
  Modus: Konjunktiv.
- **Indirekte Rede als dass-Satz:**
  Müller sagte, dass er . . . zufrieden sei. Die Gewinne seien . . . gestiegen.
  Modus: Konjunktiv.
- **Feststellender dass-Satz:**
  Müller sagte, dass er zufrieden ist. Er gab bekannt, dass die Gewinne . . . gestiegen sind.
  Modus: Indikativ.

Als Nachricht nur teilweise akzeptabel. Wissen wir, ob Müller `zufrieden ist`? Nein, also besser . . . `dass er zufrieden sei`.

- **Redebericht:**
  `Müller äußerte sich zufrieden. Er gab eine Gewinnstei-gerung von 20 Prozent bekannt.`
  Modus: Indikativ.

- **Tatsachenaussage mit Quellenangabe:**
  `Wie Müller sagte,` *ist* (nicht: sei) `er` . . . `zufrieden.`
  `Nach seinen Angaben` *sind* (nicht: seien) `die Gewinne` . . . `gestiegen.`
  Modus: Indikativ, auf keinen Fall Konjunktiv! Wird oft falsch gemacht! Wenn der Nachrichtenschreiber Zweifel an der Aussage Müllers hat, muss er eine andere Form der Redewiedergabe wählen – mit Konjunktiv.

- **Distanzierung mit dem Modalverb „sollen":**
  `Nach den Angaben von Müller sollen die Gewinne` . . . `gestiegen sein.`
  Modus: Indikativ.

- **Abstrahierte Rede:**
  `Müller zufrieden. Gewinne um 20 Prozent gestiegen.`
  Ohne gebeugtes Verb. Typische Schlagzeile.

Vor allem der Konjunktiv macht in der indirekten Rede Schwierigkeiten. Aus journalistischen Gründen ist er oft zwingend notwendig. Denn nur so kann der Nachrichtenschreiber zu Äußerungen anderer Personen Abstand halten. Aber heißt es nun *habe* oder *hätte*, *sei* oder *wäre?* Das eine ist Präsens, das andere Präteritum. Und die Regel für die indirekte Rede lautet:

Das Verb steht grundsätzlich im Konjunktiv I, der auch Konjunktiv Präsens genannt wird:

`Müller sagte, er sei . . . zufrieden.`

Das `sei` im Konjunktiv entspricht dem `ist` im Indikativ Präsens.

Allerdings gibt es viele Fälle, in denen sich wegen des *Zusammenfalls der Formen* Indikativ und Konjunktiv I gar nicht unterscheiden. Direkte Rede:

`Müller sagte: „Auf das Unternehmen kommen große Belas-tungen zu."`

Indirekte Rede:

```
Müller sagte, auf das Unternehmen kommen große Belas-
tungen zu.
```

Kommen? Das soll zwar Konjunktiv sein, klingt aber wie der *Indikativ.* Da heißt es auch kommen. Also greift eine Ersatzlösung: der Konjunktiv II, der auch als Konjunktiv des Präteritums bekannt ist. Richtig heißt es daher:

```
Müller sagte, auf das Unternehmen kämen große Belastun-
gen zu.
```

Abgeleitet wird dieses *kämen* vom Indikativ *kamen* .

In der Nachlässigkeit der Alltagssprache wird allerdings der Konjunktiv II oft auch dann benutzt, wenn der Konjunktiv I seine Funktion voll erfüllt. Negativbeispiel:

```
Müller sagte, die Gewinne wären um 20 Prozent gestiegen.
```

Dem Nachrichtenschreiber darf so etwas nicht passieren. Er sollte wissen, wie es richtig heißt:

```
Müller sagte, die Gewinne seien um 20 Prozent gestiegen.
```

Der Konjunktiv II passt in diesem Beispiel nur dann, wenn der Satz etwas ganz anderes ausdrücken soll:

```
Müller sagte, die Gewinne wären auch in diesem Jahr
gestiegen, wenn sich die Kosten nicht so drastisch erhöht
hätten.
```

Die Gewinne sind also in Wirklichkeit *nicht* gestiegen. Diese Aussageform heißt *Irrealis.* Auch im folgenden Satz ist der Konjunktiv des Präteritums korrekt:

```
Müller sagte, die Gewinnaussichten wären durchaus gut,
wenn sich die Kosten senken ließen.
```

Die Gewinnaussichten sind also von einer Bedingung, einer Kondition, abhängig, deren Erfüllung noch völlig offen ist. Aussageform: *Konditionalis.*

Manche Redaktionen versuchen, den Konjunktiv zu vermeiden, wo immer es geht. Sie wollen damit dem Leser, Hörer oder Zuschauer entgegenkommen. Das ist ehrenwert, darf aber nicht dazu führen, dass sinnvolle grammatische Regeln verletzt werden. Zum Beispiel ist es falsch, in der *indirekten Rede* zwischen Konjunktiv und Indikativ abzuwechseln, wenn man mehrere Sätze zitiert. Negativbeispiel:

```
Der Ministerpräsident sagte, die Agrarsubventionen
müssten beibehalten werden, weil die Zahl der Bauernhöfe
stark gesunken ist.
```

Es muss heißen `... weil die Zahl gesunken sei.` Denn in der indirekten Rede wandern *alle* zitierten Äußerungen in den Konjunktiv – egal, ob sie Meinungen oder Tatsachen ausdrücken.

Oder der Konjunktiv wird eingesetzt, wo er gar nicht stehen darf: bei der *Tatsachenaussage mit Quellenangabe* (siehe oben *Redewiedergabe*). Grund dafür ist das Bestreben, keine fremden Angaben ohne Distanzierung zu übernehmen. Trotzdem falsch, hier hat die Grammatik Vorrang! Negativbeispiel:

```
Wie die Feuerwehr mitteilte, sei der Brand vermutlich
von einem 16-Jährigen gelegt worden.
```

Richtig muss es heißen:

```
Wie die Feuerwehr mitteilte, ist der Brand . . . gelegt
worden.
```

Der vorangestellte adverbiale Nebensatz ist nur eine nachrichtentypische Einleitungsfloskel. Die zentrale Aussage im Hauptsatz steht im Indikativ: Das Gleiche gilt, wenn der Satz mit einer adverbialen Bestimmung, einer *Präpositionalphrase,* beginnt. Falsch:

```
Nach Angaben der Feuerwehr sei der Brand vermutlich von
einem 16-Jährigen gelegt worden.
```

Richtig:

```
Nach Angaben der Feuerwehr ist der Brand . . . gelegt
worden.
```

Gestritten wird in manchen Redaktionen auch darüber, ob bei *bestimmten Mengenangaben* für das nachfolgende Verb der Singular oder der Plural genommen wird. Dabei ist es ganz einfach: Plural, wenn das Subjekt im Plural steht und das Zahlwort nur ein Zusatz ist:

```
Eine Million Franzosen haben neue Kommunalparlamente
gewählt.
```

Das Subjekt des Satzes lautet `Franzosen` und nicht `Eine Million`. Falsch wäre es also zu schreiben:

```
Eine Million Franzosen hat neue Kommunalparlamente ge-
wählt.
```

Der Singular wird benutzt, wenn die Mengenangabe selbst Subjekt des Satzes ist und im Singular steht:

```
Ein Viertel der Deutschen tritt dafür ein, den Soli
abzuschaffen.
```

Falsch wäre:

```
Ein Viertel der Deutschen treten dafür ein, den Soli
abzuschaffen.
```

Im Singular steht das nachfolgende Verb auch, wenn es sich bei der Mengenangabe gar nicht um ein Zahlwort, sondern um einen allgemeinen Begriff handelt:

```
Eine Herde Schafe ist ausgebrochen.
```

Am Anfang diesen Sommers?

Grammatisch ist das falsch, denn wenn wir ordentlich deklinieren, heißt es zweifellos: `dieser Sommer, dieses Sommers, diesem Sommer, diesen Sommer`. Und die Qualitätsmedien machen es in der Regel richtig. Aber es bleiben Zweifel. `Am Anfang diesen Sommers` - klingt das nicht ganz passabel? Zumindest einzelne Vertreter der Linguistik sind dieser Meinung. Peter Eisenberg, emeritierter Germanistik-Professor, argumentiert, `diesen Sommers` ... sei „wohlgeformt" und „Ausdruck einer hohen Flexibilität des Sprachsystems". Er verweist darauf, dass man ja auch unbefangen Am Anfang vorigen Sommers sagt. Wieder einmal: die Sprache im Wandel und wir Journalisten ratlos? Empfehlung: Trotz Eisenberg bei dieses Sommers bleiben!

Genitiv oder Dativ? Auch das ist vielfach eine Streitfrage. In welchem Kasus steht das Substantiv nach bestimmten Präpositionen? Hier ein paar Antworten:

Richtig	Falsch
Trotz des Regens	Trotz dem Regen
Wegen des Schneefalls	Wegen dem Schneefall
Dank des Einsatzes	Dank dem Einsatz
Während des Gesprächs	Während dem Gespräch
Statt eines Berichts	Statt einem Bericht
Unweit des Platzes	Unweit dem Platz
Laut einem Sprecher	Laut eines Sprechers
Nahe dem Bahnhof	Nahe des Bahnhofes
Entgegen dem Trend	Entgegen des Trends
Gemäß dem Paragraphen	Gemäß des Paragraphen

In einigen Fällen erlaubt der Duden beides: ... trotz des schlechten Wetters (Genitiv) und trotz schlechtem Wetter (Dativ, aber nur weil hier der Artikel fehlt).

Verpflichtend ist standardsprachlich das Genitiv-S, das manchmal irrtümlich weggelassen wird. Auch Namen und Fachwörter müssen laut Duden gebeugt werden. Es heißt also: In einem Interview des „Spiegels" . . . und die Regeln des Triathlons. Bei geographischen Bezeichnungen und bei Abkürzungen darf das S des Genitivs wegfallen, es kann aber auch stehen bleiben. Richtig ist also beides: des Iraks und des Irak, des Pkws und des Pkw.

Sprachpuristen beklagen immer wieder, dass Adverbien regelwidrig als Adjektive gebraucht werden. Klar: Kein Journalist wird von dem aufen Geschäft sprechen. Aber wie ist es mit dem schrittweisen Truppenabzug oder der `probeweisen` Einführung einer Studiengebühr? Hier sagt der Duden überraschend: Das geht. Adverbien, die aus einem Substantiv und dem Zusatz *-weise* gebildet sind, können einem Substantiv als Attribut vorangestellt und dekliniert werden, wenn das Substantiv ein Geschehen oder eine Tätigkeit bezeichnet. Eine Kann-Regel, der man nicht folgen muss. Statt von einer `zeitweisen` kann man ja auch von einer `zeitweiligen` Straßensperrung sprechen.

Richtige Grammatik – das heißt auch die Zeitenfolge beachten. Wenn wir von Dingen reden, die sich vor kurzer Zeit ereignet haben – vor ein paar Minuten oder am Tag davor, benutzen wir als Zeitform das *Perfekt.* Wir sagen:

`Ich habe mir ein neues Auto gekauft` und nicht
`Ich kaufte mir ein neues Auto.`

Ein Sachverhalt, der zwar vergangen ist, aber weiter wirkt:

`Ich habe mir ein neues Auto gekauft - jetzt steht es vor`
`der Tür.`

Der Leadsatz der Nachricht steht deshalb meistens im Perfekt. Denn Nachrichten handeln in der Regel von Ereignissen, die gerade passiert und weiterhin *aktuell* sind:

`Nach einer Explosion ist in Hamburg ein sechsstöckiges`
`Wohnhaus eingestürzt.`

Das Perfekt verbindet Vergangenheit und Gegenwart:

`Das Haus ist eingestürzt. Jetzt liegt es in Trümmern.`

In den folgenden Sätzen geht es meistens entweder im Präteritum oder im Präsens weiter. Das hat vor allem mit unserem Stilempfinden zu tun. Denn eigentlich müssten wir im Perfekt bleiben, weil auch die anderen Fakten noch in die Gegenwart reichen:

`Mehrere Nachbargebäude sind schwer beschädigt worden.`
`Zwei Bewohner sind geborgen worden.`

In einem kurzen Zuruf würden wir uns in der Tat so ausdrücken. In der schriftlich fixierten Nachricht wechseln wir in der Regel in das Präteritum – aus ästhetischen Gründen, hauptsächlich um den Gleichklang zu vermeiden. Wir schreiben also:

```
Mehrere Nachbargebäude wurden schwer beschädigt. Zwei
Bewohner konnten geborgen werden.
```

Wenn zusätzlich von früheren Ereignissen zu berichten ist, dann geschieht das in einer weiteren Zeitform: im *Plusquamperfekt*:

```
Vor zwei Wochen hatte sich in einem anderen Stadtteil
eine ähnliche Explosion ereignet.
```

Die einmalige Benutzung des Plusquamperfekts ist völlig ausreichend, um klarzumachen, dass wir uns auf einer anderen Zeitebene befinden. Nach dem ersten Satz also zurück ins Präteritum:

```
Dabei stürzte ebenfalls ein Haus ein.
Drei Menschen kamen damals ums Leben.
```

Bei der Verknüpfung von Haupt- und Nebensatz ist die Zeitenfolge manchmal strittig. Dabei gilt die einfache Regel: Wenn sich die Ereignisse auf unterschiedlichen Zeitebenen abspielen, wird das durch entsprechende Zeitformen deutlich gemacht. Ein Beispiel für die Zeitenfolge Perfekt – Plusquamperfekt:

```
In der Bestechungsaffäre ist Verkehrsminister Mayer
heute zurückgetreten, obwohl er gestern noch die Annahme
von Geld bestritten hatte.
```

Zwei Zeitebenen lassen sich auch mit Präsens und Perfekt darstellen:

```
An der Atlantikküste versuchen freiwillige Helfer den
Strand zu reinigen, an dem gestern mehrere kleine Öltep-
piche angetrieben sind.
```

Regel 22: Die sprachliche Logik beachten

Sprachlogisch falsch sind alle Sätze, die etwas behaupten, was genau genommen gar nicht stimmen kann. Das ist der Fall, wenn die Sätze

- *Bilder* enthalten, die nicht zusammenpassen oder
- *Aussagen* machen, die niemand nachprüfen kann.

Wenn zwei Bilder kombiniert werden, die nicht zusammenpassen, entstehen als besonders häufige Fehlleistungen die *Stilblüten*. Sie kommen vielfach daher, dass die Sprache metaphorische Wendungen enthält, deren ursprünglicher Inhalt nicht mehr wahrgenommen wird. Die Sprachwissenschaftler nennen den Bildermix *Katachrese*, Missbrauch von Metaphern, z. b. wenn die Opposition einen `Erdrutschsieg erringt`; wenn die Regierung `eine Hürde umschifft`; wenn Menschen `ins Bodenlose stürzen`, `weil sie kein Dach über dem Kopf finden` oder wenn ein Bundesland `Vorreiter beim Bau von Elektroautos` werden will.

Eine besonders peinliche Stilblüte gelang den Medien, die meldeten, der beinamputierte südafrikanische Sportler Oscar Pistorius sei weiter `auf freiem Fuß`.

Sprachlicher Nonsens kann auch entstehen, wenn einem Wortkompositum ein Adjektiv vorangestellt wird, das nur mit einem Teil des Kompositums zusammenpasst:

`eine schwere Unwetterwarnung, die alternative Energieforschung, der vierköpfige Familienvater, das Erneuerbare Energien Gesetz.`

Genauso unkorrekt ist es, wenn eine einzelne Metapher in sich nicht stimmig ist, z. B. wenn es heißt, der Vorschlag eines Politikers habe ein `unterschiedliches Echo ausgelöst`. Wer hat jemals in der Natur ein unterschiedliches *Echo* vernommen? Das gibt es nicht, also kann man es auch nicht als Bild verwenden. Andererseits ist das Bild so verblasst, dass viele das `unterschiedliche Echo` unreflektiert mit `unterschiedlichen Reaktionen` gleichsetzen.

Sprachlogisch falsch und journalistisch fahrlässig handelt der Nachrichtenredakteur auch, wenn er unüberprüfbare fremde Behauptungen naiv akzeptiert und in die eigene Aussage übernimmt. Negativbeispiel:

`Ministerpräsident Schulze ist davon überzeugt, dass die SPD bei den Landtagswahlen am Sonntag wieder die absolute Mehrheit bekommt.`

Woher kennt der Journalist die Überzeugung des Ministerpräsidenten? Ist er so blauäugig, dass er den Worten des Politikers einfach glaubt? Ein sträflicher Mangel an Misstrauen! In korrekter Formulierung kann es nur heißen:

```
Ministerpräsident Schulze sagte, er sei überzeugt, dass
die SPD bei den Landtagswahlen am Sonntag wieder die
absolute Mehrheit bekomme.
```

Für andere nicht überprüfbare Behauptungen gilt das Gleiche:

```
Mayer hat seine Entschlossenheit bekräftigt ...
Müller sieht keine Möglichkeit ...
Schneider hofft . . .
```

Woher wissen wir, ob die genannten Personen tatsächlich entschlossen sind, ob sie wirklich keine Möglichkeit sehen und ob sie in der Tat hoffen oder ob sie das alles nur sagen. Journalistisch korrekt können wir also nur formulieren:

```
Mayer hat gesagt, er sei entschlossen
Müller sagte, er sehe keine Möglichkeit
Schneider hofft nach eigenen Angaben
```

Distanz als journalistische Grundtugend!

Der DDR-Staats- und Parteichef Walter Ulbricht sagte am 15. Juni 1961: Niemand hat die Absicht, eine Mauer zu errichten. Durfte die Schlagzeile damals lauten: Die DDR beabsichtigt keinen Mauerbau in Berlin. Nein!

Leichtfertig ist oft auch der Gebrauch von Modalverben. Die Autobahn musste für zwei Stunden voll gesperrt werden. Musste? War es wirklich nötig? Hätte man nicht doch eine Fahrspur freihalten können? Wir wissen es nicht, übernehmen aber naiv die Aussage der Behörden. Der Sprecher der Bundesregierung wollte dazu nichts sagen. Wollte er nicht? Konnte er nicht? Durfte er nicht? Also Vorsicht!

Manchmal genügt ein Wort mit drei bis fünf Buchstaben, um den Sinn eines Satzes radikal zu verändern: die Benutzung des bestimmten oder des unbestimmten Artikels:

```
Der Außenminister hat vor der Bedrohung des Westens durch
den Islamismus gewarnt.
```

In dieser Formulierung, d. h. bei Benutzung des bestimmten Artikels, gibt es diese Bedrohung tatsächlich. Anders sieht es aus, wenn der Journalist den *un*bestimmten Artikel benutzt:

Der Außenminister hat vor *einer* Bedrohung des Westens . . . gewarnt.

Damit bleibt der Schreiber auf Distanz. Er hat das semantische Mittel, das zur Verfügung steht, korrekt angewandt.

Zur journalistischen Grundkompetenz gehört auch die Rechtschreibung. Das gilt umso mehr, als es viele Internet-Nutzer beim E-Mail-Schreiben oder Posten nicht so genau nehmen:

Regel 23: Orthografisch richtig schreiben

Durch die Rechtschreib-Reform von 1996 sind die orthografischen Regeln transparenter und schlüssiger geworden, obwohl es noch immer einige Widersprüche gibt. Lange Zeit war die Reform umkämpft. Aber seit einer letzten Überarbeitung 2006 herrscht weitgehend Ruhe. Für Fälle, in denen unterschiedliche Varianten zulässig sind, haben sich viele Verlage und Nachrichtenagenturen auf *Hausorthografien* festgelegt. Eigene Regeln hat sich die Schweizerische Depeschenagentur sda vorbehalten, so den völligen Verzicht auf das *ß*: sda schreibt drausssen und nicht draußen. Ein paar Zweifelsfragen:

Doppel-S oder ß? Nach kurzem Vokal steht das Doppel-S, nach langem Vokal oder Doppellaut das ß, also Fass, Fuß und Strauß. Einzelne Wörter werden so geschrieben wie das Wort, von dem sie sich ableiten, also nummerieren (kommt von *Nummer*), Gräuel (kommt von *Grauen*), platzieren (kommt von Platz).

Verbindungen aus Substantiv und Verb schreibt man getrennt, also Rad fahren. Das Gleiche gilt in der Regel auch für Verbindungen aus zwei Verben (lesen üben). Wenn die Kombination aber eine übertragene Bedeutung hat, kann man die beiden Wörter auch – wie früher – zusammenschreiben: kennenlernen, sitzenbleiben.

Verbindungen aus Adjektiv und Verb können getrennt oder zusammen geschrieben werden, z. B. klein schneiden oder kleinschneiden. Wenn
aber eine neue Gesamtbedeutung entstanden ist, werden beide Bestandteile zusammengeschrieben, z. B. einen Gegner kaltstellen, jeden Abend
fernsehen. Wahlfreiheit herrscht auch bei der Verbindung von Partizipien und
Adjektiven mit anderen Wörtern, also entweder Erdöl exportierend oder
erdölexportierend, allein erziehend oder alleinerziehend,
schwer krank oder schwerkrank. Einige Komposita müssen wegen ihrer
neuen Gesamtbedeutung zusammengeschrieben werden, z. B. ausschlagge-
bend, gewinnbringend.

Groß oder klein? Grundsätzlich groß geschrieben werden alle Substantive, auch
wenn sie mit anderen Wortarten standardmäßig verbunden sind: außer Acht
lassen, im Dunkeln tappen. Es heißt heute Abend und abends um
Neun. Im Ausnahmefall ist Groß- und Kleinschreibung zulässig: Recht haben
und recht haben. Aber Vorsicht! Substantive in Verbindung mit den Verben
sein, bleiben oder werden gelten nicht mehr als Substantive und werden
deshalb (wie früher) klein geschrieben: er ist schuld, ihm wird angst.
Normale Adjektive in Standardverbindungen mit Substantiven werden in der Regel
kleingeschrieben: die schwarze Liste, der erste Spatenstich.
Großgeschrieben wird nur, wenn die Wortverbindung eine übertragene Bedeutung
bekommen hat: der Runde Tisch, die Aktuelle Stunde.
Bei der Silbentrennung wurden in der Rechtschreibreform alte Zöpfe abgeschnitten. *st* wird getrennt (ros-ten) und beim *ck* entfällt der Krampf, bei der
Trennung zwei k schreiben zu müssen (früher: Zuk-ker, jetzt: Zu-cker).

Zur Hausorthografie der deutschsprachigen Nachrichtenagenturen gehören folgende Festlegungen:

- Wenn in einem zusammengesetzten Wort *drei Vokale* aufeinander treffen, wird
  ein Bindestrich gesetzt (Tee-Ernte).
- In *Fremdwörtern aus lebenden Sprachen* wird die herkunftsnahe Schreibweise
  beibehalten (Spaghetti, nicht Spagetti).
- Allgemein gebräuchliche *Fremdwörter aus Latein und Altgriechisch* werden in
  neuer Schreibung verwendet: Typografie, Megafon. In fachsprachlichem
  Zusammenhang bleibt es bei der alten Schreibweise: Photosynthese.
- *Komposita aus dem Englischen*, die aus zwei Substantiven bestehen, werden
  mit Bindestrich geschrieben: Centre-Court, Job-Sharing.

- Englische Komposita aus *Adjektiv und Substantiv* werden getrennt geschrieben: `Fast Food, Joint Venture.`
- *Von Personennamen abgeleitete Adjektive* werden von den Agenturen – in Abweichung von der gültigen Regel – weiterhin großgeschrieben: `die Goethe-schen Gedichte.`

▶ **Merksätze**

1. Nachrichten müssen verständlich, wertungsfrei, alltagstauglich und korrekt sein.
2. Für eine maximale Verständlichkeit gibt es Tipps: kurze Sinnschritte, keine überdehnten Satzklammern, die Neuigkeit nach hinten, logische Verknüpfung, bekannte Wörter, keine Synonyme, konkret statt abstrakt.
3. Wertungsfrei heißt: Euphemismen und Kampfbegriffe vermeiden. Parteiliche Wörter nicht ohne Distanzierung benutzen. Politisch korrekt – mit Augenmaß.
4. Ein eigener Nachrichtenjargon ist kontraproduktiv: medienspezifische Floskeln möglichst vermeiden.
5. Korrektes Deutsch heißt: auf den genauen Wortsinn achten, die grammatischen Regeln einhalten (auch und gerade beim Konjunktiv), orthografisch richtig schreiben.

Weiterführende Literatur

Ines Bose, Dietz Schwiesau (Hg.): Nachrichten schreiben, sprechen, hören (Berlin: Frank & Timme 2011)

Harald Burger: Die Sprache der Massenmedien (Berlin, New York: Gruyter 1990)

Karl-Heinz Göttert: Deutsch (Berlin: Ullstein 2010)

Jürg Häusermann: Schreiben (Konstanz: UVK 2008)

Antje Kelle: Stilsicher schreiben (Mannheim: Duden 2010)

Ernst Pöppel: Grenzen des Bewusstseins (Frankfurt/M: Insel 2000)

Karsten Rinas: Sprache, Stil und starke Sprüche (Darmstadt: Lambert Schneider 2011)

Willy Sanders: Stilsalat und Wortgemenge (Darmstadt: WBG 2011)

Bastian Sick: Der Dativ ist dem Genitiv sein Tod (5 Bände, Köln: Kiepenheuer &
Witsch 2004–2013)

Wolf Schneider: Deutsch für Profis. Wege zu gutem Stil (München: Goldmann
1999)

Dieter E. Zimmer: Deutsch und anders. Sprache im Modernisierungsfieber (Hamburg: Rowohlt 2002)

Der „Stylus" der Nachrichten

Der Nachrichtenhändler Johann Carolus hatte in Straßburg mehrere Jahre Nachrichten gekauft, mühsam 15 bis 20 mal mit der Hand abgeschrieben und „ettlichen
herren umb ein gewiß Jahrgelt" verkauft. Als der Besitzer einer großen „Tru-
ckerey" starb, war seine Stunde gekommen: Der 29-jährige Carolus erwarb die
Druckerei und beantragte beim Rat, „Zur befürderung und gewinnung der Zeit",
Avisen „setzen/ufflegen unnd trucken" zu lassen. Der Magistrat war einverstanden
und Carolus konnte vermutlich ab 1605 wöchentlich seine „Relation" herausgeben,
die erste Zeitung der Welt.

„Rein, klar, kurz, munter, fließend, hurtig und sinnreich" – so sollte der „Stylus" der Nachrichten sein, forderten die ersten Pressekritiker. Die Sprache der
„Relation" war trocken. Doch den ersten „Zeitunger" traf keine Schuld. Carolus
druckte die Nachrichten der Korrespondenten, „ohn einigen Zusatz, wie sie ge-
schriben hieher kommen." Da sie oft aus dem Ausland kamen, mussten sie aber
übersetzt werden. Carolus stöhnte, seine Zeitung müsse „bey der Nacht eylend ge-
fertigt werden". Auf neue Nachrichten war Carolus stolz: Jüngst ist vermeld
worden . . . , Letste Brieff von Andorff avisieren (1609). Auf
den Neuigkeitswert der Nachrichten haben Journalisten zu allen Zeiten gern hingewiesen: Eben jetzt vernehme ich die mittelst Expressen hier
eingelangte Nachricht ... (1789). Wenn es keine neuen Nachrichten gab,
war auch das ein Thema: Dißmahl nichts neues.

Die „Mainzer Zeitung" wusste es genau, auch wenn die Situation 1848 in Berlin unübersichtlich war: Aus sicherer Quelle kann ich Ihnen die
erfreuliche Nachricht melden ... Weil Glaubwürdigkeit in der Nachrichtengeschichte eine herausragende Rolle gespielt hat, war es immer wichtig,
eine Quelle anzugeben. Man sagte, was man wusste – und was man nicht wusste:
Die aus Corsica einlauffende Nachrichten sind gar unter-

`schieden . . .` (1730), `Wir geben diese Nachricht, ohne uns`
`für deren Verbürgtheit besonders zu verbürgen . . .` (1848)
Es galt der Grundsatz, den der Redakteur Daniel Hartnack 1688 beschrieben
hat: „Relato refero: Wie mirs verkaufft ist/so geb ich's wieder." Um die Quelle zu
schützen, zum Beispiel gegen die Zensur, waren die Angaben oft anonym: `Wie`
`aus dem Bremischen verlautet, so negotiiert der Französi-`
`sche Ambassadeur fleissig mit dem Feldherrn Wrangel` (1667).

Mit dem Telegrafen begann ab 1849 auch die Professionalisierung des Nach-
richtengeschäfts. Der Telegraf veränderte den Aufbau der Nachrichten und ihre
Sprache. Bis dahin waren Nachrichtenkorrespondenten vor allem „federgewandte
Schöngeister", berichtet der Presseforscher Heinrich Wuttke 1875. Sie verstanden
sich als Schriftsteller und gaben deshalb auch „ihr Urteil unverholen" kund. Mit
der Sprache der Nachrichten war Wuttke allerdings immer noch nicht zufrieden.
Er beklagte „nicht selten abgerissene Nachrichten", für die er „herumstümpernde
Gesellen" verantwortlich machte, vor allem in den „Telegrammschmieden". Der
Zeitungskritiker Erich Löbl zürnte noch 1903: „Das moderne Zeitungstelegramm",
das „formlose Hinwerfen eines unverarbeiteten Tatsachenmaterials" erinnerten an
die alten Relationen. „Ein empfindlicher Übelstand ist, dass die Schriftstellerei
vom Telegraphen totgeschlagen wird. In die Presse ist ein nervöser hastiger Zug
geraten; die behagliche, wohlabgerundete, von schriftstellerischem Ehrgeiz ge-
tragene Darstellung des geschriebenen Briefes ist nicht mehr recht heimisch in
unseren Blättern."

Unter den Nationalsozialisten hatten sich die Medien an „Sprachregelungen"
bzw. „Tagesparolen des Reichspressechefs" zu halten:

22. August 1938: Das Propagandaministerium bittet, das Wort antisemitisch oder
Antisemitismus zu vermeiden. Es soll stattdessen das Wort antijüdisch gebraucht
werden.

1. September 1939: Das Wort Krieg muss vermieden werden. Deutschland schlägt
einen polnischen Angriff zurück. Das ist die Devise.

6. Oktober 1941: Es soll nicht mehr von sowjetischen Soldaten gesprochen werden,
sondern höchstens von Sowjetarmisten oder einfach von Bolschewisten, Bestien
und Tieren.

Wenn die DDR-Obrigkeit offizielle Nachrichten verbreiten ließ, lebte die Sprache des 17. Jahrhunderts wieder auf. An die Mitteilung von einem Fürstenhof
erinnert diese Meldung der staatlichen DDR-Nachrichtenagentur ADN:

Belgrad (ADN). Zu einem freundschaftlichen Gespräch
sind Radovan Makić, Mitglied des Bundesexekutivrates
der Sozialistischen Föderativen Republik Jugoslawi-
en und Vorsitzender der jugoslawischen Sektion des
Gemeinsamen Komitees für die wirtschaftliche und wis-
senschaftlich-technische Zusammenarbeit zwischen der
DDR und der SFRJ, und Horst Tschanter, Stellvertre-
ter des Vorsitzenden der Staatlichen Plankommission
und stellvertretender Vorsitzender der DDR-Sektion im
Gemeinsamen Wirtschaftskomitee, in Belgrad zusammenge-
troffen.

„Je voller der Mund, desto leerer die Sprüche", unter diesem Titel beschrieb
der Schriftsteller Stefan Heym 1977 seine Erfahrungen mit der DDR-Nachrichten-
sendung „Aktuelle Kamera":

„Die Sprache ist Hoch-DDRsch, gepflegt bürokratisch, voll hochtönender Sub-
stantiva, die mit den entsprechenden Adjektiven verbrämt werden. Hier eine keineswegs vollständige Liste.

Veränderung ist immer tiefgreifend

Verwirklichung – zielstrebig

Gedankenaustausch – umfassend

Atmosphäre – schöpferisch

Anlagen – vorrangig

Beratung – eingehend

Beschluss – weitreichend

Fundament – unerschütterlich

Vertrauensverhältnis – unzerstörbar

Bekenntnis – eindrucksvoll

Verwirklichung – vollinhaltlich

Stärkung – allseitig

Voraussetzung – grundlegend

Anerkennung – weltweit

Wachstum – dynamisch"

Was Professor Erich Straßner zu sagen hatte, sorgte 1971 im Kongresshaus Baden-Baden für einen Eklat: „Bei der Vermittlung der Nachrichten durch den Rundfunk wird vor der Information ein Zaun von Sprache errichtet, der einem großen Teil der Konsumenten die Rezeption unmöglich macht." Das war starker Tobak – und der Auftakt einer langen, öffentlichen Debatte über die Nachrichtensprache. Die ARD-Nachrichtenchefs klagten, ihre Nachrichten seien ins „Sperrfeuer der Wissenschaft" geraten. Reformen lehnten sie ab. Die Linguisten sollten doch lieber in „ihren Studierstuben die Syntax von Goethe und Brecht analysieren". Erst nach zehn Jahren rauften sich Wissenschaftler und Praktiker zusammen. Beide Seiten hätten davon profitiert, erklärten sie. Die Nachrichten seien verständlicher geworden. Und alle waren erstaunt, dass es möglich war, dass in Deutschland die „Heilige Kuh herkömmlicher Rundfunknachrichten unters Messer" kommen konnte.

Weiterführende Literatur

Gerd Fritz / Erich Straßner (Hrsg.): Die Sprache der ersten Wochenzeitungen im 17. Jahrhundert (Tübingen: Niemeyer 1996)

Ulrike Haß-Zumkehr: „Wie glaubwürdige Nachrichten versichert haben": Formulierungstraditionen in Zeitungsnachrichten des 17. bis 20. Jahrhunderts (Tübingen: Narr 1998)

Rudolf Stöber: Deutsche Pressegeschichte: (Konstanz: UVK 2000)

Dietz Schwiesau: Nachrichten „im Sperrfeuer" der Wissenschaft. Die große Debatte um die Hörfunknachrichten und ihre Sprache. In: Ines Bose, Dietz Schwiesau (Hg.): Nachrichten schreiben, sprechen, hören (Berlin: Frank & Timme 2011)

Das Nachrichtenrecht

von Katrin Neukamm

Zusammenfassung

Die Freiheit der Berichterstattung ist im Grundgesetz garantiert. Die Rechte der Personen und Institutionen, über die berichtet wird, setzten der Freiheit Grenzen. Besonderen Schutz genießen die Intim- und Privatsphäre, das Recht am eigenen Bild und das Recht der persönlichen Ehre. Oberster journalistischer Grundsatz ist die Achtung der Wahrheit. Journalisten genießen Privilegien, wie das Zeugnisverweigerungsrecht und der Auskunftsanspruch gegenüber Behörden. Das Kapitel hilft Journalisten, die richtigen Entscheidungen zu treffen, und warnt vor rechtlichen Fallstricken.

Eine Lokalredaktion erhält Hinweise, wonach der Oberbürgermeister beim Bau seines Privathauses die kostenlose Hilfe einer städtischen Baugesellschaft in Anspruch genommen haben soll. Wann darf die Redaktion mit diesen Vorwürfen an die Öffentlichkeit gehen?

Eine andere Redaktion erfährt, dass der hoch betagte Gründer einer Handelskette gestorben ist. Von der Familie wird der Tod bestätigt, die Angehörigen bitten aber darum, mit der Veröffentlichung bis nach der Beisetzung zu warten. Wie verhält sich die Redaktion?

Ein Fotoreporter schießt ein Bild von einem Fußball-Nationalspieler – händchenhaltend mit einer bisher unbekannten Frau. Darf die Redaktion das Bild veröffentlichen?

Journalisten sind bei ihrer Arbeit an Recht und Gesetz gebunden. Es gilt für sie kein Sonderrecht, selbst dann nicht, wenn sie Skandale von beträchtlichem gesellschaftlichem Interesse aufdecken. Außerdem gibt es eine journalistische Berufsethik, die Regeln für die Berichterstattung und das journalistische Verhalten

© Springer Fachmedien Wiesbaden 2016
D. Schwiesau und J. Ohler, *Nachrichten – klassisch und multimedial*,
Journalistische Praxis, DOI 10.1007/978-3-658-08717-3_7

aufstellt. Dieses Kapitel widmet sich konkreten rechtlichen und berufsethischen Fragen, mit denen der Journalist in der täglichen Praxis häufig konfrontiert ist. Patentlösungen werden nicht angeboten, wohl aber Maßstäbe, die es erleichtern, in der täglichen Praxis richtig zu entscheiden.

Die Abwägung – das bestimmende Prinzip

Art. 5 Abs. 1 GG: *Jeder hat das Recht, seine Meinung in Wort, Schrift und Bild frei zu äußern und zu verbreiten und sich aus allgemein zugänglichen Quellen ungehindert zu unterrichten. Die Pressefreiheit und die Freiheit der Berichterstattung durch Rundfunk und Film werden gewährleistet. Eine Zensur findet nicht statt.*

Die Presse- und die Rundfunkfreiheit sind verfassungsrechtlich geschützt. Sie umfassen einen weiten Tätigkeitsbereich, der von der Recherche bis zur Veröffentlichung und Verbreitung von Nachrichten und Meinungen reicht. Das gilt gleichermaßen für klassische Druckerzeugnisse oder Sendungen und für digitale Veröffentlichungen. Thema und Qualität der Inhalte sind dabei ohne Bedeutung. Ein unterhaltender Bildbeitrag ist im Grundsatz genauso geschützt wie eine herausragende politische Nachricht.

Die Presse- und die Rundfunkfreiheit gelten aber nicht uneingeschränkt. Vielmehr muss der Journalist ständig abwägen – zwischen dem Informationsinteresse der Öffentlichkeit und den Rechten der Personen und Institutionen, über die berichtet wird. Bei privaten Personen spielen das allgemeine Persönlichkeitsrecht und das Recht der persönlichen Ehre eine besonders große Rolle.

Journalistische Sorgfaltspflicht

In einer Tageszeitung wird über einen Frauenarzt berichtet, der in mehreren Fällen bewusst fälschlich Brustkrebs diagnostiziert haben soll, um teure Behandlungen und Operationen abrechnen zu können. Der Frauenarzt bestreitet die Vorwürfe. Die Nachricht stützt sich auf Aussagen eines medizinischen Gutachters, dass der Arzt nicht ausreichend für die Brust-Operationen qualifiziert gewesen sei. Die Staatsanwaltschaft hat die Krankenakten beschlagnahmt.

Durfte über den Tatvorwurf berichtet werden? Welche Aspekte mussten bei der Formulierung des Textes beachtet werden? Wie wäre die Situation zu bewerten, wenn der Journalist die Nachricht nur aufgrund der Hinweise einer Patientin verfasst hätte? Durfte er den Bericht veröffentlichen, ohne vorher mit dem Frauenarzt über den Verdacht zu sprechen?

Jeder Journalist ist zur wahrheitsgemäßen Berichterstattung verpflichtet. Das bedeutet, dass er alle Behauptungen mit der gebotenen Sorgfalt auf deren Wahrheit und Herkunft zu prüfen hat, bevor er sie veröffentlicht. Verlangt wird, dass er sich grundsätzlich und redlich um Wahrheit bemüht, auch wenn sie objektiv nicht erreichbar ist. Auch über Vorgänge, bei denen die Wahrheit nicht ermittelt werden konnte, darf der Journalist berichten, wenn er sie nach sorgfältiger Recherche für richtig hält. Eine Nachricht, wonach ein Industrieunternehmen `Chemiegift einfach weggekippt` habe, ist nicht zu beanstanden, wenn sich dies auf eine Ordnungsverfügung der Stadt stützen lässt, wonach mehrere Abwasserproben eine unzulässig hohe Konzentration giftiger Stoffe enthielten.

> Die journalistische Sorgfalt gilt für alle Medien; Regelungen finden sich in allen Presse-, Rundfunk- und Landesmediengesetzen, z. B. § 10 Abs. 1 des Rundfunkstaatsvertrags: „Berichterstattung und Informationssendungen haben den anerkannten journalistischen Grundsätzen, auch beim Einsatz virtueller Elemente, zu entsprechen. Sie müssen unabhängig und sachlich sein. Nachrichten sind vor ihrer Verbreitung mit der nach den Umständen gebotenen Sorgfalt auf Wahrheit und Herkunft zu prüfen."

Die Pflicht zu journalistischer Sorgfalt bedeutet auch, dass die Information vollständig und die Darstellung unverzerrt ist. Alle Umstände, die die Rechte des Betroffenen verletzen könnten, müssen geprüft worden sein.

Welchen Umfang die journalistische Sorgfalt erfordert, hängt von den Umständen ab, insbesondere vom Inhalt und von der Verlässlichkeit der Quelle. Allgemein gilt: Je gravierender der Vorwurf und je größer mögliche Folgen für den Betroffenen sind, desto mehr ist der Journalist zu sorgfältiger Prüfung verpflichtet. Wenn z. B. eine Zeitung schreibt, `ein ehemaliger Polizeichef habe`

für einen Bordellbesitzer gearbeitet, verletzt sie die Sorgfaltspflicht, wenn sie sich nur auf die Aussage einer Person aus dem Rotlichtmilieu
stützen kann.

Wer sich darauf beruft, sorgfältig recherchiert zu haben, muss dies im Streitfall auch beweisen können. In kritischen Fällen sollte der Journalist deshalb
die Rechercheschritte genau dokumentieren. Bei Gesprächen empfehlen
sich die Anwesenheit eines Zeugen oder die Dokumentation in einem Ge-
sprächsprotokoll.

Was sind privilegierte Quellen? Auch Nachrichten, die bereits durch Dritte veröffentlicht wurden, müssen vor ihrer Übernahme darauf überprüft werden, ob sie
inhaltlich zutreffend sind. *Wasserdicht* ist eine Information erst dann, wenn sie von
einer zweiten Quelle bestätigt wird. Eine Ausnahme gilt für *privilegierte Quellen*,
bei denen aufgrund ihrer unbestrittenen Zuverlässigkeit und Seriosität auf eine eigene Recherche verzichtet werden darf.

Zu den privilegierten Quellen zählen:

- die anerkannten, in der Fachwelt etablierten Nachrichtenagenturen (z. B. dpa,
  AFP),
- Regierungen, Ministerien, Landratsämter und kommunale Behörden,
- Polizei, Staatsanwaltschaft und Gerichte.

Eine Pflicht zur Nachrecherche kann im Einzelfall auch bei privilegierten Quellen bestehen. Das gilt dann, wenn besonders schwere Vorwürfe erhoben werden
oder wenn die Meldung selbst Zweifel an ihrer Zuverlässigkeit aufkommen lässt,
z. B. bei innerer Widersprüchlichkeit oder fragwürdigem Inhalt.

Müssen Journalisten eine Stellungnahme einholen? Wird eine Person durch
eine Nachricht in ihren persönlichen Rechten tangiert, muss sie vor Veröffentlichung die Möglichkeit haben, sich dazu zu äußern. Auch das gehört zum Gebot
journalistischer Sorgfalt. Nur dann, wenn der Betroffene trotz redlicher Bemühungen nicht erreichbar ist, kann eine vorherige Anhörung unterbleiben. Auch hierbei
gilt: Je schwerwiegender die Persönlichkeitsbeeinträchtigung, desto strenger die
Anforderungen. Wird z. B. über strafrechtliche Verfehlungen berichtet, muss dem
Betroffenen stets die Gelegenheit gegeben werden, Stellung zu nehmen.

Eine Stellungnahme ist ausnahmsweise entbehrlich, wenn

- ein Interesse der Öffentlichkeit besteht, dass die Nachricht sofort veröffentlicht wird und dies dem Schutzinteresse des Betroffenen vorgeht (z. B. bei einer schweren Verfehlung eines regierenden Politikers unmittelbar vor der Wahl),
- die Rückfrage dem Journalisten nicht zugemutet werden kann oder
- aufgrund der konkreten Umstände im Einzelfall außer einem Dementi keine weitere Aufklärung zu erwarten ist. Aber Vorsicht! In der Regel ist nicht vorhersehbar, ob der Betroffene nicht doch bereit und in der Lage ist, sich zu äußern.

Der Journalist sollte sich in kritischen Fällen immer intensiv um eine Stellungnahme bemühen. Ist der Betroffene nicht erreichbar, sollte man in der Nachricht deutlich machen, dass eine Stellungnahme angefragt wurde, dies aber erfolglos war.

Wann ist Verdachtsberichterstattung erlaubt? Hier gelten besonders strenge Sorgfaltskriterien. Eine Verdachtsberichterstattung liegt vor, wenn eine konkret benannte oder zumindest identifizierbare Person oder ein Unternehmen einer Verfehlung verdächtigt werden und darüber berichtet wird, ohne dass der Verdacht bereits nachgewiesen ist. Eine solche Nachricht kann grundsätzlich eine Vorverurteilung bedeuten und sich nachteilig auf die Reputation des Betroffenen auswirken. Daher müssen folgende Voraussetzungen erfüllt sein:

- **Interesse der Öffentlichkeit**: Das ist der Fall, wenn es sich bei dem Verdacht um eine schwerwiegende Verfehlung handelt (z. B. ein Verbrechen). Ein öffentliches Interesse kann aber auch dann bestehen, wenn es um Verfehlungen von Personen geht, die im Fokus der Öffentlichkeit stehen.
- **Mindestbestand an Beweistatsachen**: Hiervon darf ein Journalist ausgehen, wenn Anklage erhoben oder ein Haftbefehl erlassen wurde. Die Einleitung eines Ermittlungsverfahrens bietet dagegen noch keine hinreichende Gewähr. *Anonyme* Informationen oder *Zuflüsterungen* können höchstens Ausgangspunkt dafür sein, weiter zu recherchieren.
- **Keine Vorverurteilung**: Die Nachricht muss neben belastenden auch entlastende Tatsachen enthalten. Durch eine möglichst objektive Darstellung soll dem Leser, Zuschauer oder Zuhörer die Möglichkeit gegeben werden, sich selbst ein Bild über die Vorwürfe zu machen. Selbst bei einem Geständnis gilt bis zum

Richterspruch die Unschuldsvermutung. Ein Verdächtiger ist bis zur Verurteilung daher als `Beschuldigter` zu bezeichnen.

- **Gelegenheit zur Stellungnahme**: Die journalistische Sorgfalt erfordert es, dass der Verdächtige die Gelegenheit erhält, sich zu den Vorwürfen zu äußern.

Als Verbreiter der Verdachtsmomente muss der Journalist die Richtigkeit der Inhalte im Streitfall beweisen. Bei Zeugenhinweisen sollte er sich mit einer *Versicherung an Eides statt* für den Fall späterer zivilrechtlicher oder strafrechtlicher Auseinandersetzungen absichern.

Grenzen der Recherchefreiheit

Die Sportredaktion eines Senders möchte beweisen, dass jedermann sich chemische Substanzen beschaffen kann, die unter das Betäubungsmittelgesetz fallen und mit denen Dopingmittel hergestellt werden können. Im Visier hat die Redaktion ein Pharmaunternehmen, das die Substanzen ihrer Kenntnis nach ohne nähere Prüfung der Identität des Bestellers versendet. Um dies nachzuweisen, plant ein Redakteur, mit dem gefälschten Briefkopf eines erfundenen Sportinstituts eine Bestellung aufzugeben, unter Hinweis darauf, dass die Substanzen für eine wissenschaftliche Untersuchung benötigt werden. Parallel hierzu will er den Geschäftsführer interviewen. Dabei plant er, sich als Institutsleiter auszugeben und das Gespräch heimlich aufzunehmen, um daraus später im Beitrag zu zitieren.

Was sind unlautere Methoden der Informationsbeschaffung? Die rechtswidrige Beschaffung von Informationen wird von der Presse- und Rundfunkfreiheit nicht geschützt. Journalisten nehmen zwar eine wichtige öffentliche Aufgabe wahr, sind aber wie alle anderen an die geltenden (Straf-)Gesetze gebunden. Das gilt auch dann, wenn an der Veröffentlichung ein erhebliches öffentliches Interesse besteht. Zum Beispiel darf kein Journalist das Hausrecht verletzen, um mithilfe einer verdeckten Recherche Missstände aufzudecken. Daneben gibt es auch Verhaltensweisen, die zwar nicht rechtswidrig, aber mit der journalistischen Ehre unvereinbar sind und der Recherchefreiheit daher Grenzen setzen.

> **Pressekodex, Ziff. 4 – Grenzen der Recherche:** Bei der Beschaffung von personenbezogenen Daten, Nachrichten, Informationsmaterial und Bildern dürfen keine unlauteren Methoden angewandt werden.

In welchen Grenzen sind verdeckte Recherchen erlaubt? Journalisten sollen sich bei ihren Recherchen grundsätzlich zu erkennen geben. Das ist berufsethisch geboten. Unwahre Angaben von Journalisten über ihre Identität und darüber, für wen sie arbeiten, sind grundsätzlich mit dem Ansehen und der Aufgabe der Medien nicht vereinbar. Eine verdeckte Recherche ist aber erlaubt, wenn dadurch Informationen von besonderem öffentlichem Interesse beschafft werden, die auf andere Weise nicht zugänglich sind (z. B. üble Machenschaften in einem Pflegeheim).

Eine allgemeine Rechtspflicht, sich bei der Recherche als Journalist erkennen zu geben, enthält das deutsche Recht nicht. Es gibt jedoch eine Reihe von speziellen Vorschriften, die der verdeckten Recherche nicht nur berufsethisch, sondern auch rechtlich Grenzen setzen. Strafbar macht sich zum Beispiel:

- wer in die Wohnung eines anderen eindringt,
- wer eine gefälschte Urkunde herstellt oder benutzt und
- wer Betäubungsmittel erwirbt oder sich in sonstiger Weise verschafft.

Dürfen Journalisten heimlich Tonaufnahmen machen? Nein, sie dürfen Gespräche nur mit Einwilligung des Gesprächspartners aufzeichnen. Von dem Verbot ausgenommen sind lediglich *öffentliche Reden*, in denen sich der Betroffene bewusst an eine Vielzahl von Personen wendet.

> Bereits der heimliche Mitschnitt eines (Telefon-)Gesprächs ist strafbar und nicht etwa erst die Veröffentlichung bzw. Verwendung bei der Berichterstattung!

Auch das bloße Mithören über die Mithör-/Lautsprecherfunktion eines Telefons ist unzulässig. Das Persönlichkeitsrecht schützt auch das *Recht am gesprochenen Wort*. Dabei kommt es nicht darauf an, ob der Inhalt vertraulich ist. Ohne Einwilligung ist ein Mithören nur zulässig, wenn im Einzelfall vorrangige rechtlich geschützte Interessen dies erfordern (z. B. Aufdeckung eines Kapitalverbrechens).

Nach § 201 StGB macht sich strafbar, wer unbefugt

- das nicht öffentlich gesprochene Wort aufnimmt,
- eine solche Aufnahme gebraucht oder einem Dritten zugänglich macht,
- den wesentlichen Inhalt einem anderen mitteilt, wenn diese Mitteilung geeignet ist, berechtigte Interessen zu beeinträchtigen, es sei denn, es bestehen überragende öffentliche Interessen.

Ebenfalls verboten ist das heimliche Fotografieren einer Person. Das allgemeine Persönlichkeitsrecht schützt das *Recht am eigenen Bild*. Eine Ausnahme gilt dann, wenn ein überwiegendes öffentliches Interesse besteht. Nicht nur rechtswidrig, sondern auch strafbar (§ 201a StGB) ist die unbefugte Bildaufnahme einer Person, wenn sich diese in ihrer Wohnung oder einem gegen Einblicke besonders geschützten Raum befindet. Das verletzt ihren höchstpersönlichen Lebensbereich (z. B. ein Foto vom Krankenbett).

Allein der Hinweis am Eingang eines Gebäudes „Achtung Fernsehaufnahmen" reicht in der Regel nicht aus, um von einer stillschweigenden Einwilligung auszugehen.

Bei Gerichtsverhandlungen sind Ton-, Film- und Fernsehaufnahmen nicht erlaubt. Fotos können dagegen auch während der Verhandlung gemacht werden, soweit der Vorsitzende das nicht verbietet (z. B. aus Gründen des Geheimnisschutzes). Erlaubt ist auch das Anfertigen von Notizen, Skizzen und Zeichnungen. Gerichtsverhandlungen sind Informationsquellen, so dass stets die Berichterstattungsfreiheit zu berücksichtigen ist – auch bei sitzungspolizeilichen Maßnahmen. So war es im Prozess gegen Erich Honecker: Das Gericht hatte Filmaufnahmen im Gerichtssaal generell verboten. Wegen des öffentlichen Interesses wurde das für verfassungswidrig erklärt.

Außerhalb der Verhandlung (d. h. vor Beginn, in den Pausen, nach dem Ende) sind Aufnahmen sowohl im Sitzungssaal als auch im übrigen Gerichtsgebäude grundsätzlich zulässig. Der Vorsitzende kann das aber untersagen, wenn er es zur Aufrechterhaltung der Sitzungsordnung für erforderlich hält.

Besonderheiten gelten für Verhandlungen vor dem Bundesverfassungsgericht; dort entscheidet das Gericht selbst über die Zulässigkeit von Filmaufnahmen bei der Verkündung seiner Entscheidungen.

Journalistische Privilegien

In einer Talkradio-Sendung mit Zuhörerbeteiligung meldet sich eine Frau, die erklärt, dass in ihrer Nachbarschaft ein Ehrenmord stattgefunden habe. Die Tochter des mutmaßlichen Mörders habe sich ihr anvertraut. Der Fall sei auch der Polizei bekannt. Sie habe dem Mann die Tat aber nicht nachweisen können, die Tochter habe sich im Verfahren nicht zur Tat geäußert. Am nächsten Tag verlangt die Polizei die Herausgabe der Kontaktdaten der Anruferin. Der Sender verweigert dies unter Hinweis auf sein Zeugnisverweigerungsrecht. Zu Recht? Journalisten der ortsansässigen Zeitung wollen über den Ehrenmord berichten und verlangen Einsicht in die Ermittlungsakten – ohne Erfolg.

Was bedeutet das Zeugnisverweigerungsrecht? Journalisten können die Aussage über ihren Informanten sowie über die von ihm erhaltenen Informationen verweigern. Dieses Zeugnisverweigerungsrecht besteht gegenüber Staatsanwaltschaft und Gericht. Dadurch werden die Vertraulichkeit der Redaktionsarbeit und das Vertrauensverhältnis zum Informanten geschützt. Das Recht nicht auszusagen, erstreckt sich auch auf selbst recherchiertes Material, soweit es auf Hinweisen des Informanten beruht.

Die Durchsuchung von Redaktionsräumen und die Beschlagnahme von journalistischen Unterlagen sind gesetzlich verboten. Das ergänzt das Zeugnisverweigerungsrecht. Das Verbot besteht jedoch nur, sofern der Journalist nicht selber einer Straftat beschuldigt wird. Wegen der Presse- und Rundfunkfreiheit muss ein solcher Tatverdacht jedoch schwerwiegend sein. Eine strafrechtliche Verfolgung wegen Beihilfe zum Geheimnisverrat ist nicht möglich, wenn sich die Handlung des Journalisten auf *die Entgegennahme, Auswertung oder Veröffentlichung des Geheimnisses* beschränkt.

Das Cicero-Urteil

Für den Schutz von Journalisten vor strafprozessualen Maßnahmen ist das *„Cicero"-Urteil* des Bundesverfassungsgerichts richtungweisend. Das Magazin „Cicero" hatte 2005 einen Artikel über einen Terroristen veröffentlicht und aus einem streng geheimen Bericht des Bundeskriminalamts zitiert. Die Staatsanwaltschaft hatte daraufhin gegen den Verfasser des Artikels und gegen den Chefredakteur ein Ermittlungsverfahren wegen Beihilfe zur Verletzung von Dienstgeheimnissen eingeleitet. Die Redaktionsräume sowie Wohn- und Geschäftsräume der Beschuldigten wurden durchsucht, Unterlagen beschlagnahmt. Dazu stellte das Verfassungsgericht in seinem Urteil fest, dass Durchsuchung und Beschlagnahme einen schwerwiegenden Eingriff in die Pressefreiheit darstellten: Die bloße Veröffentlichung eines Dienstgeheimnisses reiche nicht aus, um einen Verdacht der Beihilfe zum Geheimnisverrat zu begründen. Erforderlich seien tatsächliche Anhaltspunkte für das Vorliegen einer *beihilfefähigen Haupttat*. Durchsuchungen und Beschlagnahmen in einem Ermittlungsverfahren gegen Journalisten seien verfassungsrechtlich unzulässig, wenn sie ausschließlich oder vorwiegend dem Zweck dienten, die Person eines Informanten zu ermitteln.

Haben Journalisten besondere Auskunftsansprüche? Ja, Behörden sind verpflichtet, Journalisten Auskünfte zu geben, die ihnen zur Erfüllung ihrer öffentlichen Aufgabe dienen.

Auskünfte können nur verweigert werden, wenn

- dadurch die Durchführung eines schwebenden Verfahrens gefährdet sein könnte (z. B. Auskunft über eine bevorstehende Hausdurchsuchung),
- Vorschriften über die Geheimhaltung entgegen stehen (z. B. Verrat von Staatsgeheimnissen),
- ein überwiegend öffentliches oder schutzwürdiges privates Interesse verletzt würde (z. B. wenn Journalisten die Herausgabe der Abschrift eines Strafurteils verlangen, das bereits mehrere Jahre zurückliegt. Hier kann die Resozialisierung des Verurteilten dem öffentlichen Informationsinteresse vorgehen),
- der Umfang das zumutbare Maß überschreitet (z. B. wenn die Anfrage mehrere Wochen Recherche erfordern würde).

Der Auskunftsanspruch richtet sich nur gegen den Staat, nicht aber gegen einzelne Personen oder gegen wirtschaftliche oder gesellschaftliche Vereinigungen oder Einrichtungen. Auskunftsanspruch besteht allerdings auch gegenüber Anstalten, Körperschaften und Stiftungen des öffentlichen Rechts, deren sich der Staat zur Erfüllung seiner Aufgaben bedient (z. B. BaFin, Universitäten). Besonderheiten gelten für solche Anstalten und Körperschaften, die selbst Träger von Grundrechten sind (z. B. Kirchen, Rundfunkanstalten).

Haben Journalisten ein Recht, an öffentlichen Veranstaltungen teilzunehmen? Hier ist zu differenzieren: Bei öffentlichen Veranstaltungen von Behörden (z. B. Sitzungen des Gemeinderates oder des Kreistags) haben Journalisten in der Regel Zugang. Die Herkunft oder politische Einstellung eines Journalisten oder seine frühere Berichterstattung dürfen nicht zu seiner Abweisung führen. Aus Gründen der Gleichbehandlung besteht ein Anspruch auf gleiche Teilhabe. Möglich ist es aber, den Zugang an bestimmte Voraussetzungen zu knüpfen, z. B. an eine vorherige Anmeldung und Akkreditierung. Dabei muss es sich um sachgerechte Kriterien handeln, eine willkürliche Auswahl wäre verfassungswidrig.

Auch bei öffentlichen *Versammlungen,* d. h. Veranstaltungen, bei denen Personen zu gemeinsamen Erörterungen oder Kundgebungen zusammenkommen, haben Journalisten ein Teilnahmerecht (z. B. Demonstrationen, öffentliche Wahlkundgebungen). Das gilt in der Regel selbst dann, wenn die Versammlung von Privaten organisiert und in geschlossenen Räumen durchgeführt wird. Keinen automatischen Zugang haben Journalisten zu Parteitagen, Kongressen oder Sportveranstaltungen.

Bei privaten Veranstaltungen besteht grundsätzlich kein Anspruch auf Zutritt. Solche Veranstaltungen richten sich an einen abgegrenzten Personenkreis. Deshalb haben das Hausrecht und die Vertragsfreiheit des privaten Veranstalters (wen möchte ich dabei haben?) Vorrang. Auch fremde Grundstücke dürfen Journalisten nur mit Einwilligung bzw. auf Einladung des Eigentümers betreten. Das gilt selbst dann, wenn sie Informationen beschaffen möchten, die für die Öffentlichkeit von erheblicher Bedeutung sind (z. B. bei massiver Schwarzarbeit in einem Betrieb).

Meinungen und Tatsachen

Bei einer Analyse der Berichterstattung über Parteien kommen zwei Meinungsforschungsinstitute zu unterschiedlichen Ergebnissen. Der Geschäftsführer des Instituts „Richtig" erklärt das einer regionalen Tageszeitung damit, dass der Fachbereichsleiter des Instituts „Korrekt" die Daten auf manipulative Weise interpretiert habe. Außerdem habe „Korrekt" nur etwa 2000 Daten analysiert, während sein eigenes Institut über 10.000 Daten ausgewertet habe. Die Ergebnisse von „Korrekt" seien deshalb nicht aussagekräftig. Tatsächlich hat aber auch „Korrekt" seine Umfrage auf über 10.000 Daten gestützt. Wie kann sich der angegriffene Fachbereichsleiter zur Wehr setzen, der seine Untersuchung nach allgemein anerkannten Standards durchgeführt hat? Was kann der Geschäftsführer des Instituts „Richtig" tun? Wie verhält sich die regionale Tageszeitung?

Bei Tatsachenbehauptungen sind die Rechte eines Betroffenen wesentlich größer als bei Meinungsäußerungen. Unwahre Tatsachenbehauptungen sind unzulässig und werden von Art. 5 GG nicht geschützt. Dem Betroffenen stehen Ansprüche auf Unterlassung, Berichtigung, Gegendarstellung oder Schadensersatz zu.

Bei *Meinungsäußerungen* kommen Unterlassung oder Schadensersatz nur ausnahmsweise in Betracht (z. B. bei Schmähkritik und Verletzung der Intim- oder Privatsphäre). Eine Berichtigung oder Gegendarstellung zu einer Meinungsäußerung ist nicht möglich, da Meinungen weder wahr noch unwahr sein können.

Eine **Tatsachenbehauptung** liegt vor, wenn eine Aussage auf ihre Richtigkeit hin objektiv mit Mitteln des Beweises überprüft werden kann. Tatsachenbehauptungen betreffen regelmäßig konkrete, nach Raum und Zeit bestimmte Geschehnisse oder Zustände. Dagegen wird eine *Meinungsäußerung* durch die Elemente der Stellungnahme, des Dafürhaltens und der Wertung als Ausdruck einer subjektiven Ansicht oder Einschätzung geprägt.

Die Einordnung einer Aussage kann in der Praxis schwierig sein, da Tatsachen und Meinungen häufig miteinander verbunden sind, z. B. weil sich eine Meinung auf Tatsachen stützt oder Tatsachen auch Werturteile enthalten. Bei solchen Mischformen kommt es darauf an, ob der tatsächliche Gehalt oder die wertende Aussage im Vordergrund stehen – je nach Schwerpunkt und Gesamtzusammenhang.

Wann liegt eine strafbare Beleidigung vor? Eine Meinungsäußerung ist als Beleidigung strafbar, wenn sie darauf abzielt, die Würde und die Achtung einer Person herabzusetzen und wenn eine Geringachtung, Nichtachtung oder Missachtung zum Ausdruck gebracht wird (z. B. bei der Bezeichnung als `Schweinehirt` oder bei Anspielungen auf Schwächen in der körperlichen Erscheinung). Eine Strafbarkeit nach § 185 StGB setzt voraus, dass die angegriffene Person *erkennbar* ist.

Das ist der Fall, wenn die Person namentlich genannt wird oder wenn sich aus den Begleitumständen ergibt, wer gemeint ist. Eine Beleidigung ist auch gegenüber einer Personenmehrheit oder Berufsständen möglich (z. B. die Bezeichnung der Polizei als Schlag- und Schießgesellschaft, die Studenten abknallt und Beweismittel unterdrückt). Meinungsäußerungen über Angelegenheiten von öffentlichem Interesse genießen besonderen Schutz. Dabei darf die Meinung umso härter sein, je größer das öffentliche Interesse ist. Die Bezeichnung eines Kommunalpolitikers als stadtbekannter Versager ist daher erlaubt.

Eine an der Sache orientierte Kritik ist keine Beleidigung, auch wenn sie scharf oder überzogen ist, z. B. die Zurückweisung unsinniger Vorwürfe als dummes Geschwätz, die Bezeichnung eines Hauseigentümers als Wohnungs-Hai oder eines Politikers als Zwangsdemokrat. Unzulässig ist dagegen eine Meinungsäußerung, bei der es nicht mehr um die Sache, sondern um die vorsätzliche Kränkung des Betroffenen geht, die sogenannte *Schmähkritik* (z. B. die Bezeichnung eines CSU-Ministerpräsidenten als bundesdeutscher Verschnitt des nationalsozialistischen Führerkults). Wer über ehrverletzende Äußerungen lediglich berichtet, sich aber von diesen ausdrücklich distanziert, macht sich ebenfalls nicht wegen Beleidigung strafbar.

Wann ist eine Behauptung als üble Nachrede oder Verleumdung strafbar?
Wegen *übler Nachrede* macht sich strafbar, wer eine Tatsache über eine Person behauptet oder verbreitet, die diese verächtlich machen oder öffentlich herabwürdigen kann. Eine Strafbarkeit setzt voraus, dass sich die Wahrheit der Behauptung nicht nachweisen lässt. Um *Verleumdung* handelt es sich, wenn die Behauptung wider besseren Wissens erfolgt, also wenn der Betreffende weiß, dass seine Behauptung unzutreffend ist (§ 187 StGB).

Wenn der Journalist eine Behauptung aufstellt, trägt er dafür auch die Beweislast. Die subjektive Überzeugung, dass die verbreitete Aussage wahr ist, reicht für den Beweis nicht aus.

Bei übler Nachrede und Verleumdung geht es um Tatsachenbehauptungen, die andere zur Missachtung veranlassen können. Eine solche ehrenrührige Behauptung liegt vor, wenn fälschlicherweise berichtet wird, dass der Betroffene eine Rechtspflicht verletzt habe (z. B. wenn über einen Politiker behauptet wird, dass er korrupt sei), aber auch, wenn es um sittlich-moralisches Fehlverhalten geht (wenn etwa ein katholischer Geistlicher ein sexuelles Verhältnis mit seiner verheirateten Nachbarin haben soll). Eine *Ehrverletzung* kann auch darin liegen, dass ein Sachverhalt verzerrt dargestellt wird, indem z. B. wesentliche Umstände verschwiegen werden.

Presse und Rundfunk nehmen berechtigte Interessen wahr, wenn sie im Rahmen ihrer öffentlichen Aufgabe die Öffentlichkeit unterrichten und Kritik üben. Das geht sogar so weit, dass die Strafbarkeit wegen übler Nachrede wie bei der Beleidigung entfallen kann, wenn ein öffentliches Interesse an der Behauptung besteht (§ 193 StGB). Dann überwiegt die Meinungsfreiheit den Ehrenschutz. Wegen der potentiell schwerwiegenden Folgen einer Veröffentlichung ist aber besonders sorgfältig zu recherchieren und zu formulieren. Unsachliche, überzogene oder lediglich diffamierende Kritik ist nicht geschützt. Auch erwiesen *falsche Tatsachen* sind grundsätzlich nicht von öffentlichem Interesse, so dass deren Behauptung stets strafbar ist.

Wann sind Behauptungen geschäftsschädigend? Schutz vor diskriminierenden Nachrichten genießen nicht nur Personen, sondern auch Unternehmen. Geschäftsschädigende Äußerungen bergen in der Regel ein hohes finanzielles Risiko. Aus diesem Grund ist vor Verbreitung von Äußerungen, die als geschäftsschädigend ausgelegt werden könnten, eine sehr sorgfältige Recherche geboten. Eine Haftung wegen Kreditgefährdung setzt voraus, dass eine unwahre Tatsache behauptet oder verbreitet wird (z. B. die Behauptung, ein Wettbewerber schmiere seine Einkäufer). Die Verbreitung wahrer Tatsachen muss ein Unternehmen hinnehmen. Es kann sich nicht mit dem Argument dagegen wehren, dass sein guter Ruf gefährdet oder seine Geschäftstätigkeit geschädigt werde.

Ein Journalist haftet für geschäftsschädigende Äußerungen genauso wie im Bereich des Ehrenschutzes auch dann, wenn er sich fremde Behauptungen dieser Art zu eigen macht oder wenn er diese lediglich verbreitet. Etwas anderes gilt nur, wenn er sich ausdrücklich von ihnen distanziert. Und noch ein Fall, in dem von Geschäftsschädigung nicht die Rede sein kann: Wird in einer Nachricht allgemein Kritik an der Qualität deutscher Waren geübt, so ist es zulässig, einzelne Produkte beispielhaft herauszugreifen und auch namentlich zu benennen, sofern die Kritik auch zutrifft.

Persönlichkeitsschutz und öffentliches Interesse

Ein Nachrichtenportal im Internet möchte unter der Rubrik „Spektakuläre Kriminalfälle" über einen Mann berichten, der einige Jahre zuvor wegen Mordes an fünf Frauen verurteilt wurde. Besonderes Aufsehen hatten die Taten seinerzeit vor allem deshalb erregt, weil die betagten Frauen den Täter als vertrauenswürdigen Pfleger kannten und es daher für ihn ein Leichtes war, sich Zutritt zu ihren Wohnungen zu verschaffen. Die Redaktion will auch den Namen des verurteilten Mörders nennen und aktuelle Fotos von ihm veröffentlichen. Ist das rechtmäßig? Ist es außerdem erlaubt, auch die Krankheiten der Frauen zu nennen?

Den engsten Persönlichkeitsbereich bildet die Intimsphäre. Sie umfasst z. B. das Sexualleben, nicht wahrnehmbare körperliche Gebrechen und psychische Eigenschaften. Sie genießt den stärksten Schutz gegen Angriffe. Über Vorgänge der Intimsphäre darf nur berichtet werden, wenn der Betroffene in eine Veröffentlichung einwilligt oder wenn er Vorgänge aus seinem Intimbereich zuvor selbst der Öffentlichkeit preisgegeben und damit auf ihren Schutz verzichtet hat. Nur in seltenen Fällen kann eine Nachricht über Aspekte der Intimsphäre ausnahmsweise wegen eines überragenden öffentlichen Interesses gerechtfertigt sein.

Die _Privatsphäre_ ist anders als die Intimsphäre nicht absolut geschützt. Zur Privatsphäre zählen Bereiche außerhalb der Intimsphäre, die gegen Einblicke von außen abgeschirmt sind und die private Lebensführung betreffen. Das gilt für das Verhalten einer Person in den eigenen vier Wänden ebenso wie für persönliche Daten, familiäre Angelegenheiten oder den Gesundheitszustand. Ob eine Darstellung der Intim- oder der Privatsphäre zuzurechnen ist, hängt auch davon ab, in welcher _Detailtiefe_ berichtet wird. Der Hinweis auf einen schweren Unfall mit mehrfachen Wirbelbrüchen betrifft regelmäßig nur die Privatsphäre, während eine Nachricht mit Einzelheiten aus der Krankenakte der Intimsphäre zuzuordnen wäre.

Eine Nachricht aus der Privatsphäre ist gerechtfertigt, wenn ein überwiegendes Informationsinteresse der Öffentlichkeit besteht. Ein solches Interesse ist bei Personen des öffentlichen Lebens eher anzunehmen als bei unbekannten Personen. Allein die Neugier des Publikums zu erfahren, wie eine prominente Person privat lebt, reicht dafür jedoch grundsätzlich nicht aus. Ein ernsthaftes Informationsinteresse kann bestehen, wenn das private Verhalten einer Person den Erfolg oder die Glaubwürdigkeit seines beruflichen Handelns beeinflusst (z. B. wenn ein Arbeitsminister privat Schwarzarbeiter beschäftigt).

Wann darf ich eine Person namentlich benennen? Das Recht, anonym zu bleiben, wird vom allgemeinen Persönlichkeitsrecht geschützt. Namen oder andere identifizierbare Merkmale (z. B. Wohnort, Beruf, Lebensalter, Herkunft) dürfen daher nur genannt werden, wenn gerade in Bezug auf die Identität des Betroffenen ein überwiegendes Informationsinteresse besteht. Das kann der Fall sein, wenn sich eine Person selbst öffentlich äußert, am politischen Meinungskampf aktiv teilnimmt oder wegen ihres Handelns im Fokus der Öffentlichkeit steht.

Den Copiloten beim Namen nennen?

2015 stürzt in den französischen Alpen ein deutscher Airbus ab. Zwei Tage später gibt die Staatsanwaltschaft erste Ermittlungsergebnisse bekannt. Danach soll der Copilot das Flugzeug absichtlich zum Absturz gebracht haben. Die deutschen Medien stehen vor der Frage: Nennen wir den Copiloten bei vollem Namen? Veröffentlichen wir sein Foto, ohne es zu verpixeln? Rechtlich gesehen spricht viel dafür, dass dies zulässig ist. Die Öffentlichkeit hat ein überragendes Interesse an einer Aufklärung: Der Copilot war für eine deutsche Fluggesellschaft tätig; der Airbus war auf dem Flug nach Düsseldorf; unter den Opfern waren zahlreiche Deutsche. Auf der anderen Seite sind Motive und Krankheitsbild des Mannes, die seine Privat-, wenn nicht gar Intimsphäre betreffen, zu diesem Zeitpunkt nicht bekannt. Ein Aspekt, der bei der Interessenabwägung ebenfalls zu berücksichtigen ist. Medienethisch bleibt die Frage offen. Gegen die Veröffentlichung von Namen und Foto spricht auch das Recht der Eltern auf Anonymität. Die Redaktionen handeln unterschiedlich – in einem Fall sogar innerhalb eines Verlagshauses: Bei „Spiegel Online" bleibt der Copilot zunächst anonym; die Print-Ausgabe druckt sowohl den Namen als auch das Foto. Wochen danach urteilt der Presserat: Foto und Namensnennung waren zulässig.

Bei Strafverfahren ist besondere Vorsicht geboten. Das Recht, über ein solches Verfahren zu berichten, heißt nicht automatisch, dass auch die Namen der Prozessbeteiligten oder Zeugen genannt werden dürfen. Eine Namensnennung kommt grundsätzlich nur in Fällen schwerer Kriminalität oder bei Straftaten in Betracht, die die Öffentlichkeit besonders berühren (z. B. beim Vorwurf der Vorteilsnahme). Dabei ist auch der Stand des Verfahrens zu berücksichtigen. Ist jemand strafrechtlich verurteilt, hat er die namentliche Erwähnung eher hinzunehmen, als wenn er nur angeklagt ist.

Im Ermittlungsverfahren muss wegen der Unschuldsvermutung und der Gefahr einer *Prangerwirkung* auf die Nennung des Namens des Verdächtigen verzichtet werden. Bei Zeugen und Tatopfern ist erst recht große Zurückhaltung geboten. Die Namensnennung von Straftätern ist zudem grundsätzlich nur in dem Zeitraum erlaubt, in dem die Straftat aktuelle Bedeutung hat. Später kann das schützenswerte Interesse des Täters auf Resozialisierung einer Namensnennung entgegenstehen.

Darf ich erwähnen, dass ein Verdächtiger Ausländer ist? Die Zugehörigkeit einer Person zu religiösen, ethnischen oder anderen Minderheiten sollte nur genannt werden, wenn dies für das Verständnis eines Beitrags erforderlich ist. Insbesondere bei dem Verdacht einer Straftat ist die Erwähnung nur zulässig, wenn ein begründbarer Sachbezug besteht. Dabei ist auch zu beachten, dass die Erwähnung Vorurteile in der Gesellschaft gegen Minderheiten stärken könnte. Eine Nachricht über den tödlichen Angriff einer Gruppe von Fußballspielern auf einen Linienrichter mit der Überschrift `Es waren Marokkaner` ist mit den berufsethischen Grundsätzen nicht vereinbar.

> Pressekodex, Ziff. 12 – Diskriminierung: Niemand darf wegen seines Geschlechts oder seiner Zugehörigkeit zu einer rassischen, ethnischen, religiösen, sozialen oder nationalen Gruppe diskriminiert werden.

Das Recht am eigenen Bild

Vor dem Landgericht läuft ein spektakuläres Strafverfahren. Ein Mann ist angeklagt, einen Holzklotz von einer Autobahnbrücke geworfen zu haben, der die Windschutzscheibe eines PKWs durchschlagen hat. Eine Frau starb an ihren Verletzungen. Ein Sender will Fernsehaufnahmen von dem Angeklagten bringen. Bei Prozessbeginn ordnet das Gericht an, dass Aufnahmen nur in anonymisierter Form (etwa verpixelt) veröffentlicht werden dürfen. Für den Fall der Zuwiderhandlung wird angedroht, weitere Aufnahmen generell zu untersagen. Der Sender rügt diese Anordnung als verfassungswidrig. Es bestehe wegen der Schwere der Tat ein erhebliches öffentliches Interesse. Außerdem habe der Angeklagte bereits vor dem Prozess nicht anonymisierte Aufnahmen gestattet.

Jede Person hat ein Recht am eigenen Bild. Ohne Einwilligung dürfen grundsätzlich keine Abbildungen (Fotos, Filmaufnahmen, Zeichnungen), auf denen sie individuell *erkennbar* ist, verbreitet oder veröffentlicht werden. Erkennbar kann ein Mensch aber auch sein, obwohl seine Augen durch einen Balken verdeckt oder gepixelt sind. Haltung, Statur und andere begleitende Umstände können genügen, dass Dritte ihn erkennen. Hierbei genügt die Erkennbarkeit innerhalb des Bekanntenkreises.

Die Verbreitung eines Bildnisses ist zulässig, wenn der Betroffene eingewilligt hat. Die Erklärung der Einwilligung ist an keine Form gebunden. Sie kann schriftlich, mündlich, aber auch durch schlüssiges Verhalten erfolgen (z. B. Posieren, Lachen, Winken in die Kamera).

Bei Minderjährigen ist die Einwilligung der gesetzlichen Vertreter einzuholen. Zusätzlich muss der Minderjährige selbst einwilligen, wenn er älter als 14 Jahre ist. Die Einwilligung erstreckt sich immer nur auf das konkrete Ereignis, ist also räumlich, zeitlich und inhaltlich begrenzt.

Im Streitfall muss der Journalist beweisen, dass der Betroffene in die Veröffentlichung seines Fotos eingewilligt hat. Es empfiehlt sich daher, eine schriftliche Einwilligung einzuholen. Hat der Abgebildete für die Veröffentlichung eine Entlohnung erhalten, gilt die Einwilligung im Zweifel als erteilt.

Ohne Einwilligung dürfen Bildnisse veröffentlicht werden, wenn das Interesse der Öffentlichkeit den Persönlichkeitsschutz überwiegt. Der Gesetzgeber hat dafür Fallgruppen geregelt.

Eine Einwilligung ist ausnahmsweise entbehrlich bei

- Bildern aus dem Bereich der Zeitgeschichte,
- Bildern, auf denen die Personen nur als Beiwerk neben einer Landschaft oder sonstigen Örtlichkeit erscheinen,
- Bildern von Versammlungen, Aufzügen und ähnlichen Vorgängen (z. B. Demonstrationen, Konzerten),
- künstlerischen Bildnissen.

Bildnisse aus dem Bereich der Zeitgeschichte beziehen sich nicht nur auf Vorgänge von historischer oder politischer Bedeutung. Was *Zeitgeschichte* ist, wird vielmehr vom Interesse der Öffentlichkeit bestimmt. Ein solches Interesse, das auch die bildliche Darstellung rechtfertigt, ist anzunehmen, wenn Personen durch ihre Funktion, ihre besonderen Leistungen, ihre (Un-)Taten oder ihre Herkunft aus dem Kreis der Mitmenschen herausragen und so im Blickfeld mindestens eines Teils der Öffentlichkeit stehen.

Personen, die durch ihr Verhalten im Einzelfall öffentliches Interesse hervorrufen, dürfen ebenfalls ohne Einwilligung abgebildet werden. Die Veröffentlichung muss sich aber im Rahmen der Nachricht über dieses zeitgeschichtliche Ereignis halten (z. B. Foto eines Polizeibeamten, der bei einer Sitzblockade einen Schlagstock einsetzt). Neben diesem *Ereignisbezug* wird zudem ein *Aktualitätsbezug* gefordert.

Berichterstattung über Prominente

Zu der Frage, wann Personen der Zeitgeschichte die Veröffentlichung ihres Bildnisses untersagen können, hat sich das Bundesverfassungsgericht 1999 im *„Caroline von Monaco"-Urteil II* eingehend geäußert. In dem Verfahren hatte sie sich gegen die Veröffentlichung von Fotos in der Zeitschrift „Bunte" gewehrt, die sie mit ihren Kindern oder allein beim Einkaufen zeigten. Das Gericht teilte die Auffassung des Bundesgerichtshofs, dass sich die Privatsphäre auf einen Schutzbereich beziehe, in dem auch Prominente ungestört bleiben müssen. Dieser beschränke sich nicht auf „die eigenen vier Wände", sondern erstrecke sich auch auf „erkennbar abgeschiedene Orte" in der Öffentlichkeit. Auch der Europäische Gerichtshof für Menschenrechte kritisierte 2004, dass sich Prominente nicht erst an einen abgeschiedenen Ort zurückziehen müssten, um Schutz ihrer Privatsphäre zu genießen. In der Folge hat sich der Bundesgerichtshof von der Rechtsfigur der „relativen und absoluten Person der Zeitgeschichte" abgewandt und die Einzelfallabwägung in den Mittelpunkt seiner Entscheidungen gestellt.

Können Personen der Zeitgeschichte die Veröffentlichung ihres Bildnisses untersagen? Ja, wenn sie ein *berechtigtes Interesse* haben. Das liegt vor, wenn das private Interesse, die Veröffentlichung zu verhindern, höher zu bewerten ist als das Informationsinteresse der Öffentlichkeit. Die Veröffentlichung von Bildnissen aus der Intimsphäre ist ohne Einwilligung prinzipiell unzulässig (z. B. Nacktaufnahmen). Gleiches gilt für heimlich angefertigte Aufnahmen aus dem Bereich der Privatsphäre. Auch die Veröffentlichung von Fotos von Personen der Zeitgeschichte im Umgang mit ihren Kindern ist grundsätzlich nicht erlaubt.

Auch ein Bild, das nicht der Wahrheit entspricht (z. B. eine Fotomontage) oder ehrverletzend ist (z. b. die Abbildung eines in einer Badewanne liegenden verstorbenen Politikers bekleidet mit einem T-Shirt mit der Aufschrift In meiner Badewanne bin ich Kapitän), darf nicht veröffentlicht werden. Eine reine Textmeldung über diesen Vorgang kann dagegen vom öffentlichen Informationsinteresse gedeckt sein.

Checkliste für das Recht am eigenen Bild:

- Abbildung einer individuell erkennbaren Person? Wenn nein: Veröffentlichung ok.
- Wenn ja: Liegt eine Einwilligung zur Veröffentlichung vor? Wenn ja: Veröffentlichung ok.
- Wenn nein: Ist eine Einwilligung notwendig? Wenn ja: Veröffentlichung unzulässig.
- Wenn Einwilligung nicht notwendig: Wird ein berechtigtes Interesse des Abgebildeten verletzt? Wenn ja: Veröffentlichung unzulässig. Wenn nein: keine Verletzung des Rechts am eigenen Bild.

Rechtsfolgen bei Rechtsverletzungen

Ein Fernsehsender berichtet, dass als Rindfleischprodukte bezeichnete Lebensmittel gefunden wurden, die in Wirklichkeit bis zu 100% nicht deklariertes Pferdefleisch enthielten. In dem Beitrag heißt es, dass insbesondere Tiefkühlprodukte mit Hackfleisch betroffen seien. Während der Sendung werden mehrfach verschiedene Produkte eingeblendet, darunter deutlich erkennbar ein Tiefkühlgericht des Unternehmens „Reinheit". Der Geschäftsführer beschwert sich. Durch die Einblendung sei der Eindruck erweckt worden, dass auch sein Produkt unzutreffend etikettiert sei. Das sei falsch. Richtig sei, dass kein Produkt seines Unternehmens vom Pferdefleischskandal betroffen sei. Über seinen Anwalt macht er Unterlassungs-, Berichtigungs- und Schadensersatzansprüche geltend.

Wann besteht ein Unterlassungsanspruch? Mit dem Unterlassungsanspruch kann eine Berichterstattung in bestimmten Fällen untersagt werden. Den Anspruch haben neben natürlichen Personen auch juristische Personen (z. B. Unternehmen und Institutionen), die sich gegen eine drohende oder bereits erfolgte Veröffentlichung zur Wehr setzen. Dabei muss ein Angriff auf die eigenen Rechte ernstlich drohen und unmittelbar bevorstehen (z. B. wenn ein fertig formulierter Artikel für die nächste Ausgabe der Zeitschrift vorliegt).

Wurde ein Beitrag bereits rechtswidrig veröffentlicht, ist ein Unterlassungsanspruch möglich, wenn *Wiederholungsgefahr* besteht. Diese wird im Allgemeinen ohne weitere Anhaltspunkte vermutet. Die Wiederholungsgefahr entfällt jedoch, wenn ein Medienunternehmen unwahre oder missverständliche Angaben von sich aus umfassend richtig gestellt oder eine strafbewehrte Unterlassungserklärung abgegeben hat.

Der Anspruch auf Unterlassung setzt voraus:

- Rechtsverletzung,
- Erstbegehungs- oder Wiederholungsgefahr,
- Rechtswidrigkeit.

Wann kann der Betroffene Berichtigung verlangen? Der Berichtigungsanspruch richtet sich auf die Richtigstellung oder den Widerruf unwahrer Tatsachenbehauptungen. Eine Berichtigung kann auch verlangt werden, wenn durch die Behauptung lediglich ein falscher Eindruck entstanden ist. Außerdem besteht nur dann ein Anspruch auf Berichtigung, wenn der gute Ruf des Betroffenen fortdauernd bedroht ist.

Der Anspruch auf Berichtigung setzt voraus:

- unwahre Tatsachenbehauptung,
- Rechtsverletzung,
- Verhältnismäßigkeit (diese entfällt z. B., wenn die Beeinträchtigung nicht mehr andauert).

Was bedeutet das Recht auf Gegendarstellung? Das Recht auf Gegendarstellung gibt dem Betroffenen die Möglichkeit, seine Position in vergleichbarer Form wie das Medienunternehmen darzulegen. Es beruht auf dem Gedanken der „Waffengleichheit". Die Pflicht, eine Gegendarstellung zu veröffentlichen, besteht unabhängig davon, ob die beanstandete Tatsachenbehauptung wahr oder unwahr ist oder ob sie tatsächlich Rechte des Betroffenen verletzt.

Das Recht auf Gegendarstellung setzt voraus:

- Tatsachenbehauptung über eine erkennbare Person in einem periodischen Medium (auch Internet),
- berechtigtes Interesse des Betroffenen (nicht z. B. bei Belanglosigkeiten, irreführenden Angaben),
- fristgemäßes Veröffentlichungsverlangen,
- zulässige Gegendarstellung nach Form, Inhalt und Umfang.

▶ **Merksätze**

1. Die Freiheit der Berichterstattung ist im Grundgesetz garantiert. Sie wird eingeschränkt durch die Rechte der Personen und Institutionen, über die berichtet wird.
2. Besonderen Schutz genießen Intim- und Privatsphäre, das Recht am eigenen Bild und das Recht der persönlichen Ehre.
3. Oberster journalistischer Grundsatz ist die Achtung der Wahrheit.
4. Unlautere Methoden bei der Beschaffung von Informationen sind unzulässig.
5. Journalistische Privilegien sind z. B. das Zeugnisverweigerungsrecht und der Auskunftsanspruch gegenüber Behörden.

Weiterführende Literatur

Udo Branahl: Medienrecht. Eine Einführung (Wiesbaden: Springer VS, 7. Aufl. 2013)

Frank Fechner: Medienrecht (Stuttgart: UTB GmbH, 15. Aufl. 2014)

Martin Löffler: Presserecht. Handbuch des Presserechts (München: C.H. Beck, 6. Aufl. 2012)

Karl Egbert Wenzel: Das Recht der Wort- und Bildberichterstattung. Handbuch des Äußerungsrechts (Köln: Dr. Otto Schmidt, 5. Aufl. 2003)

Rügen und Missbilligungen des Presserates

Der Deutsche Presserat ist eine Einrichtung der Verleger- und Journalistenverbände. Er wacht darüber, dass wichtige publizistische Grundsätze eingehalten werden, die im Pressekodex niedergelegt sind: Wahrhaftigkeit, Sorgfalt, Achtung der Menschenwürde, Schutz der Privatsphäre, Diskriminierungsverbot, Trennung von Werbung und Redaktion. Als schärfste Sanktion für Verstöße gegen den Pressekodex spricht der Presserat öffentliche *Rügen* aus. Mildere Verdikte sind nichtöffentliche *Missbilligungen* und *Hinweise*. Beispiele:

Sportler totgesagt. Ein ehemaliger Handball-Nationalspieler wird bei einem Autounfall verletzt. Die „Wetzlarer Neue Zeitung" meldet, er sei ums Leben gekommen. Am Tag danach berichtigt sich die Zeitung und erklärt, der Mann habe den Unfall überlebt, aber schwere Hirnverletzungen erlitten. Auch das ist falsch. Der Presserat *rügt* die Berichterstattung als schweren Verstoß gegen die Sorgfaltspflicht. Danach müssen Journalisten alle Informationen sorgfältig auf ihren Wahrheitsgehalt prüfen.

Geburt vorzeitig gemeldet. Am 3. Dezember 2005 kommt im norwegischen Königshaus ein Sohn des Kronprinzenpaares, Sverre Magnus, zur Welt. Das „Goldene Blatt" meldete die Geburt bereits am 28. November: `Mette-Marit - so glücklich über ihr drittes Baby. Mutter und Kind sind wohlauf.` Der Presserat urteilt: ein grober Verstoß gegen das Wahrheitsgebot und die Sorgfaltspflicht.

`Patensohn schlägt liebe Oma tot.` Unter dieser Überschrift berichtet „Bild" über ein Verbrechen in Nordrhein-Westfalen. Genannt werden der Vorname, der abgekürzte Nachname und persönliche Details des Mannes. Außerdem veröffentliche „Bild" ein Foto des Verdächtigen – nur mit einem kleinen Balken über den Augen. Kurz darauf kommt heraus, dass der Mann unschuldig ist. Der Presserat spricht eine öffentliche Rüge aus. Die Berichterstattung sei vorverurteilend und identifizierend. Sie verstoße damit gegen die Unschuldsvermutung.

Schwererziehbare als Kriminelle diffamiert. In einer Kleinstadt soll ein Heim für schwer erziehbare Jugendliche gebaut werden. Einige Anwohner protestieren. „Bild" schreibt: Ein Dorf hat Angst und Behörde will Heim für Kindergangster eröffnen. Ein Foto zeigt einen Jugendlichen, der ein Messer in der Hand hat. Es ist aber nur ein *Symbolfoto*. Der Presserat erteilt eine öffentliche Rüge. Er argumentiert, der Artikel verstoße vor allem gegen die Pflicht zur Wahrhaftigkeit und zur Achtung der Menschenwürde. Schwer Erziehbare seien nicht mit Kriminellen gleichzusetzen. Kindergangster – das sei unangemessen sensationell. Das Foto sei irreführend und hätte als Symbolfoto gekennzeichnet werden müssen. Die Überschrift diskriminiere die Jugendlichen und werde durch nichts belegt.

Roma diskriminiert. Das Landessozialgericht Nordrhein-Westfalen entscheidet, dass alle EU-Bürger in Deutschland Anspruch auf Hartz IV-Leistungen haben, also auch Einwanderer aus Rumänien und Bulgarien. Die „Junge Freiheit" titelt daraufhin: Zigeuner können Sozialhilfe bekommen. Sie erwähnt nicht, dass die Entscheidung für alle EU-Bürger gilt. Der Presserat rügt die Überschrift, weil sie unterstelle, das Gericht habe eine Sonderregelung für eine bestimmte ethnische Minderheit geschaffen. Die Heraushebung dieser Minderheit sei diskriminierend.

Fotos von Todesopfern veröffentlicht. In der Ostukraine stürzt im Juli 2014 ein malaysisches Verkehrsflugzeug ab, vermutlich von einer Rakete getroffen. Deutsche Medien drucken Fotos der Menschen, die bei dem Absturz ums Leben kamen. Der Presserat *missbilligt* diese Veröffentlichung. Die Fotos seien ein Verstoß gegen den Opferschutz.

Privatwohnung unerlaubt fotografiert. In Rehburg in Niedersachsen durchsucht die Polizei die Wohnung des SPD-Politikers Sebastian Edathy, der im Verdacht steht, Kinderpornografie zu besitzen. Die Zeitung „Die Harke" veröffentlicht in ihrem Online-Portal ein Foto von der Wohnung, das ein Reporter während der Polizeiaktion durch ein Fenster aufgenommen hat. Der Presserat rügt das als Verstoß gegen den Schutz der Persönlichkeit. Gerade der private Wohnsitz genieße nach dem Pressekodex besonderen Schutz.

Schleichwerbung. Die „Goslarsche Zeitung" veröffentlicht eine Anzeige über ein Nutzfahrzeug. Einen Tag später bringt sie über dasselbe Nutzfahrzeug wortgleich einen redaktionellen Beitrag, ohne zu kennzeichnen, dass er auf einem Pressetext des Herstellers beruht. Der Presserat sagt: Ein schwerer Verstoß gegen die Trennung von Redaktion und Werbung.

Ketchup hilft der Caritas – unter diesem Titel berichtet die „Rheinische Post" über soziale Projekte des Ketchup-Herstellers Heinz. Dabei wird nur ganz kurz erwähnt, dass der Konzern einen Vertrag mit der Caritas geschlossen habe. Zur Illustration bringt die Zeitung überdimensionale Bilder von Ketchupflaschen. Der Presserat sagt: Diese Gewichtung ist unverhältnismäßig. Ein Verstoß gegen das Trennungsgebot von Redaktion und Werbung.

Die Onlinenachricht

von Martin Hoffmann

Zusammenfassung

Die vier Phasen einer Nachricht im Netz sind Eilmeldung, Liveblog, Bericht und Analyse. Die Eilmeldung informiert in ein, zwei Sätzen über das Ereignis. Das Liveblog informiert in umgekehrt chronologischer Reihenfolge. Der Bericht fasst das aktuelle Geschehen zusammen. Die Analyse ordnet das Ereignis ein.

Schnell, technologiegetrieben und allgegenwärtig: Die Onlinenachrichten haben den Nachrichtenmarkt revolutioniert. Im Gegensatz zu Nachrichten in anderen Medien sind Nachrichten im Netz kein abgeschlossenes Produkt mehr. Vielmehr gibt es einen fortlaufenden Produktionsprozess, der keinen Redaktionsschluss kennt. Journalisten müssen nicht nur die klassischen Fähigkeiten eines Nachrichtenredakteurs besitzen, sondern auch digitale Kenntnisse. Dieses Kapitel soll einen Überblick über die verschiedenen Darstellungsformen für Nachrichten im Netz geben und die Kernkompetenzen für das Verfassen von Onlinenachrichten vermitteln.

Die vier Phasen einer Nachricht im Netz:

Die Eilmeldung

Mit dem Aufkommen des World Wide Web hat sich die Geschwindigkeit, mit der sich Nachrichten in der Welt verbreiten, drastisch erhöht. Fachleute sprechen vom *Echtzeitnetz*, in dem Meldungen um die ganze Erde gehen. In einer *Breaking-News-Situation* geht es für den Online-Redakteur also vor allem darum, möglichst schnell mit einer ersten Meldung auf dem Markt zu sein. Der erste *Schuss* muss

© Springer Fachmedien Wiesbaden 2016   185
D. Schwiesau und J. Ohler, *Nachrichten – klassisch und multimedial*,
Journalistische Praxis, DOI 10.1007/978-3-658-08717-3_8

unverzüglich raus – natürlich nur, wenn die Nachricht auch verifiziert ist. Ein Beispiel.

In Dresden ist eine Bombe gefunden worden. Ein Stadtteil muss evakuiert werden. So könnte eine Eilmeldung aussehen:

```
EIL: Weltkriegsbombe in Dresden gefunden - die Neustadt
muss evakuiert werden. Mehr in Kürze.
```

Diese Eilmeldung wird häufig mit einem *Symbolbild* versehen und direkt auf der Website veröffentlicht. Über die Smartphone-App wird sie per *Push-Mitteilung* versendet bzw. in sozialen Netzwerken gepostet, vor allem bei Twitter.

Das Symbolbild

Weil im ersten Moment oft noch keine Fotos vom Ort des Geschehens vorliegen, werden Eilmeldungs-Artikel häufig zunächst mit Symbolbildern veröffentlicht und erst später um aktuelle Bilder ergänzt. Gern genutzte Motive sind z. B. das Blaulicht eines Polizeiautos oder Archivaufnahmen der Gebäude, in denen sich das Geschehen abspielt. Einige Websites besitzen auch neutrale Symbolbilder mit dem Schriftzug „Eilmeldung" oder „Breaking News". Sie werden auch bei Twitter genutzt.

Der Kampf um die schnelle Erstmeldung führt allerdings auch zu Stilblüten. Ein Beispiel dafür, wie Schnelligkeit über Korrektheit siegt:

Die ganze Welt wartete auf das Urteil im Prozess gegen den südafrikanischen Leichtathleten Oscar Pistorius, der seine Freundin erschossen haben soll. Der Redakteur von „Spiegel Online" hatte eine Eilmeldung vorbereitet – noch ohne Strafmaß. Leider drückte er zu früh auf den Absende-Knopf. Das Ergebnis las sich wie folgt:

```
Oscar Pistorius zu XXX verurteilt
```

Immerhin: Der Absender schickte umgehend über Twitter eine Entschuldigung hinterher:

```
Es tut uns XXX leid, Fehler passieren. Gruß aus Hamburg.
#Pistorius (pl)
```

Mit seinem persönlichen Kürzel (pl) gibt sich der Redakteur zu erkennen und übernimmt so Verantwortung für den Fehler.

Das Liveblog

Nachdem der Online-Redakteur die Eilmeldung abgesetzt hat, plant er – je nach Nachrichtenlage – gemeinsam mit seinen Kollegen das weitere Vorgehen. Für Ereignisse, bei denen sich absehen lässt, dass sich die Berichterstattung über einen längeren Zeitraum hinziehen wird (z. B. Naturkatastrophen oder terroristische Anschläge), bietet sich das Anlegen eines *Liveblogs* bzw. *Livetickers* an. Beide Begriffe werden häufig synonym verwendet. Darin werden – genauso wie bei einem Sportereignis – in umgekehrt chronologischer Reihenfolge die jeweils neuesten Wendungen in kurzen Statusmeldungen geschildert. Im Fall des oben erwähnten Bombenfundes könnte das so aussehen:

```
18.21 Uhr: Der Bürgermeister von Dresden hat sich zu Wort
gemeldet: „Wir werden alles dafür tun, damit die Menschen
schnellstmöglich in ihre Häuser zurück können."
18.03 Uhr: Der Krisenstab des Polizeipräsidiums teilt
mit, dass alle Wohnungen in einem Radius von 2 km um den
Fundort der Bombe bis spätestens 22 Uhr geräumt sein
müssen.
17.49 Uhr: Laut Polizei hat sich ein spezielles Räumkom-
mando auf den Weg nach Dresden-Neustadt gemacht, um die
Bombe zu entschärfen. Alle Zufahrtswege sind inzwischen
abgesperrt.
usw.
```

Der Vorteil für den Nutzer liegt auf der Hand: Statt immer wieder einen langen Fließtext nach neuen Informationen durchsuchen zu müssen, findet er stets die aktuellsten Neuigkeiten am Kopf der Seite. Um im Liveblog den Überblick über die wichtigsten Ereignisse besonders großer oder besonders unübersichtlicher Nachrichtenlagen zu behalten, bietet es sich an, am Anfang des Blogs die wichtigsten Fakten *festzupinnen*. Im Fall des Bombenfundes könnte das zum Beispiel so aussehen:

```
Was wir wissen:
```

- Bei Bauarbeiten wurde in Dresden-Neustadt eine Welt-kriegsbombe gefunden.
- Ein Entschärfungskommando ist vor Ort.
- Die Wohnungen rund um den Fundort der Bombe müssen evakuiert werden.

```
Was wir nicht wissen:
```

- Wie viele Menschen betroffen sind.
- Wie lange die Menschen ihre Häuser verlassen müssen.

Wenn sich Ereignisse über mehrere Tage oder sogar Wochen hinziehen (z. B. Fukushima oder Charlie Hebdo), erstellen manche Medienhäuser täglich neue Liveblogs. Sie sind untereinander verlinkt und geben den Nutzern so auch noch nach Tagen die Möglichkeit, den Verlauf einer Nachrichtenlage im Detail nachzuvollziehen.

> „Online, the story, the reporting, the knowledge are never done and never perfect." US-Journalist Jeff Jarvis (2009)

Der Bericht

Parallel zum Liveblog wird in der Online-Redaktion häufig an den ersten *zusammenfassenden Artikeln* gearbeitet. In diesen Berichten wird über das aktuelle Geschehen eine klassische Übersicht geschrieben. Doch schaut man genauer hin, stellt man fest, dass sich der Online-Bericht vor allem in der Art und Weise wie er erstellt wird, vom Bericht in einer Tageszeitung unterscheidet. Wo früher ein Bericht als fertiges *Produkt* nach einem festen Redaktionsschluss in einer Tageszeitung erschien, wird die Erstellung im Web zum *Prozess*.

Die Praxis in den allermeisten Online-Redaktionen macht deutlich, was Jarvis meint. Erreicht eine Redaktion eine Eilmeldung zu einem bestimmten Thema, so legt ein Redakteur einen Artikel im *Content-Management-System* (*CMS*) an. Dieser Artikel besteht häufig nur aus einem oder zwei Sätzen – und einem Teaser-Bild, das im Zweifel auch ein vorbereitetes Symbolbild sein kann (siehe oben). Außerdem findet sich oft ein Zusatz, in dem sinngemäß steht: `Mehr dazu in Kürze.`

Die Redaktion verweist also darauf, dass sie die Nachrichtenlage im Blick hat und baut den Artikel erst nach und nach aus. Sie sammelt zusätzliche Informationen und erweitert den Bericht Stück für Stück. Meist dauert es nicht lange und die

Redaktion hat den Artikel z. B. um *erste Einschätzungen* und *Hintergründe* ausgebaut. Auf diese Art und Weise wächst der Text immer weiter an, zum Beispiel auch um *weiterführende Links* zu Archivmaterial.

Kuratieren

Viele Online-Redaktionen und Blogger belassen es nicht dabei, eigene Texte ins Netz zu stellen. Sie ergänzen ihre Meldungen mit Fotos, Videos oder Audios aus sozialen Netzwerken wie Twitter, Facebook, YouTube, Instagram und Soundcloud. In der Fachsprache heißt dieses Vorgehen *Kuratieren,* ursprünglich ein Begriff der Kunstszene. Das Kuratieren ermöglicht Querverweise auf zahllose andere Quellen und geht über ein reines *Verlinken* einzelner Dateien weit hinaus. Der Nutzer kann dank der neuen Zusammenstellungen ganz nach Belieben mehr oder weniger tief in eine Nachrichtenlage „eintauchen" und zusätzliche Informationen bekommen, z. B. von den Augenzeugen eines Ereignisses.

Im Fall der Bombe könnten zum Beispiel unter dem Text Links zu einem Artikel über die Bombenentschärfer der Dresdner Polizei oder ein Text über die Dresdner Bombennächte im Zweiten Weltkrieg zu finden sein. Sobald die ersten Fotos vom Bombenfund in der Redaktion eintreffen, erstellt der Online-Redakteur eine *Bildergalerie.* Im besten Fall kann er auch noch Bewegtbild einbauen. Mit dem *Smartphone* ist jeder Reporter vor Ort in der Lage, zum Fotoreporter und Kameramann zu werden und Fotos oder kurze Videos in die Redaktion zu schicken, die den Online-Bericht anreichern. Im Falle des Bombenfundes ist auch eine *Karte* notwendig, die den Radius zeigt, in dem evakuiert wird.

Aber damit nicht genug: Während des gesamten Entstehungsprozesses sucht der Online-Redakteur in den *sozialen Netzwerken* nach Reaktionen zu seinem Artikel. Er stellt sich der Kritik der Leser, benutzt wenn möglich ihre sachlichen Hinweise und lässt ihr Feedback in seinen Text einfließen. Der Bericht ist also nie wirklich abgeschlossen. Stattdessen läuft der von Jarvis erwähnte Prozess auch dann noch weiter, wenn die eigentliche Textarbeit bereits erledigt ist. Denn auch im Nachhinein können die Leser noch hilfreiche Hinweise geben.

Geburtsstunde des Onlinenachrichten-Journalismus
Als eines der ersten Nachrichtenmedien weltweit ging „Spiegel Online" am
25. Oktober 1994 mit seiner Website ins Netz. Was damals als Experiment
einiger *junger Wilder* und zunächst noch mehr oder weniger als Hobbypro-
jekt begann, prägte seitdem den Online-Journalismus in Deutschland. 1994
waren Computer noch große schwere Kisten, und die Geschwindigkeit, mit
der man sich im Netz bewegen konnte, betrug nur den Bruchteil einer DSL-
Verbindung. Wie die Stimmung damals aussah, fasst Fred Bismarck, bis
2001 Geschäftsführer bei „Spiegel Online" zusammen: „Ich glaube, dass
die Redaktion zunächst mal über uns gelacht hat." Heute ist das Netz allgegenwärtig. Durch Smartphones, Tablets und Laptops sind wir *always on*.
Für „Spiegel Online" berichten rund 150 Redakteure 24 Stunden am Tag,
365 Tage im Jahr über das Weltgeschehen.

Die Analyse

Mit etwas zeitlichem Abstand folgt in der Regel die Analyse der Ereignisse, auch
Nachdreh oder *Weiterdrehe* genannt. Darin ordnet die Redaktion die Ereignisse
noch einmal zusammenfassend ein – und unterscheidet sich damit oft gar nicht so
sehr von dem, was an den Tagen nach einem Nachrichtenereignis auch in einer
Tageszeitung passiert. Allerdings können die Analysen im Netz – je nach Ab-
stand zum Ereignis und nach den Ressourcen der jeweiligen Redaktion – durchaus
auch in *komplexer multimedialer Form* stattfinden. *Datenjournalismus, interaktive
Grafiken, Audio-Slideshows* oder *Longform-Texte* sind nur einige der möglichen
Darstellungsformen, die dem Online-Redakteur zur Verfügung stehen. Und die
Zahl der möglichen Formate wächst ständig.

Drei Tipps für gute Onlinenachrichten

1. **Mach' keine Zeitung im Netz!** Die Versuchung ist groß – aber es bringt nichts,
   einfach lange Zeitungstexte ins Netz zu gießen. Stattdessen hat der Online-
   Journalismus spezifische Darstellungsformen, die je nach Thema und Kanal
   genutzt werden sollten.
2. **Korrigiere Fehler transparent!** Wer einen Fehler macht, sollte ihn nicht unter
   den Teppich kehren, sondern möglichst transparent richtigstellen. Tweets oder
   gar ganze Texte zu löschen, gilt im Netz als Todsünde. Und im Zweifel hat

sowieso irgendwer einen *Screenshot* gemacht, der dem Redakteur später vor die Nase gehalten wird.

3. **There is always something new!** Weltweit entwickelt sich der Nachrichtenjournalismus im Eiltempo. Neue Formate bilden sich viel schneller und häufiger als früher heraus. Für Nachrichtenredakteure ist es daher sehr wichtig, den Markt zu kennen – und die eigene Arbeit immer wieder kritisch zu hinterfragen.

Datenjournalismus

Attraktivster Stadtteil Berlins ist Zehlendorf. Dort ziehen die Menschen hin. Aus Kreuzberg und Neukölln ziehen sie weg. Woher weiß man das so genau? Zwei Journalisten haben aus den Telefonbüchern alle Personen ermittelt, die in neun Jahren innerhalb von Berlin umgezogen sind – so einfach kann Datenjournalismus funktionieren. Diese neue Form der computergestützten Recherche stützt sich auf öffentlich zugängliche Datensammlungen wie Statistiken und Jahresberichte. Datenjournalisten werten aber auch Daten aus, die über *Whistleblower* an die Öffentlichkeit gelangen. Musterbeispiele sind die „Kriegstagebücher" des Afghanistan- und des Irakkrieges, publiziert von „Wikileaks" und aufbereitet vom „Guardian" und der „New York Times".

Überschrift und Teaser

Entscheidend für den Erfolg einer Nachrichtenseite im Netz sind häufig die Überschriften und die Teaser-Texte, mit denen für die Artikel geworben wird. Die Frage, wie man eine Nachricht im Netz verkauft, ist daher sehr wichtig. Es lohnt sich, ein paar einfache Grundregeln zu beachten.

Die Überschrift hat für den Onlineartikel eine herausragende Bedeutung. Das gilt besonders in Zeiten von Social Media. Denn viele Nutzer übernehmen in ihren Tweets oder Statusmeldungen bei Facebook einfach die automatisiert ausgespielten Headline-Vorgaben einer Seite. Überschriften dürfen daher die Kerninformationen nicht vollkommen vorweg nehmen, sondern sollten den Nutzer dazu anregen, den Artikel anzuklicken.

Einige Medienhäuser versuchen die ideale Überschrift durch ein so genanntes *A/B-Testing* zu finden. Dabei verfassen sie bis zu 30 verschiedene Überschriften für einen Artikel und suchen daraus die jeweils besten aus. Sie werden dann im Netz zunächst nur einer kleinen Gruppe von Nutzern ausgespielt. Dann wird genau gemessen, welche Überschrift wie viele Interaktionen bringt. Nach einer Weile nimmt der Redakteur dann die erfolgreichste Überschrift und ersetzt alle anderen Headlines durch sie – so dass am Ende alle Nutzer die Überschrift sehen, die im A/B-Test am besten funktioniert hat.

Eine gute Überschrift? 10 Fragen:

1. Stimmt die Überschrift? Ist sie inhaltlich korrekt?
2. Funktioniert die Überschrift in einem anderen Kontext? Zum Beispiel alleinstehend in einem sozialen Netzwerk oder auf einer anderen Website?
3. Verkauft die Überschrift den Artikel gut? Holt sie den Nutzer tatsächlich ab?
4. Ist die Überschrift einfach verständlich? Schon beim ersten Lesen?
5. Könnte die Überschrift von einer Zahl profitieren? Kann ich den Artikel z. B. als Listicle verkaufen?
6. Sind wirklich alle Wörter der Überschrift notwendig? Nutzlose Wörter gehören gestrichen!
7. Knüpft die Überschrift an die Vorerfahrung des Nutzers an? Führt sie z. B. bekannte Namen nicht extra ein?
8. Würde sie besser als erklärende, moderative Überschrift funktionieren? Zum Beispiel: `Wie die Situation in der Ukraine eskalierte` statt `Situation in der Ukraine eskaliert wegen Krawallen auf dem Maidan`.
9. Kann die Überschrift die Bedeutung der Nachricht extra herausstellen? Welche Auswirkungen hat sie?
10. Kann die Überschrift von einem dieser Wörter profitieren? `Beste, warum, wie, neueste, geheime, zukünftige, deine, beste, schlechteste`.

Quelle: Matt Thompson, Poynter.org

Was macht einen guten Teaser aus? Ein guter Teaser (auf Deutsch: ein *Anrisstext* bzw. *Anreißer)* ist wichtig, um den Nutzer dazu zu bringen, den Artikel überhaupt zu lesen. Zusammen mit der Überschrift verkauft er den Inhalt des Textes. Der Teaser sollte die wichtigsten Informationen enthalten und gleichzeitig einen Anreiz zum Weiterlesen bieten. Dabei ist es häufig ein schmaler Grat zwischen Überverkaufe (*Clickbait*) und gutem Teaser. Beispiele für schlechte Teaser:

```
Es war ein ganz normaler Tag. Doch was dann bei den Bauar-
beiten in Dresden-Neustadt gefunden wurde, schockierte
die ganze Stadt. Mehr ... (→ Überverkaufe)
Nach dem Bombenfund in Dresden-Neustadt besteht für die
Anwohner keine Gefahr. Experten werden die Bombe ohne
Probleme entschärfen. Mehr ... (→ Unterverkaufe)
```

Auf den meisten News-Websites sind die Teaser-Texte maximal 300 Zeichen lang. Das reicht gerade für zwei oder drei Sätze. Es geht also darum, aus wenig Platz das Beste herauszuholen. Man unterscheidet folgende Arten von Teasern.

Der Nachrichtenteaser will dem Nutzer bereits auf der *Homepage* die wichtigsten Informationen zum Thema mitgeben. Der Vorteil: Der Nutzer kann sich durch einfaches Scannen der Teaser auf einer einzigen Seite schnell einen Überblick über die Nachrichtenlage verschaffen. Der Nachteil: Häufig weiß der Nutzer nach dem Lesen eines Nachrichtenteasers bereits so viel, dass er den Link zum Artikel gar nicht mehr anklickt und die Seite verlässt. Beispiel:

```
Im Dresdener Stadtteil Neustadt ist heute eine Welt-
kriegsbombe gefunden worden. 10.000 Einwohner mussten
evakuiert werden, bevor die Bombe durch einen Fachmann
entschärft wurde. Mehr ...
```

Der Cliffhanger versucht beim Nutzer eine Frage im Kopf aufzumachen, die er unbedingt beantwortet haben möchte. Dies kann zum Beispiel durch das gezielte Weglassen einer Schlüsselinformation erreicht werden. Aber Vorsicht: Der Artikel sollte auch halten, was der Teaser verspricht. Ist das nicht der Fall, läuft der Redakteur Gefahr, den Nutzer für alle Zeiten zu vergraulen.

```
In Dresden wurde am Abend eine Weltkriegsbombe gefun-
den. 10.000 Menschen mussten ihre Häuser verlassen,
ehe ein Spezialeinsatzkommando schließlich die Bombe
entschärfte - und dabei auf ungeahnte Schwierigkeiten
stieß. Mehr ...
```

Typische Fehler bei Teasern:
- Der Teaser ist im Präteritum oder im Passiv formuliert.
- Der Teaser wiederholt nur die Überschrift.
- Der Teaser versucht, mehr als einen Gedanken zu verkaufen.
- Der Teaser wird unnötig mit Funktionsbezeichnungen der Beteiligten überfrachtet.
- Der Teaser wird durch indirekte Rede langweilig.

Woher kommen die Besucher einer Webseite?
Ein großer Teil der Nutzer kam lange Zeit über die Eingabe einer *Adresse ins Adressfeld* auf die Homepage. Eine zweite wichtige Quelle waren *Links* von anderen Websites, die auf die eigenen Inhalte verwiesen. Mit dem Aufkommen von Google gewannen Suchmaschinen enorm an Bedeutung. Viele Medien investieren daher enorme Ressourcen in die Optimerung ihrer Inhalte für *Suchmaschinen*. Immer wichtiger werden Empfehlungen über Social Media. Einige journalistische US-Startups bekommen mehr als die Hälfte ihrer Nutzer über Verweise in *sozialen Netzwerken* wie Facebook, Twitter oder Pinterest.

Ratschläge für den Umgang mit Twitter

1. **Don't be stupid!** Als Faustregel sollte bei Twitter immer gelten: Don't be stupid! Das, was man zu Weihnachten bei der Familienfeier nicht am Tisch sagen würde, sollte man auch nicht öffentlich twittern.
2. **Don't feed the trolls!** Genauso sinnlos ist es, sich öffentlich auf einen Zweikampf mit einem *Troll*, also einem anderen nur auf Streit ausgerichteten User, einzulassen oder – noch schlimmer – mit Kollegen. Statt den Disput vor den Augen der gesamten (Medien-)Öffentlichkeit auszutragen, sind der Griff zum Telefonhörer und das direkte Gespräch im Zweifel immer die bessere Lösung.
3. **Twittern ist mehr als nur Nachrichten senden!** Twittern bedeutet nicht nur das Senden von eigenen Meldungen, sondern auch das Empfangen der Meldungen anderer. Journalisten sollten auf Twitter ansprechbar sein, auf (angemessene!) Kritik angemessen reagieren und mit den anderen Nutzern interagieren.
4. **You get what you give!** Es ist – so platt das klingen mag – ein gegenseitiges Geben und Nehmen. Das, was man in ein soziales Netzwerk investiert, bekommt man letzten Endes auch wieder heraus. Es braucht etwas Zeit, bis man

den richtigen Leuten folgt. Aber spätestens dann wird Twitter zu einer Bereicherung.

5. **Hab Spaß!** Auch Nachrichten müssen nicht immer bierernst erzählt werden.
Ob News in *Emoji*, in *Memes* oder als *Gifs*: Die Kreativität bei Twitter ist groß.
Wenn man sich darauf einlässt, kann man neben jeder Menge Informationen
ganz nebenbei auch noch gut unterhalten werden.

> Ein Gastwirt kämpft gegen die Unsitte, auch bei großer
> Hitze Hunde allein im Auto zu lassen.
>
> Ein junger Flüchtling aus Syrien findet 1450 Euro und
> bringt sie zur Polizei.
>
> Ein Familienvater in Australien gibt seiner zweijäh-
> rigen krebskranken Tochter Cannabis-Öl und kommt dafür
> ins Gefängnis.
>
> Drei Nachrichten, die es in der Rangliste „10.000 Flies" unter die Top Ten
> geschafft haben. „10.000 Flies" ist ein Aggregator, der jeden Tag feststellt,
> welche Texte, Videos und Töne in Sozialen Netzwerken am meisten *geteilt*
> werden. Motto: Welche News ziehen die meisten Fliegen an? Immer mit an
> der Spitze: Trivial-Nachrichten von Spaßportalen wie „heftig.co", „Postilli-
> on", „Likemag" und „Buzzfeed".

Die Zukunft der Nachrichten im Netz

Tablets und Smartphones haben die Internet-Nutzung erheblich verändert. Immer
mehr Medienhäuser setzen daher auf eine *Mobile-First*-Strategie. Neue Produkte werden zunächst für den kleinen Bildschirm konzipiert – und dann nach und
nach auf die größeren Bildschirme umgemünzt. Nachrichten werden in immer
kleinere Einzelbausteine zerlegt (*Atomisierung*). Waren es zunächst nur lange Berichte und dann einzelne Absätze in Liveblogs, spricht man heute über Tweets und
Glance Journalism. Gemeint ist damit ein Journalismus, der auf den ersten Blick,
also „Glance", konsumierbar ist. Die Smartwatches zeigen, wohin die Reise gehen
kann.

Dabei ist die Weiterentwicklung vor allem technologiegetrieben. Sensoren in Smartphones oder Uhren ermöglichen völlig neue Darstellungsformen. So gibt es zum Beispiel Nachrichten, die sich unterscheiden, je nach dem an welchem Ort ein Nutzer gerade ist. Befindet er sich auf dem Weg zur Arbeit in der U-Bahn, bekommt er andere News angezeigt, als wenn er z. B. am Abend auf der Couch sitzt. Ist er in der Nähe von Dortmund, sieht er andere Nachrichten, als wenn er sich in Dresden befindet. Im Fall unseres Bombenfundes würden also nur die Leute benachrichtigt werden, die selbst in der Nähe des Fundortes wohnen oder sich im Moment gerade dort aufhalten.

Algorithmus statt Gatekeeper

Liefern uns Portale und Soziale Netzwerke bald nur noch Nachrichten, die allein auf uns zugeschnitten sind? Nachrichten zu den Themen, die uns irgendwann schon einmal interessiert haben. Zweimal nach Schalke 04 gesucht, und schon wirst du von Google, Yahoo und Facebook als Schalke-Fan geführt. Nicht mehr der Redakteur entscheidet, was der Leser zu Gesicht bekommt, sondern der Computer, der mit unzähligen Daten des Lesers gefüttert ist: ein personalisierter Algorithmus. Wird der User auf diese Weise in einen „Realitätstunnel der Selbstbestätigung" geleitet, wie der amerikanische Netzkritiker Eli Pariser glaubt?

Nachrichten sind heute *allgegenwärtig* und *immer verfügbar*. Keine Exklusivmeldung bleibt mehr lange exklusiv. Ist eine Meldung im Netz, hat auch die Konkurrenz schnell Zugriff darauf – und kann den Inhalt ohne weiteres kopieren bzw. durch eigene Recherchen ergänzen. Nachrichten sind dadurch *ubiquitär* geworden. Das heißt, sie sind anders als früher, als eine Zeitung zumindest für 24 Stunden mit einer Exklusiv-Geschichte punkten konnte, kein Alleinstellungsmerkmal einer Medienmarke, sondern im Überfluss vorhanden. Für Journalisten bedeutet das, dass sie sich noch stärker mit neuen Darstellungsformen beschäftigen müssen. Denn wenn für den Nutzer nicht mehr erkennbar ist, wer eine Nachricht eigentlich zuerst auf den Markt gebracht hat, braucht es andere Darstellungsformen, um sich von der Konkurrenz abzuheben. Ob Nachrichten als *Kurzvideo*, in *Emoji* oder in *Memes* aufbereitet werden: Wichtig ist nicht mehr nur, dass die wesentlichen Informationen bei den Nutzern hängen bleiben, sondern auch *wie* das passiert.

Kleines Lexikon Onlinenachrichten

Clickbait: Als Clickbait bezeichnet man im Netz eine Form des Teasings, die deutlich mehr verspricht, als der verlinkte Inhalt am Ende hält: `Dieser Text wird dein Leben verändern! Bei Punkt 7 musste ich weinen!`

Scoop: Ein Scoop ist die Exklusivmeldung eines Medienunternehmens, die völlig überraschend ist und in der Folge von anderen Medien aufgegriffen wird.

Memes: Eigentlich ein Begriff aus Psychologie und Sozialwissenschaften. In der Netzwelt für Phänomene gebraucht, die sich schnell über das Internet verbreiten. Oft ein besonders witziges Bild, das durch einen hinzugefügten Text in neuem Zusammenhang erscheint.

Interaktive Grafiken: Eine interaktive Grafik dient dazu, einen komplexen Zusammenhang möglichst verständlich darzustellen. Der Nutzer löst mit verschiedenen Aktionen Effekte aus, die ein Geschehen für ihn einfach begreifbar machen sollen. Interaktive Grafiken werden besonders gerne im Datenjournalismus verwendet.

Audio-Slideshows: Audio-Slideshows sind eine Kombination aus Fotos und/oder Videos, die mit einem Off-Text und/oder atmosphärischen Geräuschen hinterlegt werden. Gute Audio-Slideshows sind in der Produktion aufwändig und werden darum verhältnismäßig selten eingesetzt.

► **Merksätze**

1. Die vier Phasen einer Nachricht im Netz sind: Eilmeldung, Liveblog, Bericht und Analyse.
2. Die Eilmeldung, die Breaking News, informiert in ein, zwei Sätzen über das Ereignis und muss schnell auf dem Nachrichtenmarkt sein.
3. Das Liveblog informiert in umgekehrt chronologischer Reihenfolge in kurzen Statusmeldungen über die neuesten Entwicklungen.
4. Der Bericht fasst das aktuelle Geschehen zusammen, er wird nach und nach ausgebaut und angereichert mit Fotos, Audios, Videos u. a.
5. Die Analyse, die *Weiterdrehe*, ordnet das Ereignis ein und nutzt dafür unterschiedliche Darstellungsformen wie Datenjournalismus, interaktive Grafiken, Audio-Slideshows.

Weiterführende Literatur

Christian Jakubetz, Ulrike Langer, Ralf Hohlfeld (Hrsg.): Universalcode. Journalismus im digitalen Zeitalter: Die digitale Welt verändert den Journalismus (EFF ESS 2014)

Gabriele Hooffacker: Online-Journalismus: Texten und Konzipieren für das Internet (Wiesbaden: Springer VS 2015)

Stefan Primbs: Social Media für Journalisten: Redaktionell arbeiten mit Facebook, Twitter & Co (Wiesbaden: Springer VS 2015)

Twitter – Der Aufstieg des Echtzeit-Netzes

Als U.S. Airways Flug 1549 am 15. Januar 2009 im Hudson River notlanden musste, war das sicher nicht nur für die Passagiere an Bord ein Moment, den sie nie vergessen werden. Es war gleichzeitig auch der Durchbruch von Twitter als Echtzeit-Nachrichtennetz. Passagiere und Crew brachten sich aus dem Flugzeug über Rutschen in Sicherheit. Zufällig fuhr auf dem Fluss gerade eine Fähre vorbei. Mit an Bord: Janis Krums. Er zückte kurzerhand sein iPhone, machte ein Foto von dem abgestürzten Flugzeug im Hudson – und twitterte es.

    There's a plane in the Hudson. I'm on the ferry going to
    pick up the people. Crazy.

Das spektakuläre Foto verbreitete sich in Windeseile im Netz. Knapp 40.000 Nutzer sahen Krums' Bild innerhalb der nächsten vier Stunden. Doch nicht nur Krums twitterte von der Fähre. Dutzende Twitterer hatten schon kurz nach dem Absturz angefangen, darüber zu schreiben. Erst eine Viertelstunde später, also in Nachrichtenzeit eine halbe Ewigkeit, fingen die ersten „traditionellen" Medienhäuser an, über den Absturz zu berichten – und griffen auf ihren Websites die Informationen auf, die sie über Twitter bekamen. Das Echtzeit-Netz erlebte seine erste Sternstunde. Krums' Foto von dem halb im Hudson versunkenen US Airways-Flug landete am nächsten Morgen auf der Titelseite zahlreicher US-Tageszeitungen.

Das Kuriose daran: Krums war gar nicht der erste, der über den Absturz twitterte. Schon kurz vor ihm hatte der in Brooklyn wohnende Jim Hanrahan über den Absturz geschrieben. Krums' Tweet war also nicht der schnellste, sondern lediglich der erfolgreichste. Seit diesem Tag ist die Echtzeit-Berichterstattung zum integralen Bestandteil von Nachrichten im Netz geworden. Wer über Online-News spricht, kommt um Twitter nicht herum. Denn der Kurznachrichtendienst spielt nicht nur als Distributionskanal eine Rolle, sondern ist für viele Journalisten gleichzeitig auch Ideengeber und Kommunikationskanal.

Ist eine Falschmeldung erst einmal draußen, verbreitet sie sich in Windeseile. Die Korrektur hingegen wird meistens viel seltener weitergegeben – und erreicht damit oft nicht annähernd so viele Leute wie die Ente. Diese Erfahrung musste auch die Nachrichten-Agentur AP machen, deren Twitter-Account von syrischen Hackern kurzzeitig gekapert wurde. Unter falscher Flagge verbreiteten die Hacker über den Twitter-Kanal der Nachrichtenagentur die Meldung über zwei Explosionen im Weißen Haus – und über eine angebliche Verletzung des US-Präsidenten Barack Obama:

```
Breaking: Two Explosions in the White House and Barack
Obama is injured
```

Die Falschmeldung verbreitete sich wie ein Lauffeuer und wurde innerhalb kürzester Zeit tausendfach retweetet. Auch auf dem Aktienmarkt sorgte die Falschmeldung für Verwirrung. Wichtige Aktien-Indizes stürzten innerhalb kürzester Zeit ab – obwohl AP sehr schnell einen Korrektur-Tweet über seinen Kanal jagte. Zwar erholte sich die Börse kurz darauf wieder von ihrem Absturz. Aber das Beispiel zeigt, welche Auswirkungen eine einzelne Falschmeldung haben kann.

Die Pressenachricht

von Anke Vehmeier

Zusammenfassung

Für die Printmedien haben sich im Zeitalter der Digitalisierung die Produktionsbedingungen verändert. Unverändert groß ist der Wunsch des Publikums nach umfassender Information, vor allem auch aus dem lokalen Bereich. Die wichtigsten Informationsformate der Zeitung sind die Meldung, die Nachricht und der Bericht. Besondere Sorgfalt der Zeitungsmacher gilt der Schlagzeile und dem Vorspann.

Von Washington bis Lüdenscheid: Die Tageszeitung bringt Nachrichten aus allen Teilen der Welt. Was die Leser vorrangig interessiert, kann jeden Tag etwas anderes sein. Einmal ist es die Annexion der Krim, ein anderes Mal die Schließung des örtlichen Edeka-Geschäfts. Die Auflagen und das Anzeigengeschäft der gedruckten Zeitungen gehen im digitalen Zeitalter zurück. Aber es bleibt ein großes Interesse des Publikums an umfassender, professioneller Information und verständlicher Erklärung komplexer Zusammenhänge – gerade auch für die Ereignisse in seinem Lebensumfeld. Eine besondere Stärke der Printmedien ist deshalb der Lokaljournalismus.

Die Pressenachricht im digitalen Zeitalter

Die Zeitungen müssen sich auf ihre Stärken besinnen. Denn die anderen Medien sind schneller. Die Nachrichten der gedruckten Tageszeitung sind beim Erscheinen immer einen Tag alt. Die Leser wissen vielfach schon, was am Vortag passiert ist – aus dem Radio, Fernsehen und dem Internet, im günstigsten Fall aus dem Online-Auftritt der Tageszeitung. Manche Medienkritiker sehen deshalb in

© Springer Fachmedien Wiesbaden 2016
D. Schwiesau und J. Ohler, *Nachrichten – klassisch und multimedial*,
Journalistische Praxis, DOI 10.1007/978-3-658-08717-3_9

der Verbreitung von Nachrichten nicht mehr die Kernkompetenz der Tageszeitung. Das geht sicher zu weit. Die Zeitung muss aber ihre Stärken ausspielen: Ereignisse einordnen, Hintergründe aufzeigen, Konsequenzen analysieren, Lebenshilfe geben, also Mehrwert liefern.

Mehr Raum für das Lokale. Das ist der höchste Trumpf der Tageszeitung. Die Konkurrenten Fernsehen und Radio sind eher nationale oder regionale Medien. Und was im Nahbereich passiert, kann genauso spannend sein wie das Weltgeschehen. Wo werden Windräder aufgestellt? Plant die Stadt ein Filmfestival? Wird das alte Krankenhaus geschlossen? Gibt es genügend Krippenplätze? Welche Straße ist gerade gesperrt? Das sind Nachrichtenthemen im Lokaljournalismus. Die Bandbreite ist groß: Sie umfasst Politik und Wirtschaft, Gesundheit und Ernährung, Ortsbild und Verkehr, Energie und Umwelt, Einkaufen und Geld, Rotlicht und Blaulicht. Viele überregional aktuelle Themen lassen sich auf die Lebenswelt der Menschen vor Ort *herunterbrechen*. Überregionale *Erklärkästen* der Agenturen ergänzen lokale Geschichten und werten sie auf.

Eigenrecherche statt Abdruck von Agenturtexten. Qualitätszeitungen legen Wert darauf, möglichst viele Nachrichten selbst zu recherchieren und durch Exklusivität ihr Profil zu stärken. Der investigative Journalismus hat zugelegt. Agenturmeldungen werden durch eigenes Nachrichtenmaterial ergänzt. Für Lokalredaktionen dient der Stoff, den die Agenturen liefern, vielfach nur als Steinbruch.

Die digitale Welt für die gedruckte Zeitung nutzen. Dafür gibt es viele Möglichkeiten: Wichtige Artikel vorab ins Netz? Das Archiv zur Verfügung der Leser? Kostenloser Zugriff oder Paid Content? Auch für die Recherche kann die Redaktion das Internet nutzen: Es ist eine unerschöpfliche Quelle. Darüber hinaus steckt viel Nachrichtenstoff in den sozialen Netzwerken, in denen Jedermann zum Publizisten werden kann. Manchmal sind private Nachrichtenschreiber auf Facebook und Twitter schneller als die professionellen Nachrichtenagenturen. Auch die Themengewichtung kann von den sozialen Netzwerken beeinflusst werden, z. B. wenn eine auf Twitter oder Facebook veröffentlichte Nachricht besonders starke Reaktionen der User auslöst (siehe dazu das Kapitel „Die Onlinenachricht").

Und noch eine Stärke: Die Übersichtlichkeit der Zeitung. Beim Durchblättern hat der Leser immer alles auf einmal im Blick. Meldungen, Nachrichten, Berichte und Reportagen sind nach Priorität und mutmaßlichen Leserinteressen gewichtet. Durch gutes Layout gewinnt die Zeitung zusätzliche Attraktivität. Print-Medien sind Verweilmedien: Sie werden besonders intensiv genutzt. Im Durchschnitt beschäftigen sich Zeitungsleser von Montag bis Samstag 40 Minuten täglich mit ihrem Blatt.

Meldung, Nachricht und Bericht

Das sind die wichtigsten Informationsformate der Zeitung. In allen Formaten erwartet der Leser Antwort auf die sieben journalistischen W-Fragen:

1. Was ist passiert?
2. Wer war beteiligt oder ist davon betroffen?
3. Wann ist das Ereignis geschehen?
4. Wo ist es passiert?
5. Wie geschah es?
6. Warum geschah es?
7. Woher stammt die Information?
   (Vergleiche dazu das Kapitel „Der Nachrichtenaufbau".)

Das siebte W ist für jede gedruckte Nachricht besonders wichtig: die Quelle. Sie darf nur dann fehlen, wenn der Reporter selbst Augen- und Ohrenzeuge des Ereignisses war, von dem er berichtet. Der Leser will wissen: Woher habt ihr das? Auch wenn die Neuigkeit von einer *privilegierten* Quelle stammt, kann die Quelle notfalls wegfallen, etwa wenn das Versorgungsunternehmen einen Stromausfall ankündigt. Das gilt allerdings nur für kurze Meldungen.

Die Meldung ist die Urform des informierenden Zeitungstextes. Sie hat zehn bis 15 Zeilen und steht – als Einspalter – in der Regel in einer der äußeren Zeitungsspalten. Vielfach beginnt sie mit einer Spitzmarke, d. h. der Ortsangabe in gefetteter Schrift. Meldungen auf der Titelseite der Zeitung oder auf der ersten Seite des jeweiligen *Buchs* dienen oft auch dem Zweck, auf einen größeren Artikel hinzuweisen, der auf den folgenden Seiten abgedruckt ist. Das führt zu dem Kuriosum, dass sowohl die allerwichtigsten als auch die eher nebensächlichen Themen in Form der Meldung in der Zeitung auftauchen.

Die Nachricht ist in der Redaktionssprache eine Meldung, die mit weiteren Fakten angereichert ist. Vor allem enthält sie Näheres zum Hintergrund, etwa zur *Vorgeschichte* und zu den möglichen *Zusammenhängen*. Diese Zusatzinformationen vermittelt sie – genauso wie die Meldung – in möglichst knapper, objektiver

Form. Ihre Länge beträgt maximal 25 Zeilen. Platziert werden Nachrichten meistens ebenfalls in den Randspalten der Zeitung. Ihre Überschrift wird vielfach durch eine Unterzeile ergänzt.

Der Bericht in der Zeitung bietet über die Nachricht hinaus weitere Einzelheiten und Hintergründe, die es ermöglichen, ein Ereignis oder ein Thema einzuordnen. Im Bericht werden auch komplexe Sachverhalte erläutert – angereichert durch Zitate, Szenen und Beispiele sowie durch Fotos und Grafiken. Und es werden mehrere Quellen herangezogen. Auf keinen Fall darf der Bericht nur auf einer Pressemitteilung beruhen. Recherche und Gegenrecherche sind zwingend. In der Zeitung ergibt das dann zwei, drei oder vier Spalten.

Die wichtigsten Merkmale des Zeitungsberichts
- mehr Einzelheiten als in Meldung und Nachricht,
- mehr Hintergrund,
- Erklärung komplexer Sachverhalte,
- Grafiken und Fotos,
- Recherche und Gegenrecherche.

Viele Zeitungsnachrichten beruhen auf Mitteilungen von Regierungen, Ministerien, Parteien, Behörden, Organisationen, Unternehmen und Vereinen. Eine besondere Rolle spielen Pressemitteilungen der Polizei. Ein Beispiel:

Neustadt. Am 10.01.2015, gegen 02.00 Uhr, kam es im Verlauf der Kreisstraße 999 in Neustadt zu einem folgenschweren Verkehrsunfall:
Zur Unfallzeit waren zwei Jugendliche im Alter von 16 und 17 Jahren mit ihren Fahrrädern auf der feuchten Fahrbahn der K 999 in Richtung Altdorf unterwegs. Nach den bisherigen Feststellungen näherte sich zur Unfallzeit ein 35-jähriger Fahrer mit seinem Pkw, der auf der Kreisstraße in gleicher Fahrtrichtung unterwegs war. Der 16-Jährige wurde von dem von hinten herannahenden Wagen erfasst und auf die Fahrbahn geschleudert. Der Pkw-Fahrer kam nach links von der Fahrbahn ab und kam in dem dortigen Acker zum Stillstand. Eine Verkehrsteilnehmerin, die die Unfallstelle kurze Zeit später

erreichte, leistete sofort erste Hilfe bei dem Schwerst-
verletzten. Der Jugendliche zog sich lebensgefährliche
Verletzungen zu. Nach erfolgter notärztlicher Versorgung vor Ort wurde er in einem Rettungstransportwagen in
eine Klinik transportiert - hier erlag der Jugendliche
seinen schwersten Verletzungen. Der Pkw-Fahrer erlitt
einen Schock. Der 17-jährige Begleiter des Radfahrers
blieb bei dem Geschehen unverletzt. Zur Betreuung von
Unfallbeteiligten und Angehörigen wurden Notfallseelsorger eingesetzt. Die Polizei sperrte die Kreisstraße
für die Dauer der Unfallaufnahme . . . und schaltete
in Abstimmung mit der eingeschalteten Staatsanwaltschaft zur Rekonstruktion des Unfallgeschehens einen
Sachverständigen ein. Der Pkw und das Fahrrad wurden
sichergestellt. Im Rahmen der Unfallaufnahme ergaben
sich bei dem 35-jährigen Pkw-Fahrer Anhaltspunkte auf
eine mögliche Alkoholeinwirkung. Nachdem ein Atemalko-
holtest einen Wert von rund 1,3 Promille ergeben hatte,
wurde die Entnahme einer Blutprobe angeordnet und der
Führerschein des Mannes sichergestellt. Nach Abschluss
der ersten Maßnahmen übernimmt das zuständige Verkehrs-
kommissariat 2 der Polizei in enger Abstimmung mit der
Staatsanwaltschaft die weitergehenden Ermittlungen zu
dem folgenschweren Verkehrsunfallgeschehen.

Jeder Leser merkt: Das ist alles viel zu umständlich und bürokratisch ausge-
drückt. Eine *Meldung* sieht anders aus. Vielleicht so:

Tödlicher Unfall: Radfahrer von Auto erfasst

Neustadt. Bei einem Unfall auf der Kreisstraße 999 ist
in der Nacht zum Samstag ein 16 Jahre alter Radfahrer ums
Leben gekommen. Laut Polizei erfasste das Auto eines 35-
Jährigen den Radfahrer von hinten und schleuderte ihn auf
die Straße. Dabei wurde er schwer verletzt. Eine Frau,
die an die Unfallstelle kam, leistete erste Hilfe. Ein
Rettungswagen brachte den Jugendlichen ins Krankenhaus -
dort starb er. Ein Alkoholtest bei dem Pkw-Fahrer ergab
1,3 Promille. Sein Führerschein wurde eingezogen. Die
Staatsanwaltschaft ermittelt.

Wesentlich ausführlicher ist die *Nachricht* über den Tod des Radfahrers

`16-jähriger Radfahrer von Pkw erfasst und tödlich`
`verletzt. Autofahrer unter Alkoholeinfluss`
`Neustadt. Auf der Kreisstraße 999 ist es ist es am Sams-`
`tagmorgen gegen 2 Uhr zu einem tödlichen Verkehrsunfall`
`gekommen. Dabei wurde ein 16-jähriger Radfahrer schwer`
`verletzt - er starb später in einer Klinik, wie die Po-`
`lizei gestern mitteilte. Zu der Unfallzeit waren zwei`
`Jugendliche im Alter von 16 und 17 Jahren mit ihren Fahr-`
`rädern in Richtung Altdorf unterwegs. Plötzlich wurde`
`der 16-Jährige vom Auto eines 35-Jährigen erfasst und auf`
`die Straße geschleudert. Der Jugendliche zog sich dabei`
`lebensgefährliche Verletzungen zu. Eine Frau, die kurz`
`danach an die Unfallstelle kam, leistete erste Hilfe.`
`Anschließend wurde der Verletzte in einem Rettungswagen`
`in eine Klinik transportiert - dort starb er. Der zwei-`
`te Radfahrer blieb unverletzt. Ein Alkoholtest bei dem`
`Autofahrer ergab rund 1,3 Promille. Sein Führerschein`
`wurde eingezogen, die Staatsanwaltschaft ermittelt.`

Noch länger und mit weiteren Fakten angereichert ist der *Bericht* der Zeitung:

`Tödlicher Unfall in Neustadt`
`16-jähriger Radfahrer von Pkw erfasst. Autofahrer`
`alkoholisiert.`
`Neustadt. Auf der Kreisstraße 999 bei Neustadt ist es am`
`Samstagmorgen gegen 2 Uhr zu einem schweren Verkehrs-`
`unfall gekommen. Dabei wurde ein 16-jähriger Radfahrer`
`schwer verletzt - er starb später in einer Klinik. Der`
`beteiligte Autofahrer war alkoholisiert. Das gab gestern`
`die Polizei bekannt.`
`Nach ihren bisherigen Ermittlungen, waren in der Nacht`
`zum Samstag zwei Jugendliche im Alter von 16 und 17 Jahren`
`mit ihren Fahrrädern auf der nassen Fahrbahn der K 999`
`in Richtung Altdorf unterwegs. Plötzlich wurde der 16-`
`Jährige vom Auto eines 35-Jährigen erfasst und auf die`
`Straße geschleudert. Das Auto kam von der Fahrbahn ab`
`und landete auf dem Acker.`

Der Jugendliche zog sich bei dem Unfall lebensgefährliche Verletzungen zu. Eine Frau, die kurz danach an die Unfallstelle kam, leistete erste Hilfe. Nach einer notärztlichen Versorgung vor Ort wurde der 16-Jährige in einem Rettungswagen in eine Klinik transportiert - dort starb er jedoch an seinen Verletzungen. Der 17-jährige Begleiter des Radfahrers blieb unverletzt. Für die Unfallaufnahme sperrte die Polizei die Kreisstraße, auf einer Strecke von mehr als hundert Metern. Die Unfallbeteiligten wurden von einem Notfallseelsorger betreut. Da die Beamten bei dem Autofahrer Anzeichen einer Alkoholisierung feststellten, ordneten sie einen Alkoholtest an. Dieser ergab einen Wert von rund 1,3 Promille. Der Führerschein des Fahrers wurde eingezogen. Die Kriminalpolizei hat in enger Absprache mit der Staatsanwaltschaft die Ermittlungen zu dem tödlichen Unfall aufgenommen. Am Tag nach dem Unfall brachten viele Menschen Blumen, Kerzen und persönliche Gegenstände zu dem Unfallort. Laut Polizeistatistik gilt die K999 als Unfallschwerpunkt. Im vergangenen Jahr kam es dort zu zehn Unfällen. Ein Sprecher des Landkreises sagte auf Anfrage, es werde derzeit geprüft, mit welchen Maßnahmen die Straße sicherer gemacht werden könnte.

Die Überschrift

Die Überschrift vermittelt den Kern der Information, umgangssprachlich die *Schlagzeile*, im Fachjargon der Zeitungsmacher manchmal auch *Titel* genannt.

Hundert Verletzte bei Erdbeben in Japan
US-Verteidigungsminister tritt zurück
Halsschmerzen: Startenor sagt Vorstellung ab

Die Überschrift soll ins Auge springen. Auf einen Blick soll der Leser den Kern der Nachricht erfassen. Im Idealfall animiert der *Titel* zugleich zum Weiterlesen, selbst bei Inhalten, die der Leser bereits aus anderen Medien kennt. Für den Zeitungsmacher heißt das: möglichst plakative, eingängige Schlagzeilen formulieren.

Nachrichtentitel müssen nicht trocken sein, sie können Stimmungen, Atmosphäre, Perspektiven aufnehmen, ohne dabei die Objektivität einzubüßen. Die mitunter langweilige Sachlichkeit früherer Jahre weicht auch in seriösen Zeitungen der schlagkräftigen Farbigkeit mit Dramatisierungseffekten:

```
Chaos um das Dosenpfand
Hoffen auf den Wachstumsschub
Die Klimakatastrophe kommt näher
```

Je nach Länge des Nachrichtentextes kann die Überschrift aus drei Elementen bestehen. Das sind:

- **Die Dach- oder Überzeile,** die (grafisch meist deutlich kleiner) in die Hauptzeile führt. Viele Designer halten sie für überflüssig, weil Untersuchungen ergaben, dass sie oft gar nicht gelesen wird.
- **Die Hauptzeile,** die auch Schlagzeile genannt wird. Bei mehrspaltigen Artikeln besteht sie in die Regel aus einer einzigen Zeile, die durch die Unterzeilen ergänzt wird. Bei *Einspaltern* kann die Hauptzeile selbst bis zu drei Zeilen umfassen, allerdings folgen dann keine Unterzeilen. Wichtig ist dabei, die Wortgruppen sinnvoll auf die Zeilen zu verteilen. Als tabu gilt eine Silbentrennung.
- **Die Unterzeile** (bis zu zwei Zeilen), die die Hauptzeile erläutert und ergänzt. Unterzeilen können mehrere Aspekte aufnehmen, oft durch Schrägstriche voneinander getrennt, manchmal auch ganze Sätze, aber ohne Punkt am Ende.

Unter den Zeitungsjournalisten gibt es zur Überschrift einen regelrechten Glaubensstreit. Die einen sind der Meinung, die Überschrift müsse als erstes formuliert werden und dann der Text, um den Kern der Geschichte zu definieren. Andere schreiben erst den Text und überlegen sich anhand des Ergebnisses eine Schlagzeile.

Für die sprachliche Formulierung der Überschrift gibt es besondere Regeln:

Verben sind dynamischer als Substantive

```
Regierung kürzt Subventionen
Moskau kündigt Vergeltung an
Ölpest breitet sich aus
```

Verben stehen im Präsens, das steigert die Aktualität

```
Eilantrag scheitert in Karlsruhe
Chirurg amputiert falsches Bein
Feuerwehr rettet Eichhörnchen
```

Vorsicht, wenn es um Ankündigungen geht

```
Dritte-Welt-Bevölkerung verdreifacht sich
```
(gemeint ist nicht: `. . . hat sich in den letzten 20 Jahren ver-`
`dreifacht` sondern: `. . . wird sich bis 2050 verdreifachen)`

Überschriften im Passiv sind selten, am ehesten verkürzt als Partizipialkonstruktion

```
Börsenaufschwung gebremst
Abbrucharbeiten gestoppt
Nachtflugverbot gelockert
```

Auch mit Substantiven können Schlagzeilen gelingen

```
Weniger Tote auf den Autobahnen
Sabotage auf ICE-Ausbaustrecke
Milde Urteile gegen Augenärzte
```

Das Imperfekt in der Schlagzeile ist historischen Vorgängen vorbehalten, die erst jetzt zur Nachricht werden

```
Hitler wollte schon 1938 den Krieg
```

Satzzeichen sind selten, aber nicht verboten
Das Komma:

```
Grüne mit alter Spitze, aber stark geschwächt
```

Der Gedankenstrich:

```
Stürme und Fluten - Versicherer rechnen mit hohen Aus-
gaben
```

Der Doppelpunkt in drei Formen:

```
Rechnungshof: Millionen wären einzusparen
```
(Quelle – Aussage)
```
Syrien: Immer mehr Menschen auf der Flucht
```
(Stichwort – Ereignis)
```
Fataler Fehler im OP: falscher Lungenflügel entfernt
```
(Ursache – Ereignis)

Anführungszeichen nach dem Doppelpunkt sind unüblich, zumal ein Zitat meist nur sinngemäß wiedergegeben wird:

```
Schäuble: Neue Kredite nur gegen Reformen
```

Ausrufezeichen sind vor allem für Straßenverkaufszeitungen wichtig, sie sollen Empörung oder Begeisterung vorgeben

```
Gefeuert! Bayerns faulste Lehrerin
Advents-Trubel: Vorsicht, Diebe!
Schnee - endlich Winter!
```

Das Fragezeichen ist das problematischste Satzzeichen. Bei manchen seriösen Zeitungen ist es tabu – nach dem Motto: „Wir stellen in der Zeitung keine Fragen, wir beantworten sie". Andere Redaktionen sehen es lockerer. Sie fragen z. B.:

```
Brandanschlag von Rechtsextremisten verübt?
```

Und vermeiden damit die umständlichere Formulierung:

```
Brandanschlag möglicherweise von Rechtsextremisten ver-
übt
```

Völlig verfehlt ist es, Beleidigungstatbestände, Spekulationen oder sogar mangelnde Recherche hinter dem Fragezeichen zu verstecken:

```
Ist Müller schwul?
Bald erste Pleiten durch Mindestlohn?
Verkehrszeichen gestohlen?
```

Die Hall of Fame der Headlines

Auf Twitter hat Christian Lindner, Chefredakteur der „Rhein-Zeitung" in Koblenz, den Hashtag #rzHeadlines initiiert. Dort tagged die „Rhein-Zeitung" regelmäßig ihre besten Schlagzeilen. Die Redaktion ist sehr kreativ, arbeitet mit Wortspielen, bildhaften Schlagzeilen und ungewöhnlichen Verknüpfungen. Beispiele:

`Tür zu für „Zimmer frei"` – Überschrift zur Einstellung der WDR-Serie.

`1899 ist jetzt Hoppenheim` – Überschrift auf der Sportseite zur Übernahme der Mehrheit beim Fußballclub 1899 Hoffenheim durch den Milliardär Dietmar Hopp.

`„Wer gut riecht, fühlt sich dufte"` – Überschrift zu dem Ergebnis einer Umfrage: Parfüm macht selbstbewusst.

Nach der Überschrift folgt der Einstieg, der unterschiedlich ausfällt, je nachdem ob es sich um eine Meldung, eine Nachricht oder einen Bericht handelt. Die Meldung und die Nachricht beginnen nach der Ortsspitzmarke mit dem *Leadsatz,* für den es verschiedene Formen gibt: die klassische, plakative, einleitende oder erweiterte Form (siehe „Der Nachrichtenaufbau"). Er muss in jedem Fall den Kern der Information enthalten oder ankündigen. Bei manchen Zeitungen wird der Leadsatz durch Fettung hervorgehoben. Ein Beispiel:

`Ein Jugendlicher ist in eine Hamburger Schule gestürmt und hat einen 17-jährigen Schüler erstochen. Die Tat geschah während eines Deutschkurses. Die Mitschüler konnten sie nicht verhindern . . .`

Der Vorspann

Der Bericht erfordert oft einen Vorspann. Er besteht aus mindestens zwei Sätzen und fasst den Bericht zusammen, auch Einzelheiten und Hintergrund. Im Idealfall macht er gleichzeitig deutlich, warum der Beitrag gerade für die eigene Leserschaft relevant ist – etwa die Ortsnähe in der Lokalzeitung. Aber Vorsicht! Auf keinen Fall darf der Vorspann die Wörter wiederholen, die bereits in der Überschrift stehen.

Das Gleiche gilt für die Bildunterzeilen. Überschrift, Vorspann und Bildunterzeile sollen sich ergänzen, nicht doppeln.

Thematisch geht es im Bericht oft um komplexe Vorgänge mit verschiedenen Handlungsorten und Personen. Dazu liegen vielfach unterschiedliche Texte von Agenturen, Berichte von eigenen Korrespondenten und dokumentarische Beiträge vor. Nur der Redakteur, der das Ganze in der Zentrale komponiert, kann den Vorspann verfassen. Er muss dazu die wichtigsten Informationen aus den einzelnen Teilen herausgreifen. Dabei gelten – wie bei den anderen Darstellungsformen – zwei Grundregeln: Nicht zu viele Fakten in einem Satz und rein sachliche, wertneutrale Information, kein Kommentar. Hier ein zusammenfassender Vorspann:

```
Erneut sind im Mittelmeer vermutlich mehrere hundert
Flüchtlinge ertrunken. Europäische Politiker reagie-
ren bestürzt und hilflos. Die Auffanglager in Itali-
en sind überfüllt. Die Grünen fordern sichere Zu-
gangswege für Flüchtlinge.
```

Danach beginnt der Bericht im Normalsatz:

```
Bei einer der schlimmsten Flüchtlingskatastrophen der
vergangenen Jahre sind wahrscheinlich über 400 Menschen
ums Leben gekommen. Das berichtet die Hilfsorganisation
„Save the children" . . .
```

Kleines Lexikon Pressenachrichten – Teil 1

Andruck: Start der Druckmaschine nach dem Redaktionsschluss.

Anzeigenspiegel: Plan der Seiten, der zeigt, wie viel Platz für die Nachrichten und anderen redaktionellen Beiträge zur Verfügung steht.

Aufmacher: Der über dem *Bruch* einer Seite an prominentester Stelle platzierte Beitrag. Beim Magazin die *Titelgeschichte*.

Aufsetzer: In der Regel ein mehrspaltiger Artikel am unteren Teil der Seite.

Bruch: Die Mitte der Zeitung, waagerecht gefalzt.

Buch: Zusammengefasste Zeitungsseiten, die sich aus den Druckbögen ergeben. In der Schweiz auch *Faszikel* oder *Bund* genannt. Oft identisch mit den einzelnen Ressorts (Politik, Wirtschaft etc.)

Doublette: Artikel mit dem gleichen Inhalt, die an verschiedenen Stellen in der Zeitung stehen. Meistens ein peinlicher Fehler.

Eckenbrüller: Kurze, einspaltige Nachricht auf der Seite 1 der Tageszeitung. Kann links oder rechts stehen.

Edelfeder: Ironische, aber auch anerkennende Bezeichnung für einen Journalisten mit exklusiven Themen und glänzendem Schreibstil.

Fließtext: Ein fortlaufender Text, der durch keine Zwischenüberschriften oder Zitatkästen unterbrochen wird.

Die Sprache der Pressenachricht

Grundsätzlich gilt alles, was im Kapitel „Die Nachrichtensprache" steht, auch für die Sprache der Tageszeitung. Grundanforderungen sind Verständlichkeit, Wertneutralität, Angemessenheit und Richtigkeit. Hier nur ein paar spezielle Appelle an Zeitungsschreiber:

Überschriften im Präsens. Das ist eine sprachliche Spezialität, die sich in den Zeitungen durchgesetzt hat. Der Hauptgrund dafür ist vermutlich, dass das Präsens in besonderer Weise die Aktualität ausdrückt. Denn die Zeitung berichtet immer erst heute darüber, was gestern geschehen ist. Beispiel:

`Drei Menschen sterben bei Grubenunglück.`

Konkret vor Abstrakt. Eine Faustformel der Nachrichtensprache! Sätze wie `für das leibliche Wohl ist gesorgt` sagen nichts darüber aus, was es zu essen gibt. Also besser: `Es werden Schwenkbraten, Bier und Limo angeboten.`

Fachjargon nicht übernehmen: `Postwertzeichen` sind in der Zeitung `Briefmarken`; Arbeiter werden nicht `freigesetzt`, sondern `entlassen`. Das Gewehr G36 hat nicht `Präzisionsmängel bei hohen Temperaturen`, sondern `es trifft nicht, wenn es heiß ist`.

Auf überflüssige Floskeln verzichten wie: `letztendlich`, `natürlich`, `selbstverständlich`, `in diesem Zusammenhang`, `im Rahmen von` usw. Sie sind genau das Gegenteil von dem, was die Nachricht sein soll:

knappe, präzise Information. Also auch nicht zu diesem Zeitpunkt sondern jetzt; nicht keine Seltenheit sondern häufig; nicht strenges Stillschweigen bewahren sondern schweigen.

Auch Adjektive sind oft überflüssig, das gilt besonders für subjektive Bewertungen, wie schön, schrecklich, toll, unheimlich, einzigartig. Journalisten verwenden höchstens objektive, vergleichende Adjektive wie groß und klein, heiß und kalt, leicht und schwer, hell und dunkel.

Verben bevorzugen. Verben sind meistens „Tu-Wörter". Sie wirken deshalb stärker als Umschreibungen mit Substantiven. Also nicht beim Radfahren, sondern als er mit dem Rad fuhr.

Frau Merkel und Herr Gabriel? Nein. Anredeformeln kommen in der Zeitung nicht vor. Die Namen werden vollständig ausgeschrieben und im weiteren Textverlauf wird nur der Nachname genannt.

„Perlen des Lokaljournalismus"
Lepra-Gruppe hat sich aufgelöst, Motorsägen-Kurs für blutige Anfänger, Gangster-Paar könnte irgendwo sein, Polizist schießt mit Messer bewaffneten Mann nieder, Frühlingserwachen auf dem Friedhof, 18-Jährige verletzt: Reh entkam unerkannt, Mann auf Damenrad erwischt, Diebe in Bad Klosterlausnitz stehlen nichts. Solche Stilblüten und kuriosen Missgeschicke aus Zeitungen sammelt Jörg Homering-Elsner auf seiner Facebook-Seite „Perlen des Lokaljournalismus".

Die Nachricht in der Boulevardzeitung

Eigene Regeln herrschen im Boulevardjournalismus. Anders als die Abonnement-Zeitung muss sich die Boulevard-Zeitung jeden Tag im Supermarkt oder am Kiosk neu verkaufen. Die Schlagzeile und das Aufmacher-Foto müssen die potenziellen Leser so in ihren Bann ziehen, dass sie bereit sind, Geld für das Blatt auszugeben. Die Nachrichtensprache ist vielfach noch knapper und prägnanter.

Oft bestehen die Sätze nur aus vier oder fünf Worten. Viele Redaktionen des Boulevards beherrschen außerdem die Kunst, eine Geschichte über mehrere Tage zu ziehen und immer wieder mit neuen Nachrichten anzureichern. Aus Nachrichten wird dann ein Fortsetzungsroman.

So könnte die Polizeimeldung in der Boulevardzeitung stehen:

Im Alkoholrausch Teenager totgefahren

Neustadt. Schon wieder ein tödlicher Unfall auf der Kreisstraße 999. Und schon wieder trifft es einen Radfahrer. Gegen zwei Uhr in der Nacht fährt ein 35-Jähriger mit seinem Toyota auf der Straße Richtung Altdorf. Dort ereignet sich das Drama. Zwei Jugendliche im Alter von 16 und 17 Jahren sind mit ihren Fahrrädern auf dem Weg nach Hause. Plötzlich kommt von hinten das Auto gerast. Der 16-Jährige wird von dem Toyota erfasst und über die Kühlerhaube geschleudert. Schwer verletzt landet er auf dem Asphalt. Eine Frau, die an der Unfallstelle vorbei kommt, versucht es mit Mund-zu-Mund-Beatmung. Alarmierte Sanitäter bringen den Jungen in eine Klinik. Dort stirbt er. Der andere Radfahrer blieb bei dem Unfall unverletzt. Bei dem 35-Jährigen rochen die Polizisten noch am Unfallort Alkohol. Sofort wurde ein Test angeordnet. Tatsächlich, der Autofahrer war betrunken, der Test ergab rund 1,3 Promille. Der Führerschein wurde eingezogen, die Staatsanwaltschaft hat Ermittlungen aufgenommen. Erst vor ein paar Wochen war an fast derselben Stelle ein anderer Radfahrer totgefahren worden.

Wie die Nachrichten ins Blatt kommen

Moderne Medienhäuser arbeiten mit einem Newsroom. Er ist ein Großraumbüro, das in verschiedene News-Desks aufgeteilt ist: Am Mantel-Desk werden die überregionalen Seiten produziert, an den lokalen Desks die Regional- oder Lokalseiten. Doch darüber hinaus ist der Newsroom die Schaltzentrale der Redaktion, in der alle Fäden aus den einzelnen Ressorts zusammenlaufen. Gleichzeitig verteilt der Newsroom die Nachrichten auf die verschiedenen Verbreitungskanäle – auf die Zeitung selbst und (falls vorhanden) auf weitere Printmedien des Hauses, aber auch auf die eigene Website, die Sozialen Medien, auf Youtube und die eigenen Apps und (falls vorhanden) auf den verlagseigenen Radiosender. In einigen Häusern gibt es zudem einen Service-Desk, der die Termine verwaltet.

Die Organisationsform Newsroom erfordert eine neue Redaktionsstruktur. Die einzelnen Ressorts (Politik, Wirtschaft, Kultur, Lokales etc.) bearbeiten *ihre* Seiten nicht mehr nur für sich allein, also für einen Kanal, sondern ressort-, programm- und medienübergreifend, d. h. *cross- und multimedial*. Der Newsroom setzt auf Integration. Personell arbeiten im Newsroom zwei Gruppen: Die *Editoren* produzieren die Seiten, planen die Themen und schreiben höchstens die Nachrichten für die Randspalten selbst. Die *Reporter* recherchieren und schreiben eigene Storys. Newsroom-Chef ist in manchen Medienhäusern der zentrale *Verteiler*, der bestimmt, welche Nachricht auf welche Seite kommt, der *Nachrichtenführer* oder *Blattmacher*.

Kleines Lexikon Pressenachrichten – Teil 2

Hurenkind: Die letzte Zeile eines Absatzes, die in die folgende Spalte oder gar in die nächste Seite rutscht und dort allein steht. Oft nur ein einziges Wort.

Korrespondent: Journalist, der ständig außerhalb der Zentralredaktion im In- oder Ausland tätig ist.

Layout: Die grafische Strukturierung der Seite mit Texten, Titeln, Bildern, Grafiken, Kästen etc.

Publizistische Einstellung: Angabe im Zeitungskopf, ob die Zeitung sich als *unabhängig, überparteilich, kritisch* etc. einschätzt.

Reportage: Ausführlicher, subjektiv gefärbter Bericht über ein Ereignis, einen Ort oder ein längerfristiges Geschehen.

Schusterjunge: Die erste Zeile eines neuen Absatzes, die allein am Ende einer Spalte oder Seite steht (ähnlich wie beim *Hurenkind*).

Wechsel: Die Möglichkeit, eine schon gedruckte Seite auszuwechseln, zu aktualisieren oder zu korrigieren.

► **Merksätze**

1. Im Zeitalter der Digitalisierung besinnt sich der Zeitungsjournalismus auf sein Kerngeschäft: Hintergrund und Analyse, Lokalberichterstattung, Eigenrecherche.
2. Die Informationsformate der Zeitung unterscheiden sich durch Länge und Inhalt: Meldung, Nachricht und Bericht.
3. Die Überschrift (auch Schlagzeile oder Titel genannt) erfasst den Kern und regt zum Weiterlesen an. Sie kann (je nach Länge des Textes) aus Dach- oder Überzeile, Hauptzeile und Unterzeile bestehen.
4. Der Vorspann ist der optisch abgehobene erste Absatz des Berichts. Er fasst die Hauptaussagen des Berichts zusammen.
5. Im Newsroom als Koordinations- und Produktionszentrale laufen alle Informationen ein und werden auf die unterschiedlichen Kanäle verteilt. Im Newsroom denken die Redakteure multimedial und themenorientiert.

Weiterführende Literatur

Detlef Esslinger, Wolf Schneider: Die Überschrift (Wiesbaden: Springer VS, Journalistische Praxis, 5. Aufl. 2014)

Verena Hruska: Die Zeitungsnachricht. Information hat Vorrang (Bonn: Zeitungs-Verlag-Service Verlag GmbH, 1999)

„Bleiben Sie dran, Herr Rath!"

Marc Rath, Jahrgang 1966, Koordinator Lokales in der Chefredaktion der „Magdeburger Volksstimme". Seit über 25 Jahren Erfahrungen im Lokaljournalismus, als Reporter, Redakteur und Redaktionsleiter – unter anderem bei der Braunschweiger Zeitung, beim Ruppiner Anzeiger und bei der Allgemeinen Zeitung der Lüneburger Heide.

Marc Rath, Sie haben einen der wichtigsten Journalistenpreise bekommen, den *Wächter-Preis* der deutschen Tagespresse, mit dem kritische Berichterstattung über Korruption und Vetternwirtschaft gewürdigt wird. Was haben Sie aufgedeckt?

Ich habe recherchiert, dass bei Wahlen in Stendal massiv betrogen wurde. Meine Nachricht ist eingeschlagen wie eine Bombe. Die Wahlfälschung sorgte sogar für eine heiße Debatte im Landtag. Am Ende mussten die Wahlen wiederholt werden.

Wie sind Sie auf die Geschichte gestoßen?

Ich habe einfach besser hingesehen als andere. Dabei fiel mir am Wahlabend auf, dass ein Kandidat nur durch ein exorbitant hohes Briefwahlergebnis den Sprung in den Stadtrat geschafft hatte. Ich habe mit meinen Berichten Ermittlungen der Staatsanwaltschaft angestoßen. So kam heraus, dass mehr als 100 Wahlvollmachten gefälscht worden waren.

Mit diesem Preis können Sie sich jetzt bei jeder überregionalen Zeitung bewerben.

Warum sollte ich? Nachrichten im Lokaljournalismus haben für mich einen besonderen Reiz. Hier bin ich ganz nah dran an allem, an den Ereignissen, an den Orten, an den Menschen. Für die will ich gute Geschichten machen, über die gesprochen wird in meiner Stadt. Ich will die Nase vorn haben auf dem Nachrichtenmarkt. Lokaljournalist zu sein, heißt auch, dass ich viele Leute kenne, über die ich schreibe, ich erlebe vieles selbst als privater Marc Rath – und muss trotzdem Distanz halten.

Und das ist Ihnen immer gelungen?

Ja, denn sonst kannst Du einpacken. Wen ich besser kenne, habe ich immer darauf hingewiesen, dass wir jetzt gerne zusammen ein Bier trinken können. Aber morgen habe ich vielleicht eine Frage, die ich ihm trotzdem stellen werde. Wer damit nicht umgehen kann, den meide ich lieber privat. Und im Zweifel ist es besser, einem Kollegen die Geschichte zu überlassen.

Was zeichnet einen guten Nachrichtenjournalisten aus?

Er muss sauber recherchieren, verständlich formulieren, er muss an den Themen dran sein, die für seine Leser wichtig sind, die ihn interessieren. Das ist im Lokalen eine besondere Herausforderung. Denn meine Leser sind von meinen Nachrichten unmittelbar betroffen. Sie wollen es ganz genau wissen: Welches Pflaster bekommt die neue Straße? Wie hoch sind die Anliegerbeiträge? Wann beginnen die Arbeiten? Wie lang ist die Straße gesperrt? Welche Umleitung gibt es? Diese Fakten muss ich liefern. Sonst ist es keine gelungene Nachricht.

Und einen Fehler entdeckt Ihr Leser schneller?

Natürlich. Ich muss präzise arbeiten, geradezu penibel sein. Wenn ich in einer bundesweiten Zeitung den Vornamen eines Bürgermeistes falsch schreibe, merkt das im Zweifel kaum jemand. In einer Regionalzeitung fällt das sofort auf. Und der Leser fragt sich: Wenn der Journalist schon den Vornamen des Bürgermeisters nicht kennt, wie kann ich dann glauben, dass er einen schwierigen Sachverhalt richtig darstellen kann? Wenn ich einen Fehler mache, steht auch mal ein Leser in meiner Redaktion und beschwert sich persönlich. Viel schöner ist natürlich, wenn mir beim Bäcker eine Leserin auf die Schulter klopft und sagt: „Tolle Geschichte! Bleiben Sie dran, Herr Rath!"

Wie hat das Internet die Nachrichten in der Lokalpresse verändert?

Meine Arbeit hat sich komplett gewandelt. Wenn ich früher zu Stadtratssitzungen gegangen bin, hatte ich für die Berichterstattung viel Zeit. Denn wenn die Sitzung beendet war, hatte meine Zeitung bereits Redaktionsschluss. Meine Nachrichten, Berichte und Interviews sind erst am übernächsten Tag erschienen. Heute wird von mir erwartet, dass ich unmittelbar nach dem Ereignis berichte, im Internet, in den sozialen Netzwerken. Journalismus – das ist auch für die Leute bei der Lokalpresse inzwischen ein permanenter Nachrichtenfluss. Ich finde das großartig!

Lokaljournalist. Ist das noch ein Beruf mit Zukunft?

Zweifellos. Menschen interessieren sich vor allem für das, was um sie herum passiert. Das wird immer so sein. Diese Informationen müssen wir liefern, journalistisch gut aufbereitet. Lokale Nachrichten werden immer die Basis des Journalismus sein, egal, in welchem Medium sie verbreitet werden.

Das Nachrichtenfoto

von Michael Ebert

Zusammenfassung

Die Nachrichtenfotografie informiert visuell prägnant über ein neues Ereignis. Ein gutes Nachrichtenfoto belegt nicht nur den Inhalt des Textes, sondern vertieft und ergänzt ihn aus einer anderen Perspektive. Formen des Nachrichtenfotos sind das Einzelbild, die Bildserie, das Porträt und die klassische Fotoreportage. Anhand zahlreicher Beispiele zeigt das Kapitel, was gute Nachrichtenfotos ausmacht, und gibt Tipps, was erlaubt ist und was nicht.

Ein gutes Nachrichtenfoto hat eine klare Bildsprache, erschließt sich dem Betrachter sofort und ist nicht mit zu vielen Elementen überfrachtet. Es soll den Inhalt des Textes nicht nur bildlich dokumentieren, sondern ihn aus einem anderen Blickwinkel vertiefen und ergänzen.

Die Nachrichtenfotografie ist eine Sparte des Foto- oder Bildjournalismus. Nachrichtenfotografie ist in der Regel am Einzelbild oder einer kurzen Bildserie orientiert. Es geht darum, über einen aktuellen Sachverhalt oder ein Ereignis visuell prägnant zu berichten. Im Gegensatz zu textlicher Nachrichtenarbeit erfordert die Nachrichtenfotografie grundsätzlich die Anwesenheit des Berichtenden, sie kann daher mit einem erhöhten Risiko verbunden sein. Auch, weil viele Themen der aktuellen Berichterstattung den *Bad News* zuzuordnen sind.

Bis zur digitalen Revolution war die Nachrichtenfotografie vornehmlich Sache der Fotoreporter von Zeitungen und Magazinen, besonders auch von internationalen Nachrichtenagenturen. Die meisten journalistischen Foto-Ikonen des 20. Jahrhunderts stammen von Agentur-Fotografen. Allerdings werden durch die digitale

© Springer Fachmedien Wiesbaden 2016
D. Schwiesau und J. Ohler, *Nachrichten – klassisch und multimedial*,
Journalistische Praxis, DOI 10.1007/978-3-658-08717-3_10

Vereinfachung der fotografischen Technik und perfektionierte Übertragungsmöglichkeiten heute neben den Fotoreportern zunehmend auch andere Journalisten, ja sogar Laien zu Produzenten aktueller Fotos.

Ausdrucksformen der Nachrichtenfotografie

Das Einzelbild. Die Königsdisziplin des Nachrichtenfotos. Das Foto, das als *Aufmacherbild* auf Seite 1 stehen kann. Es muss sofort verständlich sein und möglichst ohne eine komplexe Bildunterschrift auskommen. Es sollte über einen einfachen, klaren Bildaufbau verfügen, so dass es auch in kleineren Druckformaten und Internetdarstellungen rezipierbar bleibt. Fotos, die Geschichte schreiben, sind immer Einzelbilder, gleichgültig ob sie den Absturz des Zeppelins „Hindenburg" oder das Hissen der Sowjet-Fahne auf dem Reichstag zeigen.

Die Bildserie. Sie visualisiert ein zeitlich kurzes Geschehen mit einer Abfolge von Fotos, die miteinander in direkter Verbindung stehen. Also zum Beispiel die Sprengung eines Gebäudes oder den Zieleinlauf bei einem Sportwettkampf. Auch bei Attentaten oder Katastrophen werden häufig solche kurzen, drei oder vier Bilder umfassenden, Serien veröffentlicht. Teil einer Bildserie ist beispielsweise das berühmte Foto von der Erschießung eines Vietcong, das 1968 vom AP-Fotografen Eddie Adams gemacht wurde. Eingebrannt hat sich allerdings nur das Bild der Exekution. Durch die Omnipräsenz der Bewegtbildaufzeichnung hat die Bildserie an Bedeutung verloren.

Das Porträt. Ein gutes Porträt ist kein Kunststück, wenn man ein paar Regeln berücksichtigt. Das richtige Objektiv ist ein kurzes Tele mit einer Brennweite um die 90 mm. Das Wichtigste ist ein ruhiger Hintergrund. Nichts sieht peinlicher aus als Pflanzenblätter oder andere unschöne Dinge, die einer Person aus dem Kopf wachsen. Lassen Sie Ihre Protagonisten am besten mindestens drei Meter Abstand vom Hintergrund halten. Eine große Blendenöffnung schafft zusätzlich einen angenehm unscharfen Hintergrund. Oft findet man eine gute Location mit genügend Platz für Porträts in hellen Fluren oder Eingangshallen mit gutem Seitenlicht. Hier ist auf störende Bildelemente wie grün leuchtende Notausgangsschilder oder auf Feuerlöscher zu achten. Das kann jedes noch so gute Porträt ruinieren. Blitzen sollte man bei Porträts am besten nicht. Ein Aufheller kann allerdings Wunder wirken. Den kann man sich notfalls selbst aus einigen zusammengeklebten weißen Blättern basteln.

Die klassische Fotoreportage. Sie spielt in der Nachrichtenfotografie eine eher untergeordnete Rolle und bleibt meist den weniger aktuellen Magazinen vorbehalten. Reportagen sind komplex, sie benötigen viel Platz und Zeit, um sie zu verstehen. Häufiger sind Kurzreportagen, die über ein Ereignis mit maximal vier, fünf Bildern berichten.

Gruppenaufnahmen. Sie sind unvermeidlich, auch wenn sie oft inflationär auftauchen. Es dürfen nicht zu viele Personen auf das Bild, sonst wird es auch dreispaltig zum diffusen *Menschenhaufen*. Ein gutes Gruppenbild braucht eine strenge Regie und klare Ansagen. Die Planung sollte schon stehen, bevor man beginnt, die Menschen zu dirigieren, denn ständiges Umgruppieren ist für alle Beteiligten nervig und zeitaufwändig. Ein spannendes Gruppen-Arrangement zeichnet sich durch einen abwechslungsreichen Aufbau aus verschieden Ebenen und unterschiedlichen Höhen aus. Jeder muss klar erkennbar sein. Das ist sichergestellt, wenn der Fotoreporter von allen Menschen vor der Kamera mit beiden Augen gesehen werden kann. Es ist wichtig, möglichst viele Bilder zu machen, denn die Gefahr ist bei Gruppenbildern sehr groß, dass jemand gerade die Augen geschlossen hat.

Aus Bildern lernen

Ein Kollege aus der tschechischen Republik macht es uns vor. Ein alltägliches Fotomotiv gut und kreativ gelöst. Klarer Bildaufbau ohne störende Hintergrundelemente geht Hand in Hand mit dem richtigen Moment. Der von der Seite ins Bild strahlende Scheinwerfer des just vorbeifahrenden Autos verleiht dem Motiv eine interessante Wirkung und beleuchtet gleichzeitig die Fahrerin im Inneren (Quelle: dpa).

Ein toller Schnappschuss mit kraftvoller Bildwirkung. Vor der zum riesigen Feuerball gewordenen Sonne zeichnen sich die Passagiere eines Kettenkarussells nur als Silhouette ab. Hier sind Technik und Gestaltung perfekt umgesetzt. Einziger Wermutstropfen ist, dass die imposante Bildwirkung nur mit einem Superteleobjektiv erreichbar ist, das nun einmal nicht jeder hat. Diese Objektive verdichten den Raum so stark, dass die Abendsonne zur Supernova mutiert (Quelle: dpa).

Ein Foto aus der Gruselkammer, das laut Bildtext eine nahende Hitzewelle ankündigen soll. Beim Betrachter allerdings löst dieser Schnappschuss wohl keine

Erwärmung aus. Nicht nur, dass die Dame im Hintergrund nicht nach Hitzewelle ausschaut. Auch kompositorisch fröstelt man beim Anschauen, denn der ungenutzte Raum auf der linken Seite macht überhaupt keinen Sinn. Die Eistüte, die völlig isoliert auf dem Gehweg zu stehen scheint, verstärkt den Eindruck völliger Trostlosigkeit (Quelle: dpa).

Ein Motiv, bei dem sich verschiedene Assoziationen aufdrängen. Handelt es sich vielleicht um die Reiter der Apokalypse? Nun kann der Fotograf nichts dafür, dass die fünf Herren offenbar alle schwarz zu ihrer Lieblingsfarbe erkoren haben. Dass aber alle in einer langweiligen Reihe dem Betrachter ihre Schippen entgegenstrecken, das wäre zu verhindern gewesen (Quelle: dpa).

Ein spannendes Foto, das die nötige Distanz wahrt. Der klassische Bildaufbau Vordergrund-Mittelgrund-Hintergrund ist hier perfekt umgesetzt und ebenso geschickt wurde das Blaulicht des Rettungswagens in das Foto integriert. Und dass die Polizei ihr Absperrband verkehrt herum gespannt hat, daran kann der Fotograf leider nichts ändern (Quelle: dpa).

Auf den ersten Blick könnte man meinen, dass diese Bilddatei fehlerhaft sei. Erst auf den zweiten Blick wird klar, dass mehr als die Hälfte des Fotos durch eine graue Betonwand beansprucht wird. Der Bauarbeiter, um den es ja geht, ist fast vollständig verdeckt. Darüber hinaus ist er auch noch von hinten aufgenommen. Die große Tiefenschärfe des Teleobjektivs schafft einen unruhigen Hintergrund, der im krassen Gegenteil zu der öden Wand steht. Kein „Hingucker" (Quelle: dpa).

Eine gute Idee und ein gutes Beispiel dafür, dass man offen sein sollte für das interessante Bild am Rande. Der ruhige Hintergrund macht das Foto sofort verständlich und beweist, dass Sportfotografen mit Teleobjektiven umgehen können (Quelle: dpa).

Gestalterisch ist die Aufnahme der Spargelkönigin gelungen. Das Feld im Hintergrund ist identifizierbar und die junge Dame ist gut ins Bild gesetzt. Die klare Teilung von Vorder- und Hintergrund ist spannend. Auch die Lichtverteilung funktioniert und ist ausgewogen. Allerdings kommen dem Betrachter ganz andere Gedanken in den Sinn. Solche absurden Bildschöpfungen verbieten sich von selbst. Schließlich beißt niemand in rohen Spargel (Quelle: dpa).

Ein Foto aus dem Lehrbuch, in dem gleich mehrere verschiedene gestalterische Gesetze gut umgesetzt sind. Zum einen ist es die symmetrische Struktur der Strandkörbe. Zum anderen der starke Farbkontrast des Regenschirmes, der das Auge des Betrachters auf die gut positionierte Dame lenkt (Quelle: dpa).

Hier ist das Thema Kitastreik visuell geschickt umgesetzt worden. Mit offener Blende fotografiert, ist die Schärfe exakt auf die beschriebenen Jacken der Mädchen gelegt. Wichtig für die Komposition ist das dritte Kind, das unscharf im Hintergrund das Bild begrenzt. Positiv fallen auch die angenehme Farbigkeit und das schöne Licht auf, das die Personen gut modelliert (Quelle: dpa).

Starke Frau im starken Bild könnte die Überschrift dieses Motives vom Ok-
toberfest lauten. Auch hier stimmt alles. Ein echter *Hingucker* und das nicht nur
wegen des feschen Dirndls. Die perfekte Bewegungsunschärfe durch eine längere
Belichtungszeit schafft Dynamik, die Lust auf die Wies'n macht (Quelle: dpa).

In diesem Foto ist das Thema „Am Kindertag auf Entdeckungstour" aufmachertauglich umgesetzt. Das Weitwinkelobjektiv schafft Tiefe, die durch das Blumenmeer verstärkt wird. Auch der übrige Bildaufbau macht Freude. Es gibt keine Bildüberschneidungen, keines der Kinder ist verdeckt. Die Farbigkeit ist ansprechend und den Kindern ist anzusehen, dass die Naturkunde im Grünen ein Erlebnis war. Ein Bild, das Spaß macht und offenkundig Spaß gemacht hat (Quelle: dpa).

Dass es mit der Laune der Aktionäre nicht zum Besten steht, wird auf dem Foto sofort klar. Eine kompositorisch einfache wie wirksame Umsetzung, die sofort verständlich ist. Die grimmig dreinblickenden Herrschaften in der ersten Reihe bilden den Vordergrund, die beindruckende Kulisse des Saales mit ihrer opulenten Illumination schafft die räumliche Tiefe. Das vielleicht nur zufällig eingefangene Blitzlicht eines Kollegen gibt dem Foto zusätzlich einen interessanten Effekt und verleiht den Personen Plastizität. Ein „Fremdblitz" im Foto ist bei gut besuchten Presseterminen übrigens gar nicht so selten und manchmal kommt dabei ein spannendes Bild heraus (Quelle: dpa).

Ein Foto, bei dem so ziemlich alles falsch gemacht wurde. Das Wichtigste zuerst: Der Minister und die anderen Personen blicken fröhlich ins Nichts! Eine fotografische Todsünde, die vermieden werden muss. Grundsätzlich gilt, was Menschen sich ansehen, was sie tun, muss auch erkennbare Bildinformation sein. Aber auch sonst ist das Foto kein großer Wurf. Das kleine Mädchen im Vordergrund macht im Gegensatz zu den anderen Protagonisten eine Grabesmiene, was dem Bild eine ungewollt skurrile Note gibt. Die Polizeibeamtin ist in einem ungünstigen Rückenprofil weggewandt. Ihre Hand wird durch ein undefinierbares graues Etwas schier amputiert. Obendrein gibt es um sie herum zahlreiche Überschneidungen, wie zum Beispiel den kleinen Jungen, der sich die Augen zuhält. Durch die immense Tiefenschärfe werden Reklametafeln, Fahrzeuge und Fassaden im Hintergrund zu weiteren Störfaktoren, die durch ihre intensive Farbigkeit noch verstärkt werden (Quelle: dpa).

Eigentlich ein gutes Foto. Intensive Farben, dramatische Weitwinkelperspektive. Schade nur, dass die Bildmitte zum objektfreien Raum wird, der das Auge magisch anzieht. Einen Sekundenbruchteil später belichtet wären der gelbe und der lila Ballon ein Stück höher gestiegen und hätten dieses Manko erledigt. Der im Bildtext erwähnte Ministerpräsident von Mecklenburg-Vorpommern allerdings dürfte im zweispaltigen Zeitungsdruck zur Suchaufgabe werden (Quelle: dpa).

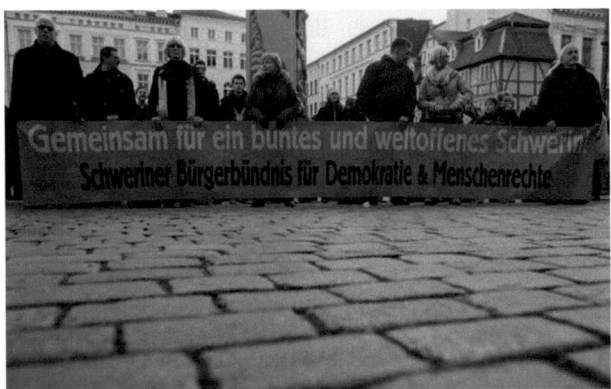

Eine nicht mehr ganz neue, aber immer wieder wirkungsvolle Perspektive: Der dramatische Schuss von unten mit Tiefe. Wahrscheinlich hat der Fotograf für dieses Bild seine mit Weitwinkelobjektiv bestückte Kamera sogar auf den Boden gestellt. Denn so ein optischer *Tiefgang* wird sonst nur durch eine Bauchlage möglich. Allerdings nimmt so das Kopfsteinpflaster im Vordergrund einen zu großen Teil des

Bildraumes ein und verdrängt im wahrsten Sinne das, worauf es ankommt, nämlich die Demonstranten. Es ist zu wünschen, dass der Layout-Redakteur das Potential des Fotos erkennt und es nach einem Beschnitt im unteren Bereich zum flachen Vierspalter macht. Dann kann die Aufnahme auch ihre farbliche Kraft noch besser entfalten (Quelle: dpa).

13 Tipps für Nachrichtenfotografen

1. Fotos bewusst gestalten! Das geschieht in erster Linie durch den Aufnahmestandpunkt und den Bildwinkel, der wiederum entscheidend durch die Wahl des Objektivs beeinflusst wird. Beim raumgreifenden Weitwinkel sollte man sich an die alte Regel Vordergrund – Mittelgrund – Hintergrund erinnern. Ein so *gestaffeltes* Bild hat eine überzeugende Dynamik. Dabei ist es wichtig, eine möglichst kleine Blende zu verwenden, sie stellt die ausreichende Tiefenschärfe sicher. Scharfgestellt wird im vorderen Drittel, denn der Schärfebereich ist hinter dem Fokuspunkt deutlich größer. Das verdichtende Teleobjektiv kann Entfernungen überbrücken und das Bild komprimieren. So können Objekte optisch zusammengezogen werden. Dabei ist zu beachten, dass die Tiefenschärfe des Teleobjektivs sehr gering ist und auch durch stärkeres Abblenden nur bedingt gesteigert werden kann. Das Tele ist also ideal, um das Wichtigste im Bild scharf herauszustellen, während der Rest des Bildes in der Unschärfe bleibt. Unverzichtbar sind Teleobjektive, wenn man nicht nah genug ans Geschehen herankommt.

Die Geschichte der Nachrichtenfotografie
ist fast so alt wie die des Mediums Fotografie selbst. Als erstes *berichtendes* Foto, also die Aufnahme eines exakt bestimmbaren Ereignisses von öffentlicher Relevanz, gilt ein Bild vom großen Brand von Hamburg im Jahr 1842, aufgenommen von Hermann Biow und Carl Ferdinand Stelzner.

2. An alternative Formate denken! Selbst wenn die Redaktion ausdrücklich ein Querformat bestellt hat, ist es immer ratsam, auch andere Formate anzubieten. Denn oft genug muss das Layout umgeworfen werden. Wenn dann keine Alternativen vorhanden sind, gibt es Stress. Ungewöhnliche Formate, extreme Hoch- oder Querformate können außerdem zum Eyecatcher werden. Sie bedürfen jedoch manchmal der Vorbereitung. Man sollte sich also schon vorab die Frage stellen:

Gibt der Termin möglicherweise Motive her, die sich für außergewöhnliche Formate eignen? Vor allem ist es ratsam, dass Bildformate, die deutlich von den normalen Seitenverhältnissen abweichen, zwischen Redaktion und Fotograf abgesprochen werden.

3. Hektik vermeiden! Nachrichtenfotos entstehen oft unter großem Zeitdruck und manchmal unter dramatischen Umständen. Nicht nur im Krieg, sondern auch bei dem schweren Unfall um die Ecke. Darum: Ruhe bewahren! Die meisten fotografischen Fehler passieren durch Hektik. Sicherheit gibt die Beherrschung des eigenen Werkzeugs, egal ob iPhone oder Spiegelreflexkamera. Nur wer seine Kamera perfekt beherrscht, wird in Belastungssituationen die Nerven behalten. Achten Sie auf die eigene Sicherheit und die der Beteiligten. Kein Foto ist eine ernste Verletzung oder gar den Tod wert. Behindern Sie keine Hilfskräfte! Beachten Sie in diesem Zusammenhang: Alle ethischen Maßstäbe des Journalismus gelten auch für den Fotojournalismus. Sichern Sie nach der Aufnahme wichtiges Bildmaterial so schnell wie möglich gegen Verlust und ggf. gegen Beschlagnahme. Sobald Sie Zugang zu einem Computer haben, machen Sie sofort eine Sicherheitskopie. Überlegen Sie sich zeitnah funktionierende Übertragungswege. Ein Foto, das nicht pünktlich in der Redaktion ankommt, ist wertlos.

4. Niemals Bilder manipulieren! Nachrichtenfotos sind Dokumente und darum verbietet sich jeder Eingriff und selbstverständlich auch die nachträgliche Bildbearbeitung. Das gilt besonders für zeitgeschichtliche Ereignisse. Selbst Bildbearbeitungen, die in der tradierten analogen Fotografie noch akzeptiert waren, werden heute kritisch gesehen und können sich sehr nachteilig auf die Zusammenarbeit zwischen Reporter und Redaktion auswirken. Verboten sind das Entfernen und Hinzufügen von Bildteilen. Seit der Digitalisierung steht die Fotografie unter dem Generalverdacht der Manipulation. Zulässige Bildbearbeitungen sind nur ein leichter Ausschnitt, etwa zur Verdichtung oder um störende Randbereiche zu beseitigen, die keine wichtigen Informationen zeigen. Außerdem die dosierte Anpassung von Kontrast und Helligkeit. Das darf aber keinesfalls zu einer Dramatisierung führen, wie sie beispielsweise durch die Abdunkelung des Himmels entsteht. Auch bei der Aufnahme selbst ist ein Eingriff in das Geschehen nicht erlaubt. Ausnahmen sind eindeutig arrangierte Fotos oder illustrative Montagen, die als solche gekennzeichnet sind.

5. Bilder stellen? Die Domäne der Nachrichtenfotografie ist das beobachtete Foto. Trotzdem kommt es immer wieder vor, dass der Fotoreporter ein Bild *bauen* muss. Wenn Sie also Bilder arrangieren, dann machen Sie aus der Not eine Tugend und gehen offensiv an die Sache heran. Gestellte Bilder, die ungestellt aussehen sollen, werden schnell peinlich. Schließlich sind die Menschen vor Ihrer Linse meist keine Hollywood-Stars.

> „Ich habe nichts gegen gestellte Bilder – solange man es ihnen ansieht." Bob Lebeck, Stern-Fotograf

6. Andere Standpunkte suchen! Fotojournalisten neigen im Tagesgeschäft zur Herdenbildung. Wenn man das Geschehen nicht beeinflussen kann und darf, will man sichergehen, dass die Kollegen kein besseres Bild bekommen. Das Ergebnis ist häufig, dass alle das gleiche Foto haben. Früher war es bei einigen Fotografen üblich, eine kleine Trittleiter im Kofferraum zu haben. Damit verschafften sie sich dann die entscheidenden Zentimeter Höhe und kamen mit dem *etwas anderen* Bild nach Hause. Wenn das auch nicht bei allen Terminen praktikabel ist, ist doch *die Perspektive von oben* zu Recht ein beliebter Trick im Fotojournalismus. Das Gleiche gilt natürlich für die *Untersicht*. Also öfter mal in die Hocke gehen oder auf den Stuhl steigen, das schafft Abwechslung. Seien Sie also mutig und suchen Sie, wann immer es möglich ist, andere Standpunkte. Vielleicht können die lieben Kollegen dann sogar selbst zum spannenden Bildelement werden. Und für den *Standardschuss* bleibt meist trotzdem noch genug Zeit.

7. Fotos für Saure-Gurken-Zeit. Jeder Fotograf sollte einen kleinen Vorrat an zeitlosen Motiven in Reserve haben. Dann können die freie Seite 1 und die gähnende Leere im Terminkalender nicht schocken und die aufreibende Suche nach einem Seitenfüller entfällt. Natürlich müssen diese Bilder in die Jahreszeit passen. Denn die Leser merken garantiert, ob die abgebildete Vegetation noch aktuell ist.

> „Zufriedenheit entsteht, wenn du neben 500 anderen Fotografen arbeitest und trotzdem etwas anderes vorweisen kannst." US-Fotograf David Burnett

8. Montagen kenntlich machen! Digitale Fotografie und Photoshop machen es möglich: Um zu einem interessanteren Bild zu kommen, wird der Baudezernent einfach vor das neue City-Center montiert. Ob das Ergebnis immer eine Bereicherung darstellt, sei dahingestellt. Auch hier gilt: „Weniger ist mehr!" In jedem Fall ist ein solches Werk grundsätzlich als Montage zu kennzeichnen.

9. Persönlichkeitsrechte beachten! Grundsätzlich hat jeder das Recht am eigenen Bild. Nur bei *Persönlichkeiten des öffentlichen Lebens und der Zeitgeschichte* ist das eingeschränkt. Dazu gehören der Minister, die Bürgermeisterin und der Polizeipräsident genauso wie die bekannte Schauspielerin. Nicht aber der Vorsitzende des Schrebergartenvereins und der Fußballer der Alten Herren des TUS 96. Auch die Anwesenheit bei spektakulären Ereignissen alleine reicht nicht aus, um jemanden zu einer Person der Zeitgeschichte zu machen. Ebenso sind Polizeibeamte des mittleren und gehobenen Polizeidienstes keine Personen der Zeitgeschichte, das bedeutet also: Den Polizeihauptmeister bei der Unfallaufnahme darf man nicht ungefragt fotografieren, den Schutzpolizeidirektor in der Pressekonferenz allerdings schon. Letztlich ist es aber immer eine Frage der Abwägung, wann bei einem Ereignis die zeitgeschichtliche Relevanz Personenaufnahmen rechtfertigt.

10. Besondere Sorgfalt bei Kinderfotos. Bilder von Kindern dürfen nur mit Genehmigung aller Erziehungsberechtigten veröffentlicht werden. Eine wichtige Ausnahme stellen alle öffentlichen Veranstaltungen wie Demonstrationen dar. Hier müssen die Anwesenden damit rechnen, fotografiert zu werden. Das reicht vom Straßenfest bis zum Parteitag und bezieht auch ausdrücklich Sportveranstaltungen mit ein. Allerdings ist das bewusste Herausheben einzelner Teilnehmer nicht erlaubt. Wenn Personen nur als Beiwerk auf Fotos erscheinen, ist die Veröffentlichung in der Regel problemlos. Auf jeden Fall sollte man sich nicht verunsichern lassen: In der Praxis gibt es glücklicherweise erstaunlich wenig Probleme. Sicher auch weil viele Menschen sich immer noch freuen, wenn sie sich in der Zeitung oder im Netz entdecken (siehe auch das Kapitel „Das Nachrichtenrecht").

„Die Tatsache, dass eine (im konventionellen Sinn) technisch fehlerhafte Fotografie gefühlsmäßig wirksamer sein kann als ein technisch fehlerloses Bild, wird auf jene schockierend wirken, die naiv genug sind, zu glauben, dass technische Perfektion den wahren Wert eines Fotos ausmacht." US-Fotograf Andreas Feininger

11. Möglichst auf den Blitz verzichten. Der Blitz war in den Zeiten der analogen Fotografie ein unverzichtbares Zubehör. Heute ermöglichen digitale Kameras Lichtempfindlichkeiten, von denen man früher nicht zu träumen gewagt hätte. Wenn es geht, sollte man also lieber mit dem natürlichen Charme des Lichts spielen. Das Ergebnis sind deutlich stimmungsvollere Aufnahmen. Wenn man blitzt, dann mit hoher Empfindlichkeit und möglichst langen Verschlusszeiten. So kann das Restlicht noch zur Geltung kommen und abgesoffene Hintergründe werden zuverlässig vermieden. Der indirekte Blitz ist nur bedingt empfehlenswert. Im 90°-Winkel gegen die Decke gerichtet führt er in der Regel zu unschönen Schatten unter den Augen. Besser ist es im 45°-Winkel gegen eine seitliche Wand oder Zimmerecke zu blitzen. So bekommt Ihr Motiv auch noch Licht von vorne.

12. Fotos richtig kennzeichnen! Auch das beste Nachrichtenfoto ist wertlos ohne die entsprechenden Informationen. Auch hier gelten die klassischen W-Fragen: wer, was, wann, wo, wie, und warum. Neben Ihrem Copyright-Vermerk gehören all diese Infos in die IPTC-Felder Ihrer Bilddatei. IPTC? Was bedeutet das? Der IPTC-NAA-Standard wird für alle Arten von Medien, also Texten, Fotos, Grafiken, Audio oder Video verwendet. Der Standard definiert die Metadaten einer Datei: Eine Liste von Feldern und deren Bedeutung sowie ein technisches Format zur Speicherung dieser Felder mit den eingegebenen Werten. Der Standard erlaubt es, Informationen zu den Bildrechten, den Namen des Autors, Titel oder Schlagwörter anzugeben und in der Bilddatei zu speichern. Diese Art der Speicherung von Metadaten ist in Agenturen obligatorisch. Mit geeigneten Bildbrowsern und Bildbearbeitungsprogrammen lassen sich diese Informationen der Datei hinzufügen und wieder auffinden. Die meisten Bilddatenbanken und viele Bildbearbeitungsprogramme, wie Adobe Photoshop, können IPTC-Einträge erkennen und erstellen. Weitere IPTC-fähige Programme sind Exifer, IDImager, iMatch, Photo Mechanic, Fotostation oder ThumbsPlus 6.0.

13. Manchmal ist kein Foto besser! Es gibt Termine, die eignen sich einfach nicht für ein Foto. Die Veröffentlichung von langweiligen Bildern verhindert man am besten, indem man sie gar nicht erst macht. Auch der beste Fotograf ist überfordert, wenn das Ereignis keine Motive hergibt. Solche Fotos sind im Lokaljournalismus ein leidiges Thema und zieren besonders in der flauen Sommerzeit vermehrt die Seiten. Sie zeigen Gebäude, Baustellen und andere Immobilien. Bilder, auf denen sich meist keine Menschen finden. Wenn sie unbedingt sein müssen, dann sollte man versuchen, solche Bilder zu beleben. Das können ein paar nette Bauarbeiter sein, die gerade Pause machen. Auch spielende Kinder oder Tiere machen aus einem Langweiler schnell einen Hingucker.

▶ **Merksätze**

1. Die Nachrichtenfotografie ist eine Sparte des Foto- oder Bildjournalismus. Der Fotograf berichtet visuell prägnant über ein neues Ereig-

nis. Die Nachrichtenfotografie erfordert grundsätzlich die Anwesenheit des Berichtenden.

2. Das Nachrichtenfoto braucht eine klare Bildsprache, es muss sich dem Betrachter sofort erschließen und darf nicht mit Nebensächlichem überfrachtet werden.

3. Ein gutes Nachrichtenfoto belegt nicht nur den im Text dargestellten Inhalt, sondern vertieft und ergänzt ihn aus einer anderen Perspektive.

4. Ausdrucksformen des Nachrichtenfotos sind das Einzelbild, die Bildserie, das Porträt und die klassische Fotoreportage.

5. Wer Nachrichtenfotos macht, sollte seine Fotos bewusst und in Ruhe gestalten, niemals Bilder manipulieren und die Persönlichkeitsrechte beachten.

Weiterführende Literatur und Quellen

Die Deutsche Presse-Agentur dpa hat uns freundlicherweise die Fotos zur Verfügung gestellt. Vielen Dank!

Michael Ebert, Rudolf Krahm: Handbuch des Fotojournalismus: Geschichte, Ausdrucksformen, Einsatzgebiete und Praxis (Heidelberg: dpunkt, 2015)

Die Ikone, die fast nicht erschienen wäre

Es ist der 8. Juni 1972, als ein junger Mann unser Bild vom Vietnamkrieg, ja von allen Kriegen verändert. Auf der Nationalstraße 1 nahe dem kleinen Ort Trang Bang solle es Vietcong-Aktivitäten geben, hieß es. AP-Fotograf Nick Ut startet zusammen mit seinem Fahrer Nguyen Van Cuc gegen 7 Uhr in Saigon. Trotz seiner gerade 21 Jahre ist Nick Ut bereits ein erfahrener Kriegsfotograf, der seit der Tet-Offensive 1968 für AP arbeitet. Als sie mittags ankommen, sind schon Kollegen vor Ort. Unter ihnen David Burnett und Fox Butterfield von „Time", Hoang van Danh von UPI und Chris Wain von der britischen Fernsehproduktion ITN mit seinem Team. Gegen 12 Uhr werfen zwei südvietnamesische Kampfflugzeuge Napalm-Kanister über der Stadt ab.

Was dann passiert, sollte in die Geschichte eingehen und in einem der meistpublizierten Fotos überhaupt verewigt werden. „An icon of photography for all time" wird Horst Faas, damals AP-Fotochef in Saigon, es Jahre später bezeichnen. Minuten nach dem Angriff kommen den Reportern die ersten Flüchtlinge aus dem brennenden Trang Bang entgegen. Unter ihnen eine Gruppe Kinder, im Zentrum die völlig nackte und schwer napalmverbrannte 9-jährige Kim Phuc. Wie schnell das alles passiert, dokumentiert der gerade mal anderthalb Minuten lange 16 mm-Film von ITN eindrucksvoll. Ut macht nur zwei Belichtungen von der rennenden Kim und denkt dabei an seinen toten Bruder, der sieben Jahre zuvor als Fotoreporter getötet wurde. Sein Glück ist, dass in dem Augenblick der höchsten Dramatik sowohl Hoang van Danh als auch David Burnett ihre Filme wechseln müssen.

Nach den ersten Schocksekunden kümmern sich die Journalisten um das Mädchen und Nick Ut bringt die Kinder ins Krankenhaus von Cu Chi. Damit rettet er Kims Leben. Erst dann kehrt er nach Saigon zurück. Nachdem der Film in der AP-Redaktion entwickelt ist, zeigt sich über der Negativ-Nr. 7a das Bild der Bilder. Eine Ikone, die beinah nicht erschienen wäre. „No frontal nudity" heißt damals eine der Regeln bei AP und darum sortiert der diensthabende Bildredakteur das Jahrhundert-Foto kurzerhand aus. Aber irgendjemand holt Horst Faas, der zusammen mit Peter Arnett beim Essen ist. Faas erkennt sofort die Brisanz des Bildes und erreicht in der New Yorker Zentrale von AP, dass Nick Uts Foto trotz des Regelverstoßes gesendet wird. Am nächsten Morgen ist es auf dem Titel der New York Times.

Der Rest ist die Geschichte eines Bildes, das praktisch jeder kennt. 1973 bekommt Nick Ut für das Jahrhundertbild den Pulitzerpreis, er arbeitet immer noch für AP. Kim Phuc ist inzwischen UNESCO-Friedensbotschafterin. Die beiden sind heute noch Freunde und sehen sich regelmäßig. Uts Leica M2 steht im Newseum in Washington. Horst Faas verließ Vietnam 1974 endgültig und übernahm in London die Position des europäischen Fotochefs von AP. Mit zwei Pulitzerpreisen, zwei Robert-Capa-Awards, dem Dr. Erich-Salomon-Preis und zahlreichen weiteren Auszeichnungen ist er einer der höchstdekorierten Journalisten aller Zeiten. Er starb 2012 in München.

Die Agenturnachricht

von Peter Zschunke

Zusammenfassung

Nachrichtenagenturen strukturieren ihre Berichterstattung mit eigenen Standards und Formaten. Sie beachten dabei feste handwerkliche Regeln. Durch das Netz und neue Geschäftsmodelle verändert sich auch die Arbeit in den Agenturredaktionen.

Klare Vorgaben bestimmen die Arbeit von Nachrichtenagenturen: Aktualität, formale Strenge und Bemühen um Objektivität. Die Agenturmeldung gilt daher als Idealtyp der Nachricht. In manchen Redaktionen wird sie schlicht als die *Agentur* bezeichnet. Das Produkt wird mit dem Hersteller gleichgesetzt, ähnlich wie bei Papiertaschentüchern.

Jahrzehntelang galt der Grundsatz: „Nachrichtenagenturen liefern meistens die ersten Informationen über ein neues Ereignis." Inzwischen ist das kaum noch gültig. Oft sind es jetzt Twitter-Nutzer oder Blogger, die näher dran sind und schneller. Als historisch wird ein Tweet von Janis Krums angeführt, der 2009 Augenzeuge eines Flugzeugunglücks mitten in New York wurde:

© Springer Fachmedien Wiesbaden 2016
D. Schwiesau und J. Ohler, *Nachrichten – klassisch und multimedial*,
Journalistische Praxis, DOI 10.1007/978-3-658-08717-3_11

Diese Mitteilung ließ viele Fragen offen, sie war unbestätigt, aber sie war die erste öffentliche Information über dieses Ereignis, schneller als die Nachrichtenagentur Associated Press. Deren erste Meldung über die Airbus-Notwasserung hatte dafür die Gewähr der bestätigten, zuverlässigen Information.

Das Geschäftsmodell

Die Berichterstattung der Nachrichtenagenturen richtet sich nach deren Geschäftsmodell. Von anderen Nachrichtenmedien unterscheiden sie sich darin, dass sie die allgemeine Öffentlichkeit zunächst nur indirekt ansprechen. Hauptadressaten sind die Redaktionen der aktuellen Medien, die den Nachrichtendienst der Agentur beziehen. Weitere Abnehmer können Behörden, Verbände, andere Organisationen oder Unternehmen sein.

Inhalte, Arbeitsweise und Außendarstellung der Nachrichtenagenturen sind entscheidend von den Bedürfnissen ihrer Hauptkundengruppe abhängig:

- Unternehmen wie der Umsatz-Marktführer Thomson/Reuters oder die Agentur Bloomberg, die vor allem die Finanzbranche bedienen, müssen „market affecting news" so schnell wie möglich auf die Bildschirme ihrer Kunden bringen und sich nahtlos in deren Arbeitsablauf, den Workflow einfügen. Das Mediengeschäft ist für sie nur eine Ergänzung.
- Agenturen, die wie der deutsche Marktführer dpa vor allem Medien beliefern, müssen deren Bedürfnisse so gut wie möglich erfüllen: Zeitungen benötigen für

ihre Seiten Berichte und Meldungen, die keine wesentliche Nachbearbeitung mehr erfordern. Online-Dienste brauchen eine ständige Aktualisierung der Informationen, ebenso Radio und Fernsehen. Deren Redaktionen bearbeiten zwar die Nachrichten, aber sie schätzen es, wenn sie von vornherein gut sprechbar und auf Anhieb verständlich sind (siehe Kapitel „Die Nachrichtensprache").

Die Kunden der Nachrichtenagenturen zahlen vertraglich vereinbarte Gebühren für den Bezug des Nachrichtendienstes und das Veröffentlichungsrecht – unabhängig davon, in welchem Ausmaß sie davon Gebrauch machen. Das Copyright an den Agenturtexten verbleibt auch nach ihrer Veröffentlichung bei der Nachrichtenagentur. Der Bezugspreis eines Nachrichtendienstes richtet sich bei Printmedien nach der Auflage, bei elektronischen Medien nach der Reichweite und bei Internet-Portalen nach der Nutzung, die mit Pageviews (Seitenaufrufen) gemessen wird.

Agenturkürzel

AFP – Agence France Presse, Paris/Berlin

AP – Associated Press, New York

AP Weltnachrichten (deutschsprachiger Agenturdienst von dpa), Berlin

APA – Austria Presse Agentur, Wien

dpa – Deutsche Presse-Agentur, Berlin

dpa/AFX – Wirtschaftsnachrichten, Joint Venture von dpa und APA

epd – Evangelischer Pressedienst, Frankfurt/M

KNA – Katholische Nachrichtenagentur, Bonn

rtr – Reuters, London/Berlin

SDA – Schweizerische Depeschenagentur, Bern

sid – Sport-Informationsdienst, Neuss

Die Digitalisierung der Medienlandschaft hat Nachrichtenagenturen dazu veranlasst, ihre Dienstleistungen auszuweiten. Diese reichen von interaktiven Web-Plattformen bis zur Bereitstellung von technischen Angeboten etwa für die Entwicklung von Apps. Einige Nachrichtenagenturen wie Reuters machen einen großen Teil ihrer Informationen auf eigenen Webseiten oder Apps frei verfügbar. Andere wie dpa sind zurückhaltender, verweisen aber über ihr Twitter-Angebot ebenfalls auf eigene Inhalte, soweit sie bereits von Kunden online gestellt worden sind. dpa nutzt Twitter auch als Kanal, um etwa auf Fragen von Personen außerhalb des eigenen Kundenkreises zu antworten – auch das ein Indiz für eine Lockerung des jahrzehntelang strikt verfolgten B2B-Geschäftsmodells (Business to Business).

Der redaktionelle Arbeitsablauf

Die Korrespondenten der Nachrichtenagenturen arbeiten vernetzt und schreiben Agenturnachrichten zu ihrem geografisch oder thematisch bestimmten Aufgabenbereich.

Die ideale Agenturmeldung ist die Nachricht, die der Korrespondent aus eigenem Augenschein schreibt. Sie schließt optimal die Lücke, die das belieferte Medium mit eigenen Mitteln nicht schließen kann. Auf unmittelbare Beobachtung geht aber nur ein kleiner Teil der Agenturnachrichten zurück. Die meisten Meldungen entstehen aufgrund von eigenen Recherchen, Pressekonferenzen und Pressemitteilungen.

Das Vier-Augen-Prinzip verlangt, dass jede Nachricht vor der Veröffentlichung redigiert wird. Der Autor eines Textes schickt diesen an den *Desk*, der auch als *Eingabe* oder *Slot* bezeichnet wird. Dort wird die Nachricht auf inhaltliche und sprachliche Richtigkeit sowie Verständlichkeit und Stilsicherheit überprüft und danach veröffentlicht.

In den Auslandsredaktionen der Agenturen werden meist fremdsprachige Texte der Korrespondenten bearbeitet. Dabei sind erhebliche Unterschiede zum angelsächsischen oder französischen Nachrichtenjournalismus zu berücksichtigen, d. h. die Texte können nicht 1:1 übersetzt werden, sondern müssen sprachlich neu gestaltet werden.

In Kriegs- und Krisenregionen arbeiten Agenturjournalisten zum Teil unter lebensgefährlichen Bedingungen. Die Jahresberichte der Organisation „Reporter ohne Grenzen" führen zahllose Fälle auf, in denen Journalisten der großen internationalen Nachrichtenagenturen während ihrer Arbeit ihr Leben verloren haben oder verletzt wurden.

Die Technik

Nachrichtenagenturen schicken ihre Texte, Fotos, Grafiken, Audio-Dienste und Videos vielfach über Satellit in die Redaktionssysteme der Medienkunden. Die Agenturen dpa, dpa/AFX, AFP, epd und KNA unterhalten dafür eine eigene Gesellschaft, die *mecom* mit Sitz in Hamburg. Daneben gibt es auch Internet-Lösungen wie die verschlüsselte FTP-Übertragung.

Standard für das Dokumentenformat ist eine spezifische XML-Auszeichnungssprache, welche die Erstellung, Verbreitung und Nutzung der aktuellen Inhalte unterstützt. Der Standard NewsML G2, festgelegt vom International Press Telecommunication Council (IPTC) definiert eindeutige Elemente für alle relevanten Daten zu einer Agenturmeldung. Web-Anwendungen können all diese Informationen verstehen und gezielt für spezifische Darstellungsformen aufbereiten.

NewsML G2 wird von allen relevanten Redaktionssystemen unterstützt, die Agenturmeldungen verarbeiten. Dazu gehört auch das dpa-System *Ines*, das Integrated News Editing System. So beginnt zum Beispiel die XML-Ansicht einer Agenturmeldung:

```
<NewsItem xmlns:xsi="http://www.w3.org/2001/XMLSchema-instan-
ce" schemaVersion="6.0">
<Identification>
  <DocumentType>Text</DocumentType>
  <DateId>2014-10-21</DateId>
  <NewsItemId>6971</NewsItemId>
</Identification>
<Metadata>
   <KeywordLine>
    <Keyword type="1">Großbritannien</Keyword>
    <Keyword type="1">Schweden</Keyword>
    <Keyword type="2">Gesellschaft</Keyword>
    <Keyword type="2">Politik</Keyword>
    <Keyword type="2">Prostitution</Keyword>
    <Keyword type="3"></Keyword>
   </KeywordLine>
   <HeadLine>Nordirland will bezahlten Sex verbieten</HeadLine>
<Language>de</Language>
   <Provider>dpa</Provider>
```

Das XML-Format enthält alle Elemente, die zur Beschreibung einer Agenturmeldung erforderlich sind, darunter Metadaten wie Stichwörter (KeywordLine), Überschrift (Headline), Agenturkennung (Code), Autorin (Author), Ressortkennung (Ressort) und Ortsmarke (City). Unterschiedliche Anwendungen wie Redaktionssysteme, Content-Management-Systeme (CMS), Layout-Software oder Apps für mobile Geräte verwenden die Elemente des XML-Formats, um die jeweils gewünschte Darstellung anzuzeigen. Auf einem Tablet-Computer sieht die Meldung dann so aus:

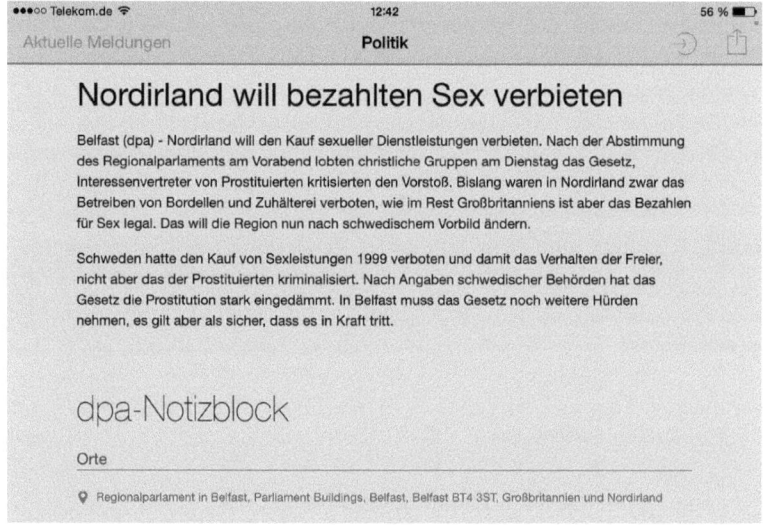

Der Agenturstil

Das Geschäftsmodell der Agenturen, die Bedürfnisse vieler unterschiedlicher Kunden mit einem einheitlichen Produkt zu bedienen, hat auch die Sprache der Agenturnachrichten geprägt. Sie folgen festen Standards wie Genauigkeit, Unparteilichkeit und Verständlichkeit. Lange Zeit galten Agenturnachrichten als spröde und schwerfällig, mit Details befrachtet und entsprechend umständlich. Grund war auch die peinliche Beachtung strenger Regeln wie der Grundsatz, schon im ersten Satz die fünf W-Fragen zu beantworten: Wer? Was? Wann? Wo? Warum? Inzwischen hat dieser Leadsatz viel mehr die Funktion, den Leser oder Hörer der Nachricht für das Thema zu interessieren und in den weiteren Text hineinzuführen. Außerdem werden viele Agenturnachrichten *angeteasert*, d. h. sie bekommen einen besonderen *Vorspann*. Vor allem bei *Zusammenfassungen* und *Korrespondentenberichten* ist ein solcher Vorspann Standard.

> Der erste Satz einer klassischen Agenturmeldung, der Leadsatz, steht im Perfekt. Diese Zeitform schlägt die Brücke zwischen der Vergangenheit, in dem sich ein Geschehen ereignet hat, und der Gegenwart des Lesers, Hörers oder Zuschauers.

Die erste kurze Meldung muss kompakt sein, sofort auf den Punkt kommen und ihren Inhalt verständlich vermitteln. Besonderen Wert legen die Agenturen auf genaue Quellenangaben. Jede Agenturmeldung nennt mindestens eine Quelle. Ausnahmen sind die Meldungen, die auf die direkte Beobachtung von Ereignissen durch den Agenturreporter zurückgehen.

Zur schnellen Übermittlung gesicherter Informationen helfen schablonenhafte Textbausteine, wenn der Redakteur oder Reporter seine Meldung schreibt, etwa:

```
Bei einem x-Unglück sind am (Wochentag) in y (Ort) z Men-
schen ums Leben gekommen. X Personen wurden verletzt,
wie die y-Behörde mitteilte.
```

Solche Wendungen unterstützen Agenturjournalisten dabei, unter Zeitdruck verständlich und informativ zu arbeiten. Sie gehören zum Handwerkszeug des Agenturjournalisten, wenn es gilt, schnell eine Breaking News zu verbreiten, eine überraschende Nachricht von hoher Tragweite, die blitzartig in den ansonsten gleichmäßig dahin fließenden Nachrichtenstrom hereinbricht. Eine solche Meldung hat möglichst schlicht und präzise die Botschaft zu vermitteln: Da ist etwas passiert. Erst wenn es anschließend um die Fortschreibung der ersten Meldung geht, sind stilistische Gefälligkeit und inhaltliche Einordnung gefordert, die über das punktuelle Geschehen hinausreichen.

Roboterjournalisten

Die formalisierte Nachrichtensprache von Agenturmeldungen kann auch von spezialisierter Software erledigt werden: *Roboterjournalisten* beherrschen das Schreiben einfacher Meldungen etwa über ein Erdbeben – die erste derartige Meldung erschien am 14. März 2014 in der „Los Angeles Times". Bei AP werden auch standardisierte Quartalsberichte von Unternehmen von der Software *Wordsmith* verfasst. Keine Chance hat der Kollege Algorithmus bei Reportagen, Interviews, Kommentaren oder Glossen – also bei allen Formaten, bei denen es entscheidend auf Empathie, Einordnung oder Humor ankommt. In eine andere Richtung geht der *Datenjournalismus*: Hier werden Daten so miteinander verknüpft, ausgewertet und visualisiert, dass sie neue Einsichten ermöglichen. Die Verbindung von Software-Entwicklung, Datenbanken und Journalismus eröffnet Wege zu neuen Formen im *Storytelling*, z. B. in interaktiven Erzählweisen.

Die Textformate

Nachrichtenagenturen bieten ein breites Spektrum von Textformaten an:

- **Meldung**: Kompakte Nachricht mit den wesentlichen Informationen über ein Geschehen, meist 10 bis 15 Zeilen (à 69 Zeichen) lang.
- **Zusammenfassung**: Aktualisierung einer Meldung mit zusätzlichen Details, Reaktionen oder Hintergrund, meist 25 bis 60 Zeilen.
- **Korrespondentenbericht**, kurz: KORR: ausführlicher Bericht mit namentlich genanntem Verfasser, als Reportage, Feature, Analyse oder Porträt, meist 40 bis 90 Zeilen.
- **Vorausmeldung**: Meldung über ein bevorstehendes Ereignis, am Vorabend gesendet und am Morgen des Ereignistages wiederholt, meist 10 bis 15 Zeilen.
- **Vorbericht**: Bericht über ein bevorstehendes Ereignis, am Vortag oder auch eine Woche vorher verbreitet, meist 30 bis 60 Zeilen.
- **Hintergrund**: Dokumentarische Information zu einem aktuellen Thema, in unterschiedlichen Formen, z. B. Stichworte zu einem aktuellen Begriff oder Chroniken mit früheren Ereignissen, meist 15 bis 40 Zeilen.
- **Interview**: Wortlaut- oder redaktionelle Fassung von Gesprächen, meist 30 bis 60 Zeilen.
- **Zitat**: einzelne Äußerung, die besonders originell oder aussagekräftig ist, etwa fünf Zeilen.

Agenturmeldungen sind ein Schnappschuss des aktuellen Geschehens. Sie sind selten abgeschlossen. Oft muss eine Meldung mehrfach aktualisiert werden. Ereignisse haben ihren eigenen Ablauf, Themen eine eigene Konjunktur. Agenturmeldungen erfassen diese Entwicklung wie Momentaufnahmen eines Films, der kein Ende hat. In der Frequenz der Meldungen spiegeln sich die Dramatik des Nachrichtengeschehens und der Grad an Aufmerksamkeit, den die Öffentlichkeit einem Ereignis widmet. Ein typischer Ablauf für die Berichterstattung über ein plötzlich herein brechendes Ereignis, eine Breaking News, könnte etwa so aussehen:

12.00 Uhr Eilmeldung: Ein bis drei Sätze mit den ersten Informationen, die oft noch bruchstückhaft sind. Quelle sind meist Augenzeugen, Informanten, der eigene Korrespondent oder andere aktuelle Medien.

12.15 Uhr Überblick: In zwei bis drei Absätzen werden die bisher bekannten Informationen zusammengetragen.

12.30 Uhr Redaktionshinweis: Die Agenturredaktion teilt ihre Planung zur Berichterstattung über das Ereignis mit.

13.00 Uhr Zusammenfassung: Die Informationen werden in Überschrift und Aufmachung neu präsentiert. Ein *Teaser,* ein Anreißer, vermittelt eine erste Einordnung. In etwa vier Absätzen werden alle bisher bekannten Informationen zusammengetragen.

14.00 Uhr Hintergrund: In einem Stichwort wird ein für das Ereignis zentraler Begriff oder Sachverhalt erläutert.

15.00 Uhr Korrespondentenbericht: Wahlweise mit einem atmosphärischen oder analytischen Einstieg werden die persönlichen Eindrücke des Reporters oder Recherche-Ergebnisse der Redaktion dargestellt.

15.30 Uhr Fragen und Antworten: Berührt ein Ereignis einen der breiten Öffentlichkeit wenig vertrauten Lebensbereich, können grundlegende Informationen dazu in diesem Format übermittelt werden, das ein zentrales Instrument für den *Erklärjournalismus* darstellt.

16.00 Uhr Zusammenfassung: Neu hinzugekommene Informationen und Reaktionen fließen in einen ausführlichen Bericht ein.

17.00 Uhr Gesamtzusammenfassung: Alle Informationen zum Hauptereignis, ergänzt durch die Erschließung eines inhaltlich verwandten *Seitenthemas.*

18.00 Uhr: Korrespondentenbericht, aktualisierte Neufassung: Die Reportage oder Analyse wird ergänzt um wesentliche neue Informationen, die bei der ersten Fassung noch nicht bekannt waren.

Planung und Aktualität

Besucher im *Newsroom* einer Nachrichtenagentur zeigen sich oft überrascht, dass es nicht so hektisch zugeht wie erwartet. Mehr als die Hälfte der Nachrichten eines Tages ist planbar, z. B.

```
10.00 Uhr Pressekonferenz bei VW in Wolfsburg
11.00 Uhr Plenarsitzung des Bundestages
```

Die Redaktion orientiert sich am Programm der Tagesvorschau. Verzögert sich ein angekündigter Bericht, muss ein Planungshinweis gesendet werden.

Die Nachrichtenübersichten der Agenturen, die mehrmals am Tag gesendet werden, geben einen Überblick zu den wichtigsten Themen der Berichterstattung. Wie die Tagesvorschau, Wochenvorschau oder Vierwochenvorschau bietet sie den Nachrichtenredaktionen eine Grundlage zur Planung.

Bei überraschenden Ereignissen muss die Agenturredaktion ihre Planung aktualisieren, vielleicht neue Schwerpunkte setzen. Die Kriterien Überraschung und Relevanz entscheiden darüber, mit welcher Priorität Nachrichten verbreitet werden:

Blitz – Priorität 1: für Ereignisse von potenziell historischer Bedeutung und höchstem Überraschungsgrad. Beispiele sind der Beginn eines Krieges oder der Tod eines amtierenden Regierungschefs des eigenen Landes. Meldungsumfang: wenige Stichwörter.

Eil – Priorität 2: für herausragende Ereignisse von hohem Überraschungsgrad, die einen deutlichen Einschnitt bedeuten. Beispiele sind der Rücktritt einer Regierung oder eine Naturkatastrophe mit großen Schäden. Meldungsumfang: ein bis drei Sätze.

Standardmeldung – Priorität 3: für Ereignisse, die aus dem gleichmäßigen Strom der Meldungen herausgehoben werden sollen. Beispiele sind die

Unterzeichnung eines internationalen Abkommens oder Zusammenstöße bei einer Demonstration. Meldungsumfang: ein bis zwei Absätze.

Standardmeldung – Priorität 4: für Routine-Ereignisse, wie sie jeden Tag auftreten, sowie für Korrespondentenberichte und andere Begleittexte zur Nachricht. Beispiele sind Äußerungen eines Politikers oder die Bilanz eines Unternehmens. Meldungsumfang: unterschiedlich, je nach Textformat.

Technische Mitteilungen – Priorität 5: für Routinemitteilungen der Nachrichtenagentur an die Bezieher des Dienstes ohne einen aktuellen Bezug.

Im Laufe eines Nachrichtentages verschieben sich die Prioritäten der Agenturredaktion nach den Produktionsbedingungen ihrer Kunden. Am Morgen geht es los mit Vorausmeldungen, Eigeninitiativen und Medien-Infos, mit Informationen anderer Medien sowie Nachrichten aus dem asiatisch-pazifischen Raum, in dem der Nachrichtentag aufgrund der Zeitverschiebung schon früher beginnt. Jetzt soll vor allem der Bedarf der Online-Medien und Rundfunksender bedient werden, die am Morgen eine besonders große Reichweite haben.

Gegen acht Uhr kommen die Dienstleiter zu einer ersten Konferenz zusammen. Sie setzen erste Schwerpunkte und berücksichtigen dabei die frühe Berichterstattung der Fernsehsender, Radioprogramme und Online-Portale. In einer zweiten Konferenz, bei der die Regionalbüros per Video zugeschaltet sind, berät die Redaktion auch über aktuelle Fragen, denen sie nachgehen will.

Gegen Mittag rücken verstärkt die Bedürfnisse der Zeitungsredaktionen in den Blick. Über den Nachmittag hinweg werden bis zum frühen Abend Zusammenfassungen verbreitet, um den Zeitungen vor ihren Redaktionsschlusszeiten die wichtigsten Nachrichten des Tages optimal zu präsentieren. Am späteren Abend haben die meisten Zeitungsredaktionen ihre Seiten zum größten Teil fertig. Daher werden jetzt überwiegend kurze Meldungen gesendet, die dem Bedarf von Radio und Fernsehen am besten entgegenkommen. Diese Medien sind auch in der Nacht die Hauptabnehmer, so dass bis zum Morgen die kurze schnelle Meldung im Agenturdienst überwiegt.

Arbeitet eine Agenturredaktion an der Nachfrage vorbei, so produziert sie bildlich gesprochen für den Papierkorb. Der täglichen Erfolgskontrolle dient die Zeitungsauswertung oder das Tagesprotokoll: Hier analysiert die Redaktion für alle wichtigen Themen, wie die eigene Agentur im Wettbewerb mit den Konkurrenten abgeschnitten hat. Im Fall eines schlechten Abschneidens wird nach den Ursachen gesucht. Das ist Teil der internen Qualitätskontrolle.

Allerdings ist die Veröffentlichung nicht das einzige Ziel. So können Agenturnachrichten dazu dienen, die Redaktionen über die Entwicklung eines Themas zu informieren, über das sie nicht jetzt, aber vielleicht später berichten wollen. Mit der Erfüllung einer solchen Chronistenpflicht sichert die Agenturredaktion ihre Kompetenz auch bei Themen oder in Regionen, die zeitweise nicht im Blickfeld der Öffentlichkeit stehen.

Punktuelle Ereignisse, die eindeutig in Raum und Zeit festgemacht werden können, werden im Agenturjournalismus mehr beachtet als längerfristige Entwicklungen. Deshalb ist redaktionelle Planung wichtig. Sie muss die Nachrichtenauswahl ergänzen. Die Nachrichtenagentur hat dann auch die Chance, auf zu Unrecht vernachlässigte Themen aufmerksam zu machen. Je seltener über ein Thema oder ein fernes Land berichtet wird, umso mehr Hintergrund ist gefragt. Allerdings ist *Vollständigkeit* als Zielgröße ähnlich wie *Objektivität* nie hundertprozentig zu erreichen und steht zudem in Konflikt mit der Forderung nach kompakter Darstellung und Eindämmung der Informationsflut.

Qualitätskontrolle

Die Qualitätskontrolle achtet darauf, dass die inhaltlichen Standards eingehalten werden. Im Fluss der Berichterstattung – einige Nachrichtenagenturen verbreiten täglich mehr als 500 Meldungen – bleibt es bei aller Sorgfalt nicht aus, dass es zu Fehlern kommt. Dies reicht von Flüchtigkeitsfehlern wie der Verwechslung des Wochentags über peinliche Aussetzer bis zu schwer wiegenden Falschmeldungen.

```
IRAK USA 2.ZUS BER.
In APD0528 (Bagdad: USA fliegen schwerste Luftangriffe
seit Ende des Irak-Kriegs) muss es im Untertitel richtig
heißen: „Hinterhalte und Stellungen von Aufständischen
bombardiert" (nicht: von Außerirdischen).
AP/sü
181621 nov 03
```

Kleines Lexikon Agenturnachrichten

Byline: Namenszeile, Angabe des Verfassers einer größeren Zusammenfassung oder eines Korrespondentenberichts

Covern: Abdecken eines Ereignisses, über das berichtet werden soll

Desk: Redaktionsschreibtisch – am Desk sitzen bedeutet redigieren

Dispo: Planung zur Berichterstattung eines Tages ("Disposition")

Draht: ursprünglich Telegraphenleitung. Auch heute heißt es noch: "Meldungen auf den Draht geben", d. h. senden

Eingabe: die Veröffentlichung eines Agenturtextes. Meldungen werden am Desk eingegeben

Kalt schreiben: Berichterstattung über ein Ereignis mit Hilfe der Informationen von Beteiligten, ohne direkte Beobachtung eines Reporters

Kill: das Zurückziehen einer Falschmeldung

Leadsatz: der erste Satz einer Meldung, der den Kern der Nachricht enthalten soll.

Notizblock: Anhang von Meldungen unter anderem mit Angaben zu Autor, Redakteur, Informanten und Ortsangaben einer Agenturmeldung

Play oder **Protokoll**: Medienauswertung zur Agenturproduktion des vorangegangenen Tages, zur Erfolgs- und Qualitätskontrolle

Running: Serie von knappen Einzelmeldungen

Scoop: Exklusivmeldung

Slotter: Chef vom Dienst, der am *Slot* sitzt und mit der Eingabe betraut ist, Der Begriff *Slot* meint einen waagrechten Schiebeschlitz, durch den früher die fertigen Meldungen zu den *Funkern* geschoben wurden, die den Text dann in den Fernschreiber tippten.

Spot-Meldung: Kurze Nachricht zu einem singulären Ereignis

Staffer: Redaktionsmitglied

Stichwortzeile: ein bis fünf Begriffe, die den Themenbereich einer Meldung beschreiben

Stringer: Feier Mitarbeiter

Damit Fehler möglichst schnell korrigiert werden, sollte der Nachrichtendienst von allen Redakteuren mitgelesen werden. Hilfreich sind auch Hinweise aus den Redaktionen der belieferten Medien. Sobald ein Fehler bemerkt wird, muss er so schnell wie möglich in Form einer *Berichtigung* und einer *Berichtigten Wiederholung* korrigiert werden. Wenn nicht nur Details falsch sind, sondern die gesamte Meldung aufgrund neuer Informationen nicht mehr aufrechterhalten werden kann, muss sie in Form eines *Kills* zurückgezogen werden. Wird ein schwer wiegender Fehler erst am nächsten Tag oder noch später bemerkt, also wenn die Meldung bereits elektronisch oder im Print verbreitet wurde, kann die Agentur nur noch eine neue Meldung mit der korrekten Darstellung verbreiten und auf die ältere Meldung mit den Falschinformationen hinweisen.

Mit Blick auf die potenziell millionenfache Verbreitung einer Agenturmeldung kann das Sicherheits- und Qualitätsdenken in der Agenturredaktion gar nicht ausgeprägt genug sein. Diese hohe Verantwortung kommt zum Ausdruck in Grundsätzen, wie sie der angelsächsische Agenturjournalismus entwickelt hat. Get it first – but first get it right! – Schnelligkeit darf nie auf Kosten einer korrekten Darstellung gehen. Weniger bekannt, aber nicht minder wichtig ist die Regel: If in doubt, leave it out! – im Zweifelsfall besser weglassen.

Hilfreich ist das methodische Repertoire der Quellenkritik, das aus der Geschichtswissenschaft kommt. Stammt die Information wirklich von dem in der E-Mail genannten Absender? Der leiseste Zweifel sollte sofort den Griff zum Telefon nach sich ziehen, um mit einem Anruf die Authentizität der Mitteilung zu überprüfen. Die nächsten Fragen richten sich nach der Qualität der Mitteilung. Ist der Absender kompetent genug und befugt, etwas über diesen Gegenstand mitzuteilen? Enthält die Mitteilung Vorwürfe gegenüber Personen oder Organisationen, die aus Gründen der Objektivität dazu befragt werden sollten? Lässt die Mitteilung zentrale Fragen offen, die eine Zusatzrecherche erforderlich machen? Um Dementis und Beschwerden vorzubeugen, sollte man mit dem Gesprächspartner am Telefon klären, welche Aussagen für die Veröffentlichung bestimmt sind und welche Zitate wörtlich verbreitet werden können.

► **Merksätze**

1. Agenturnachrichten sind auf Weiterverbreitung angewiesen – sie müssen daher zunächst die Aufmerksamkeit der Zeitungs-, Rundfunk- und Online-Redakteure auf sich ziehen. Sie sollten möglichst kompakt, informativ und verständlich geschrieben sein.

2. Die einzige redaktionelle Linie der Nachrichtenagentur ist das Bemühen um Objektivität. Beim Schreiben einer Meldung dürfen keine unterschwelligen Wertungen einfließen. Inhaltliche Darstellung und Begriffswahl müssen die erforderliche Distanz zu allen Beteiligten eines Ereignisses halten.

3. Bei der Nachrichtenauswahl muss nach der tatsächlichen Bedeutung und Reichweite gefragt werden: Stößt diese Nachricht wirklich auf das Interesse einer breiten Öffentlichkeit? Welche Themen finden in den Medien gerade besondere Beachtung?

4. Eine Pressemitteilung, die als Grundlage einer Meldung dient, sollte nicht auf den Bildschirm geholt, sondern nur als Papierausdruck auf den Schreibtisch gelegt werden. Diese räumliche Trennung von eigenem und fremdem Text unterstützt das Bemühen um kritische Distanz zu den übermittelten Inhalten.

5. Im Bemühen um Schnelligkeit darf die Richtigkeit nicht auf der Strecke bleiben. Eine Meldung sollte nur dann verbreitet werden, wenn es keine Zweifel am korrekten Inhalt gibt: Get it first, but first get it right!

6. Auch die Details einer Nachricht müssen stimmen. Jede kleine Nebeninformation muss einer Überprüfung standhalten. Ansonsten gilt der Grundsatz: If in doubt, leave it out!

Weiterführende Literatur

Peter Zschunke: Agenturjournalismus: Nachrichtenschreiben im Sekundentakt (Konstanz: UVK 2000)

www.agenturjournalismus.de

Fakten aus der Welt der Nachrichtenagenturen

AP – führt seine Wurzeln auf eine Vereinbarung von fünf New Yorker Zeitungen aus dem Jahr 1846 zurück, die zur Berichterstattung über den Krieg zwischen den USA und Mexiko ein gemeinsames Nachrichtenunternehmen auf den Weg brachten.

Bluewater – Name eines vermeintlichen Ortes in Kalifornien, der 2009 im Mittelpunkt einer dpa-Falschmeldung über einen Selbstmordanschlag stand. Hintergrund war ein PR-Gag für einen neuen Film. Als Konsequenz verschärfte dpa ihre Regeln für den Umgang mit Informationen aus dem Internet.

Chefredakteurin – die erste Frau an der Spitze einer Agenturredaktion in Deutschland war 1983 bis 1994 Annette von Broecker bei Reuters.

dpa verbreitet täglich rund 750 Meldungen und etwa 2000 Bilder.

epd – der Evangelische Pressedienst ist die älteste Nachrichtenagentur in Deutschland und wurde bereits 1910 gegründet.

FAX – die inzwischen veraltete Technik zur Übertragung eingescannter Texte war 2000 Grundlage für falsche Eilmeldungen von Reuters, dpa und AP – die Agenturen fielen auf die Fälschung einer Absenderkennung mit dem Namen des ehemaligen Bundeskanzlers Helmut Kohl herein. Heute müssen Redaktionen auch E-Mail-Adressen kritisch überprüfen, im Zweifel nachfragen.

Google und AP haben 2006 ihren Streit über die Nutzung von Agenturmeldungen für die Google News beigelegt, 2007 folgte AFP.

Ines – Integrated News Editing System: nicht nur das aktuelle Redaktionssystem der dpa hat einen weiblichen Vornamen, beim epd arbeiten die Redakteurinnen und Redakteure mit Leni, benannt nach der Tochter des Entwicklers.

Korrespondenten berichten aus aller Welt in die Zentralen der Nachrichtenagenturen. Das dichteste Korrespondentennetz hat AFP mit Reportern in 150 Ländern, AP ist in 110 Ländern vertreten.

Maueröffnung – Nachrichtenagenturen müssen Informationen auf den Punkt bringen: So meldete AP am 9.11.1989 nach bürokratischen Ausführungen von SED-Politbüromitglied Günter Schabowski zu einer neuen Reiseregelung in einer Eilmeldung: DDR öffnet Grenzen.

Reuters gehört nach 157 Jahren eigenständiger Unternehmensgeschichte seit 2008 zum kanadischen Informationskonzern Thomson.

Terrorist – zwei Wochen nach den Anschlägen vom 11. September wies der damalige Reuters-Nachrichtenchef Stephen Jokes die Redaktion an, Personen nicht als Terroristen zu bezeichnen. Nur Taten könnten als terroristisch bezeichnet werden, bei Menschen sei dies ein Werturteil, das jeweiligen Deutungen unterliege. Eine Nachrichtenagentur aber bemühe sich strikt darum, Wertungen zu vermeiden.

Vilnius – diese Schreibweise für die litauische Hauptstadt haben die Nachrichtenagenturen erst 2001 eingeführt, zuvor war die Schreibweise Wilna vereinbart.

Die Vereinbarung einheitlicher Schreibweisen liegt im Interesse einer konsistenten Medienberichterstattung und unterliegt ständiger Überprüfung.

Xinhua – die staatliche chinesische Nachrichtenagentur verbreitet nach eigenen Angaben täglich 15.000 Meldungen, davon 12.000 aus China.

Die Radionachricht

von Dietz Schwiesau

Zusammenfassung

Radionachrichten sind überall verfügbar, nebenbei nutzbar und relativ einfach zu produzieren. Radionachrichten können schnell, verlässlich und rund um die Uhr Information, Orientierung, Service und Gesprächsstoff bieten. Die wichtigsten Nachrichtenformen im Radio sind: Klassische Nachrichten und Original-Ton-Nachrichten. Wie Nachrichten verständlich gesprochen werden.

Nachrichten im Radio – das ist eine Erfolgsgeschichte. Der Rundfunk der Weimarer Republik brachte drei Nachrichtensendungen am Tag. Heute sind es allein in Deutschland täglich Hunderte von Sendungen mit Millionen von Hörern. Doch im Internetzeitalter wächst die Konkurrenz. Wenn sich die Radionachrichten auf dem Nachrichtenmarkt behaupten wollen, müssen sie auf ihre Stärken setzen.

Besonderheiten der Radionachrichten

1. **Radionachrichten** sind überall, problemlos und ohne Unterbrechung der alltäglichen Aktivitäten verfügbar. Wer sich unkompliziert und schnell informieren will, beim Frühstück, im Bad oder im Auto, der *hört* Nachrichten. Radio ist ein *Begleitmedium*. Nachrichten sind neben der Musik das wichtigste Programmelement, aber nur wenige Hörer schalten gezielt die Nachrichten ein und hören intensiv zu.
2. **Radionachrichten** werden ohne großen technischen Aufwand produziert und schnell verbreitet. Nachrichten für das Radio zu machen, ist die Aufgabe eines Redakteurs oder eines kleinen Redaktionsteams. Sie bieten den Hörern mindestens einmal pro Stunde das Neueste, in speziellen Nachrichtenprogrammen

D. Schwiesau und J. Ohler, *Nachrichten – klassisch und multimedial*, Journalistische Praxis, DOI 10.1007/978-3-658-08717-3_12

sogar alle 15 oder 20 Minuten. Und wenn besonders wichtige Meldungen –
Breaking News – eintreffen, liest der Sprecher oder der Moderator die Meldung direkt vom Bildschirm ab und informiert blitzschnell die Hörer.

3. **Radionachrichten** werden gehört. Der Zeitungs- oder Internetleser bestimmt
selbst, was er wann liest und wie schnell er das macht. Der Fernsehzuschauer
sieht das Bild und hört den Ton. Radiohören hingegen läuft nur über ein Sinnes-
organ: die Ohren. Radionachrichten sind flüchtige Wörter. Wer etwas verpasst
oder nicht versteht, schaltet meist ab – in Gedanken oder den Sender.

Was bedeutet das für die Nachrichtenarbeit im Radio? Die Redakteure sind
journalistische Dienstleister. Sie können schnell, verlässlich und rund um die Uhr
Orientierung, Service und Gesprächsstoff bieten – maßgeschneidert für die Hörer.
Dazu müssen sich die Redakteure fragen:

- Wer hört mir wo, wann und wie lange zu?
- Was ist wichtig und interessant für meine Hörer?
- Wie muss ich die Nachrichten aufbereiten?
- Welche Einzelheiten sind notwendig?
- Wie viel Hintergrund muss ich bieten?
- Sind meine Nachrichten verständlich?

Nachrichten – vom Hörer

„Der Rundfunk wäre der denkbar großartigste Kommunikationsapparat des
öffentlichen Lebens, wenn er es verstünde, nicht nur auszusenden, sondern auch zu empfangen", träumte der Dichter Bertolt Brecht, der auch ein
eifriger Nachrichtenhörer war. Heute hat sich das Radio von einem *Distri-
butionsapparat* in einen *Kommunikationsapparat* verwandelt. Das Publikum
kann Nachrichten kommentieren, mit Redakteuren darüber diskutieren und
auch selbst liefern, zum Beispiel bei Unwettern. Das Internet, vor allem die
sozialen Netzwerke, bieten dafür beste Möglichkeiten.

Für das Sprechen schreiben und für das Hören sprechen. Ideal wäre es, wenn
der Nachrichtensprecher ins Studio käme und erzählte, was in der Welt passiert ist.
Das wird immer mal ausprobiert. In der Regel werden Nachrichten aber schriftlich
formuliert und vor dem Mikrofon gelesen. Wer Nachrichten im Radio macht, muss
so schreiben, dass er seine Texte gut sprechen kann. Und er muss seine Texte so
sprechen, dass die Hörer sie leicht verstehen können.

24 Stunden in einer Nachrichtenredaktion

3.30 Uhr. Dienstbeginn. Nur 90 Minuten bis zur ersten Sendung. Einlesen. Was haben die Kollegen zuletzt gesendet? Internet, soziale Netzwerke, Agenturen, Mails, Zeitungen. Wichtige Anrufe: Lagezentrum, Polizei, Feuerwehr. Wie wird das Wetter? Nachrichten schreiben. Originaltöne schneiden. Kurzberichte produzieren. Meldungen zusammenstellen

5.00 Uhr. Die Primetime. Morgens wollen die Hörer wissen: Was war, was ist, was wird sein?
– Was ist Wichtiges oder Interessantes am Abend und in der Nacht passiert?
– Gibt es Ereignisse, die die Hörer unmittelbar betreffen oder betroffen machen: Schnee und Eis, Streiks im Nahverkehr, das Feuer im Nachtklub oder der Tod der Schauspielerin.
– Was bringt der Tag? Entscheidungen oder Ereignisse, die meine Hörer angehen?
– Wie wird das Wetter?

7.00 Uhr. Immer etwas Neues? Diese Frage ist leicht zu beantworten: Nein! Morgens hören die Leute im Durchschnitt 30 Minuten Radio. Und alle müssen das Wichtigste erfahren. Für den Redakteur bleibt aber genug zu tun. Er kann jeder Sendung ein neues Gesicht geben: Themen aktualisieren, mit neuen Fakten anreichern, einen anderen Einstieg formulieren oder einen neuen Aspekt herausarbeiten. Was macht die Konkurrenz? Und vor allem: Recherche! Wer aufmerksam ist, findet auch morgens neue Themen

9.00 Uhr. Neuer Stoff für neue Nachrichten. Der Redakteur muss sich spätestens jetzt vom letzten Abendthema verabschieden. Denn wer am Vormittag Radio hört, kennt bereits die Morgennachrichten und will Neues erfahren. Außerdem beginnt das Leben: Die Staatsanwaltschaft ermittelt, die Tarifparteien verhandeln ... Endlich ist jetzt auch der Pressesprecher da, der sich zum Lebensmittelskandal äußert

12.00 Uhr. Der Mittagsüberblick. Mittags kann die Redaktion die Themen der ersten Tageshälfte zusammenfassen. Das Urteil im Mordprozess. Die Entscheidung im Bundestag. Neue Arbeitslosenzahlen. In die Sendung kommen die wichtigsten Meldungen des Vormittags

15.00 Uhr. Dauer- oder Wechselhörer? Der Redakteur muss die Interessen von zwei Hörergruppen unter einen Hut bringen. Zum einen gibt es gerade am Nachmittag Dauerhörer, die von Wiederholungen genervt sind. Zum anderen hat auch der, der nur eine Sendung am Tag hört, den Anspruch, das Wichtigste zu erfahren. Der Redakteur muss also an den Top-Themen festhalten und zugleich Abwechslung bieten. Es gibt viele Möglichkeiten, ein Thema fortzuschreiben und aktuell zu ergänzen: neue Details, neue Reaktionen, ein neuer Einstieg, ein anderer Hintergrund, das darf aber nicht zwanghaft wirken

 **17.00 Uhr. Die Primetime am Abend.** Die letzte bedeutende Hörzeit des Tages, bevor die Fernsehprogramme die Mediennutzung bestimmen. Wer auf dem Weg nach Hause ist, hat oft seit dem Morgen keine Nachrichten gehört und will aktuell informiert werden: Was bewegt die Stadt oder das Land? Worüber spricht man heute? In die Nachrichtensendung gehören alle Themen des Tages

 **22.00 Uhr. Das war der Tag.** Nur wenige Menschen hören jetzt noch Radio. Deshalb muss jede Redaktion entscheiden, ob sie (vielleicht für Spätheimkehrer) noch einmal die wichtigsten Tagesthemen bringt, natürlich aktualisiert, oder ob sie konsequent nur auf das Allerneueste setzt. Meist hat der Redakteur Platz für Nachrichten, die am Tag zu kurz kamen

 **1 Uhr. Nachtdienst.** Nachtschwestern, Pförtner, Autofahrer – nachts gibt es ein kleines, aber meist sehr aufmerksames Publikum. Es sollte nicht mit ständigen Wiederholungen gelangweilt werden. Da die Agenturen wenig bieten und auch das Internet etwas zur Ruhe kommt, hat der Redakteur Zeit, Nachrichten vom Vortag aufzubereiten, Ereignisse zusammenzufassen und Meldungen zu bringen, die noch nicht gesendet wurden. Wenn der Tag schon zwei, drei Stunden alt ist, kann man auch mal eine Vorschaumeldung aufnehmen. Und wenn der Nachtredakteur Meldungen für das Morgenprogramm vorbereitet, freut sich der Frühdienst

Tipps für die Nachrichtenpraxis

1. Spitzenwechsel. Die erste Meldung, der *Aufmacher* oder die *Spitze*, ist entscheidend für die Attraktivität der Sendung:

```
Vize-Fraktionschef fordert erneut . . .
```

Das heißt, es ist nichts los. Umschalten! Die Spitzenmeldung gibt der Sendung ein Gesicht, sie ist ihr Schaufenster. Ist der Aufmacher langweilig, kann man die anderen Nachrichten vergessen. Deshalb muss sich der Redakteur jede Stunde besondere Gedanken um seinen Aufmacher machen. Er sollte jede Chance nutzen, seine Sendung mit einer neuen Nachricht zu beginnen – wenn sie den entsprechenden Nachrichtenwert hat.

2. Meldungen umschreiben? Ein Streitthema in fast allen Redaktionen: Muss eine Meldung umgeschrieben werden, auch wenn es nichts Neues gibt? Nein! Denn Nachrichtenmachen ist keine Beschäftigungstherapie. Und das Signal an den Hörer ist: Diese Meldung ist wichtig, deshalb wiederhole ich sie. Vielleicht kennst Du sie schon? Dann mach' Dir keine Mühe, sie erneut aufmerksam zu hören. Wenn es Neues gibt, teilen wir das mit.

3. Warenkorb Nachrichtensendung. Die Topthemen des Tages gehören natürlich in jede Sendung. Aber das Leben ist bunt. Und das sollte sich auch in der Sendung widerspiegeln: Regionales, Innenpolitik, Wirtschaft, Außenpolitik, Wissenschaft, Sport und natürlich Vermischtes ohne seichten Untergrund. Und für die nächste Sendung stellt man einen neuen Warenkorb zusammen.

4. Vorsicht Blockbildung! Erst Außenpolitik, dann Innenpolitik und dann Regionales? Nein, solche Regeln gibt es nicht. Wenn der Redakteur die Meldungen zusammenstellt, sollte er schon beachten: Gibt es Zusammenhänge? Spielen mehrere Ereignisse in einem Land, in einer Region? Welche Nachrichten passen nicht zusammen? Aber letztlich entscheidet über die Reihenfolge der Meldungen ihr Nachrichtenwert.

5. Rücksicht auf das Programmumfeld? Der Sport will den Weltmeister exklusiv verkaufen und der Moderator den Oscar-Gewinner. Die Nachrichten sollen „doch bitte jetzt mal darauf verzichten". Was tun? Natürlich arbeiten alle an einem Programm, und Abstimmung ist wichtig. Aber die Hörer erwarten, dass die Nachrichten alles bringen, was wichtig und interessant ist. Also gehören der WM-Titel und der Oscar auch in die Nachrichten.

6. Sperrfristen beachten? Ja und nein. Der Redakteur kann nicht über eine Rede berichten, die zwar schriftlich vorliegt, aber noch nicht gehalten wurde. Da heißt es abwarten, was der Redner wirklich gesagt hat. Und ob die Rede überhaupt gehalten wurde! Wenn die Agentur aber schreibt:

```
Interview mit FIFA-Chef. Frei ab 5 Uhr. Oder: Gutachten
des Wirtschaftsinstitutes. Frei ab 24 Uhr.
```

Diese Sperrfristen können ignoriert werden. Hat er das Interview schon gegeben? Ja. Hat das Institut die Lage begutachtet? Ja. Also kann das auch gemeldet werden.

7. Eilmeldungen. 08.59 Uhr. Die Meldung über die Rücktrittsdrohungen der Umweltministerin ist geschrieben, da teilt sie über ihren verifizierten Twitter-Account die drei entscheidenden Worte mit:

```
Ich trete zurück!
```

Keine Zeit mehr, die Meldung umzuschreiben. Muss die Redakteurin auf das Thema verzichten? Nein. Sie liest die vorbereitete Nachricht und teilt dann mit:

```
Soeben erreicht uns folgende Meldung: Die Umweltminis-
terin ist zurückgetreten.
```

Doch Vorsicht: Nicht jede Eilmeldung muss sofort präsentiert werden. Wie immer gilt: Zuerst den Nachrichtenwert und den Wahrheitsgehalt prüfen!

8. Immer etwas Buntes am Schluss? Für viele Redakteurinnen und Redakteure setzt eine Meldung aus dem Ressort *Vermischtes* den idealen Schlusspunkt der Sendung. Nichts gegen eine schöne Geschichte, die nach den Weltübeln auch die fröhlichen Seiten des Lebens zeigt. Aber nicht auf Krampf! Das muss sich aus dem aktuellen Geschehen heraus ergeben. Die letzte Nachricht muss auch nicht immer eine Sportmeldung sein, schon gar nicht von einem Tennisturnier in Bogotà. Es sei denn, ein aufstrebendes Talent aus Deutschland besiegt dort den Ersten der Weltrangliste.

Die Nachrichtenarche
Radionachrichten sind wertvolle Zeitdokumente. Die Auswahl, die Sprache, die Präsentation, der Klang – auch nachfolgende Generationen sollen sich noch ein Bild der Nachrichten im Radio machen können. Deshalb werden regelmäßig Radionachrichten gesammelt und aufbewahrt: in der Nachrichtenarche. Mehr Informationen dazu: Nachrichtenzukunft.de.

Nachrichtenformen im Radio

09.00 Uhr. `Sie hören Nachrichten! Guten Morgen!`
08.55 Uhr. `Das Neueste aus Berlin, Deutschland und der Welt`
`               mit Franziska S.`
10.00 Uhr. `Unser News-Update mit Janine und Robert.`

Radioachrichten klingen in jedem Programm anders. Sie heißen Nachrichten, News oder Update. Sie sind 10 Minuten oder nur 30 Sekunden lang. Sie haben üppige Jingles, Trenner und Betten – oder nur eine ganz spärliche Verpackung. Sie werden von einem oder zwei Redakteuren präsentiert oder von einem

Nachrichtensprecher. Wichtig ist: Die Nachrichtenform muss zum Programm passen, wir sprechen von formatierten Nachrichten oder vom Nachrichtenformat eines Programms. In einem Hit-Radio erwartet niemand einen 7-Minuten-Nachrichten-Block. Und in einem Kulturprogramm sind Infoquickies eher selten. Es gibt zwei Nachrichtenformen – mit Variationsmöglichkeiten: *Klassische Nachrichten* und *O-Ton-Nachrichten.*

Klassische Nachrichten. Eine Sprecherin liest einen Text, im Funkjargon eine *trockene Meldung*, den sie selbst oder eine Redaktion geschrieben hat. Es werden keine O-Töne eingespielt. Klassische Nachrichten werden vor allem von Programmen gepflegt, die auf ruhige, betont sachliche, oft auch auf ausführlichere Nachrichten Wert legen. *Kurznachrichten* sind eine Sonderform der klassischen Nachrichten. Einen komplizierten Sachverhalt kurz und verständlich darzustellen ist die hohe Schule des Nachrichtenhandwerks im Radio.

O(riginal)-Ton-Nachrichten. Das sind Sendungen mit Einspielern/Zuspielungen. Die meisten Programme haben heute O-Ton-Nachrichten. Unterschiedlichste Formen sind möglich: Von der fast klassischen Sendung mit einem einzigen O-Ton bis hin zur News-Show mit vielen (und meist längeren) O-Tönen, bei der ein Präsentator oder zwei Moderatoren nur noch einordnende Zwischentexte sprechen. Die Sendung lebt von Abwechslung und Formenvielfalt.

O-Ton-Nachrichten

In den Redaktionen wird die Bezeichnung *O-Ton* unterschiedlich verwendet. Im Wortsinn sind Originaltöne im Radio authentische Aufnahmen, also:

- **Stimmen.** Ausschnitte aus Reden, Interviews, Äußerungen aller Art – von Politikern, Künstlern, Sportlern oder von ganz normalen Leuten, z. B. in einer Umfrage zum Bahn-Streik.
- **Geräusche.** Die Sprengung des Turmes. Der Siegestaumel im Stadion. Die Kirchenglocken beim Trauergottesdienst.
- **Musik.** Der Siegertitel beim Eurovision Song Contest. Der Trauermarsch beim Staatsakt. Der Ausschnitt aus einem bisher unbekannten Beatles-Lied.

Original-Töne bringen die (Hör-)Welt ins Radio: Die ersten Sätze des neuen Papstes. Der Jubel der geretteten Bergleute. Die Begeisterung der Olympiasiegerin. Der tränenreiche Rücktritt des Ministers. Wenn die O-Töne gut ausgewählt sind, machen sie eine Nachrichtensendung authentischer, glaubwürdiger, anschaulicher, emotionaler und unterhaltsamer.

In der Nachrichtenpraxis sind mit O-Tönen *alle* Einspieler gemeint. Wenn Nachrichtenredakteure von O-Tönen sprechen, meinen sie also die Original-Töne *und* die Kurzbeiträge/Kurzberichte von Redakteuren, Reportern und Korrespondenten.

Der Kurzbericht

In einer Nachrichtensendung werden die Kurzberichte so eingesetzt: Der Nachrichtensprecher liest die Anmoderation. Sie übernimmt die Funktion der Nachricht, beantwortet die wichtigsten W-Fragen, führt zielgenau zum Beitrag und nennt den Namen des Berichterstatters, es sei denn, er sagt sich selbst ab.

```
Ein schweres Zugunglück hat sich heute in Hannover er-
eignet. 10 Menschen sind ums Leben gekommen, 70 wurden
verletzt. Unsere Reporterin Antonia K. berichtet:
```

Ein Bericht – Was ist das?
Der Bericht ist eine detaillierte, anschauliche und möglichste objektive Information über Ereignisse, Personen, Situationen oder Zusammenhänge, die für die Öffentlichkeit neu, wichtig oder interessant sind.

Die wichtigsten Fakten sind bekannt. Jetzt wird der Bericht der Reporterin eingespielt – oder sie meldet sich live.

```
Ich bin vor wenigen Minuten an der Unfallstelle ein-
getroffen. Überall liegen Trümmer. Hunderte von Poli-
zisten, Feuerwehrleute, Sanitäter sind im Einsatz. Der
vollbesetzte ICE war offenbar auf ein Baufahrzeug auf-
gefahren . . .
```

Begriffswirrwarr
Für die Kurzberichte im Radio haben die Nachrichtenleute in Deutschland viele Namen gefunden: Aufsager, Nachrichtenminute, MmE (Minute mit Einspiel), MoE (Minute ohne Einspiel), Korri-Bericht, Reporterbericht, KB (für Kurzbericht), Einsprecher, Erklärstück, Studiobericht, K-Ton (Korrespondenten-O-Ton) und R-Ton (Redaktions-O-Ton.) Sie meinen alle das Gleiche: den Kurzbericht.

Warum gibt es Kurzberichte in Nachrichtensendungen? Sie sollen den Hörern Mehrwert bieten: mehr Geschichten, mehr Menschen, mehr Emotionen, mehr Atmosphäre. Kurzberichte unterstreichen die Bedeutung eines Ereignisses. Sie ergänzen und vertiefen eine Nachricht mit Präsenz vor Ort und setzen auf Authentizität und Sachkenntnis. Dafür hat der Bericht mehr Spielraum als die Nachricht. Der Bericht darf keine längere Nachricht sein, sondern ist eine eigene, lebendige Darstellungsform mit eigenen Regeln.

Der wichtigste Unterschied ist: Die Nachricht meldet ein neues *Ereignis*, der Bericht erzählt eine neue *Geschichte*. Der Bericht bietet eine Fülle von Darstellungsmöglichkeiten. Zum Beispiel kann der Reporter oder Redakteur:

- **Über ein Ereignis *berichten*, es also anschaulich darstellen:** Zu dem Zugunglück kam es, als der vollbesetzte ICE . . .
- **Die Situation *schildern*, also beschreiben, wie er das Ereignis erlebt (hat):** Ja, ich stehe hier an der Unglückstelle. Überall liegen Trümmer . . .
- **Den Hintergrund *darlegen*, also erläutern oder erklären:** Das ist schon das zweite Unglück in dieser Woche. Die Ursache des Unglücks am Montag war . . .

In einer Nachricht werden die Fakten nach ihrem Gewicht geordnet. In einem Bericht erzählt der Reporter eine kleine Geschichte. Er hat mehr Freiheiten. Bauformen sind:

Die Chronologie. Die Fakten werden nach ihrem zeitlichen Ablauf geordnet. 15 Uhr 36 verließ der vollbesetzte ICE den Hauptbahnhof Hannover. Nur 7 Minuten später . . .

Die Hierarchie. Die Fakten werden nach ihrer Wichtigkeit geordnet. Diese Form ist der Nachricht sehr ähnlich. `70 Passagiere wurden verletzt, davon 32 schwer. Das Zugunglück ereignete sich in der Nähe . . .`

Vom Besonderen zum Allgemeinen. Der Bericht beginnt mit einer konkreten Person oder Situation und geht dann zum Ereignis über. `Sabine Müller war in Hannover eingestiegen und hatte gerade im letzten Waggon Platz genommen. Da krachte . . .`

Vom Allgemeinen zum Besonderen. `70 Passagiere wurden verletzt. Viele sind mit dem Schrecken davon gekommen, unter ihnen Sabine Müller. Sie war in Hannover . . .`

Rückblende. Der Bericht erinnert an ein zurückliegendes Ereignis, das einen Bezug zum aktuellen Geschehen hat. `Vor einem Jahr hatte es in Hannover bereits ein Zugunglück gegeben. Damals wurde niemand verletzt. Heute . . .`

Der Bericht kann mit einem Fakt beginnen, mit einer Person, Situation, Szene oder Episode, mit einem Zitat, mit einer Aufzählung von Ortsnamen – oder auch mit Stimmen in einer kleinen Umfrage. Denn der Bericht kann auch Original-Töne enthalten: den Knall bei der Sprengung des Turmes, den Torjubel im Fußball-Stadion, den Trubel beim Karnevalsumzug. Diese Töne bringen zusätzlich Atmosphäre und Emotionen in die Nachrichtensendung.

Keine Angst vor dem „Ich". Kurzberichte werden von Reportern und Redakteuren produziert. Reporter berichten live vom Übertragungswagen oder per Funktelefon. Oder sie bringen die Töne mit in die Redaktion und produzieren dann daraus eine Geschichte. Wichtig ist, dem Hörer deutlich zu machen: *Ich war dabei! Ich habe das für Euch gesehen!* Andere Kurzberichte entstehen am Schreibtisch. Redakteure recherchieren die Fakten per Telefon und im Internet. Deshalb brauchen diese Berichte aber nicht blutleer zu klingen. Die Redakteure müssen Informationen zusammentragen, um ein anschauliches Bild zu liefern oder den Hintergrund auszuleuchten.

Das sollten Redakteurinnen und Redakteure bei O-Ton-Nachrichten beachten:

Keine Abstriche an der Aktualität zulassen. Drei Minuten vor 13 Uhr. Die Sendung steht. Da kommt die Eilmeldung: `Überraschende Einigung über`

`Tarifvertrag`! Der geplante O-Ton (Tarifparteien beraten noch) ist damit veraltet. Konsequenz: Der O-Ton fliegt raus, eine *trockene Meldung* muss genügen.

Auswahlgrundsätze nicht aufgeben. Sommer-Wochenende. Nachrichtenflaute. Der Audiodienst bietet ein Stück an: `Überschwemmungen in Malaysia`. Wenn nichts Besseres da ist – verzichten! Der Wert einer Nachricht hängt nicht vom O-Ton ab.

O-Töne sind kein Dogma! Der Chef will, dass der Aufmacher immer einen O-Ton hat. Für die Frühsendung ist deshalb ein Kurzbericht über neue Autobahnbaustellen produziert worden. Da kommen Meldungen über eine Geiselnahme. Einen O-Ton dazu gibt es noch nicht. Was tun? Ausnahmsweise beginnt diese Sendung trocken: mit der Geiselnahme. Denn über die Gewichtung der Themen entscheiden nicht O-Töne. Und ein formales Korsett darf nicht zur Zwangsjacke werden.

Keine Mogelpackungen servieren! `Unwetter auf Rügen`. Noch keinen Reporter erreicht. Macht nichts. Der Kollege schreibt ein paar Agenturmeldungen zusammen und mimt den Reporter vor Ort. Eine Stunde später: `Feuer im Eurotunnel`. Dann spielt der Kollege jetzt London-Korrespondent. So geht es nicht! Das sind keine authentischen Berichte, das ist Hörerbetrug.

Keine Kommentare liefern!

`Ich glaube, das wird eng für den Trainer!`

Korrespondenten schildern ihre Eindrücke, Reporter sind nah dran, Redakteure arbeiten an Hintergrundinformationen – da besteht die Gefahr, dass sich in den O-Ton-Nachrichten leichter Meinungen einschleichen als in klassischen Nachrichten. Die Schwelle zum Kommentar darf nicht überschritten werden.

Krawalljournalismus vermeiden! Viele Politiker wissen: Wer laut schreit und seine Botschaften in einem knackigen Satz verpackt, der schafft es oft schneller in die Nachrichten. Also Vorsicht! Auch in einer Nachrichtensendung mit O-Tönen muss Platz bleiben für Argumente und Zwischentöne.

Nachrichten sprechen

Die Hauptfehler von Nachrichtensprecherinnen und Nachrichtensprechern sind:

- Sie denken nicht mit, sondern lesen den Text nur ab.
- Sie betonen nicht die sinntragenden, sondern nebensächliche Wörter.
- Sie betonen zu viele Wörter.
- Sie betonen stur das letzte Wort des Satzes.
- Sie setzen Pausen an sinnwidrigen Stellen.
- Sie lesen zu schnell.
- Sie sprechen zu laut.
- Sie gehen mit der Stimme am Ende des Satzes nicht runter.

Wer Nachrichten verständlich und glaubwürdig präsentieren will, sollte sich an fünf Grundsätze halten:

1. Die Melodie ist eine der häufigsten Fehlerquellen beim Nachrichtensprechen! Gerade Anfänger bleiben mit der Stimme oben, um zu signalisieren: Ich bin nicht fertig. Eine Qual für den Hörer, der sich danach sehnt, dass der Gedanke endlich zu Ende ist. Also: Am Ende eines Gedankens runter mit der Stimme.

2. Mehr Mut zur Pause! Sie hilft, den Text zu gliedern. Pausen portionieren den Gedanken. Beispiel:

```
Die Bewerber für den Polizeidienst/sind zu unsportlich.
```

Atempausen haben nur dort etwas zu suchen, wo ein Gedanke zu Ende ist. Anderenfalls zerreißt die Pause die Spannung innerhalb eines noch nicht zu Ende gesprochenen und gehörten Gedankens.

3. Das Tempo sollte deshalb angemessen sein, nicht zu schnell, nicht zu langsam. Hörer brauchen Zeit, den Gedanken nachzuvollziehen. Das Tempo sollte wie in einem Gespräch differenziert werden. Weniger Wichtiges kann schneller gesprochen werden.

4. Die Lautstärke sollte nicht größer sein als in einem normalen Gespräch. So klingt die Stimme voller und der Hörer wird nicht angeschrien. Wer zu leise redet, spricht den Hörer nicht an.

5. Akzente sind das wichtigste Mittel, um den Sinn deutlich zu machen. Wer Akzente setzt, nutzt gleichzeitig alle sprecherischen Mittel: Er variiert Lautstärke, Tempo, Melodie und macht Pausen. Es gibt zwei Akzent-Arten:

Wortakzente sind festgelegt. Für jedes Wort gibt es in der deutschen Hochlautung feste Regeln. Wer unsicher ist, kann im Duden nachschlagen. Beispiel: Sal**a**t. Der Akzent liegt auf dem zweiten a.

Satzakzente heben das Wichtigste in einem Satz hervor. Jeder Satz bzw. Sinnschritt hat nur einen Hauptakzent. Betont wird immer das Neue, das Rhema. Gerade Anfänger machen den Fehler, jedes zweite Wort zu betonen. Dadurch entsteht ein unerträglicher Singsang. Das Wichtigste im Satz steht zwar meist hinten, aber es wird nicht zwangsläufig das letzte Wort betont. Beispiel: In der Altmark hat die Spargelernte begonnen. Der Akzent liegt auf der Sp**a**rgelernte, nicht auf beg**o**nnen.

Bei Adjektiv-Substantiv-Kombinationen gilt die *Wortblockregel*, z. B. betriebsbedingte *Kündigungen*. Adjektive werden nur dann hervorgehoben, wenn sie einen Kontrast deutlich machen, der in Nachricht benannt wird. Beispiel: die *portugiesischen* Schulden im Gegensatz zu den *griechischen* Schulden . . .

Weitere Tipps für Nachrichtensprecher

- Aufrecht sitzen oder sich vor das Mikrofon stellen. So kann man entspannt atmen, und die Stimme klingt frei.
- Sich jemanden vorstellen, zu dem man spricht. So findet man die richtige Ansprechhaltung und spricht nicht ins Leere.
- Sich den Sinn der Nachrichten deutlich machen. Pausen und Akzente im Text markieren.
- Die Stimme nicht verstellen oder neutralisieren. Der Hörer schätzt Persönlichkeit und spürt, wer natürlich und wer künstlich spricht.
- Die Stimme schulen. Schon wenige Stunden Sprechtraining können Anfängerfehler beheben. Und jeder sollte sich mit einem *Aircheck* regelmäßig selbst überprüfen.

Die Zukunft der Radionachrichten

Nachrichtenredakteure aus ganz Deutschland, aus der ARD und vom Privatfunk, haben sich 2014 in Magdeburg getroffen. Sie haben über die Zukunft der Nachrichten nachgedacht und darüber gesprochen: „Was muss (s)ich ab morgen in den Nachrichten ändern?" Das sind ihre zehn Kernsätze:

1. Wir hinterfragen traditionelle Nachrichtenregeln und sind experimentierfreudig.
2. Wir bringen mehr journalistische Formen in die Nachrichten.
3. Wir schaffen Hörerlebnisse: mit Geschichten, Menschen, Tönen, Atmosphäre.
4. Wir verabschieden uns von den Reflexen bei der Auswahl und Platzierung.
5. Wir wollen weniger Themen, mehr Hintergrund, Service und Gesprächsstoff.
6. Wir machen Nachrichten aus der Perspektive der Hörer und sind mit ihnen im Dialog.
7. Wir schreiben verständlicher und sprechen einfacher.
8. Wir zeigen mehr Persönlichkeit, arbeiten transparent und sind glaubwürdig.
9. Wir müssen mit den Radionachrichten stärker rein ins Netz.
10. Wir brauchen mehr Mut, Radionachrichten anders zu machen.

Kleines Lexikon Radionachrichten

Jingle: engl., für Klingeln, Klimpern, Oberbegriff für die Verpackungselemente im Radio.

Teaser: von to tease, locken, Werbelement, das Neugier wecken soll: Sensation in der Bundesliga. Mehr dazu in den Nachrichten!

Opener: Verpackungselement, mit dem die Nachrichten beginnen, Mix aus einer kurzen, charakteristischen Melodie und Sprache.

Bett: Musik, die unter die gesamte Sendung oder einzelne Teile gelegt wird, z. B. unter den Verkehrsfunk.

Bumper: engl. für Stoßstange, Musikelement zum Auftakt des Musikbettes.

Stinger: engl., für Stich, Schlag, Kurzes Musikelement, meist ein Soundeffekt, beendet das Musikbett.

▶ **Merksätze**

1. Radionachrichten sind flüchtige Informationen. Sie sind überall verfügbar, nebenbei nutzbar und relativ einfach zu produzieren.
2. Radionachrichten können schnell, verlässlich und rund um die Uhr Information, Orientierung, Service und Gesprächsstoff bieten – maßgeschneidert für die Hörer.
3. Entscheidend für die Auswahl und Gestaltung der Nachrichten sind das Programm und das Publikum: Wer hört mir wo und wann mit welchen Erwartungen zu?
4. Die wichtigsten Nachrichtenformen im Radio sind: Klassische Nachrichten und Original-Ton-Nachrichten. O-Töne – das sind Stimmen, Geräusche und Musik, vor allem aber Kurzberichte.
5. Wer Nachrichten verständlich spricht, weiß genau, was er liest, zeigt Mut zur Pause, setzt richtige Akzente und spricht in angemessenem Tempo und in angemessener Lautstärke.

Weiterführende Literatur

Ines Bose/Dietz Schwiesau (Hrsg.): Nachrichten schreiben, sprechen, hören (Berlin: Frank & Timme, 2011)

Jürgen Horsch/Josef Ohler/Dietz Schwiesau (Hrsg.): Radionachrichten. Ein Handbuch für Ausbildung und Praxis (München: List Verlag, 1996)

Walther von La Roche/Axel Buchholz, Radio-Journalismus. Ein Handbuch für Ausbildung und Praxis im Hörfunk (Berlin: Springer VS, 2013)

Michael Rossié: Sprechertraining: Texte präsentieren in Radio, Fernsehen und vor Publikum (Berlin: Springer 2013)

Weitere Tipps für Nachrichtensprecher, Hörbeispiele und neue Erkenntnisse der Nachrichtenforschung gibt es im Internet: gelbe-reihe.de/nachricht/ und Nachrichtenzukunft.de

„Die akustische Verfeinerung des Nachrichtenstils"

Josef Räuscher ist unzufrieden mit seinen drei Nachrichtenredakteuren, wieder einmal. Räuscher ist Chefredakteur der Dradag, der Zentralen Nachrichtenstelle des Deutschen Rundfunks, die in der Weimarer Republik alle Sender von Königsberg bis Köln mit Nachrichten versorgt. Bei seinen Mitarbeitern vermisst er „Lust, Liebe und Begeisterung", vor allem ist er verzweifelt, dass sie nach wie vor unverständliche Nachrichten schreiben. Deshalb hängt Räuscher 1929 in alle Redaktionsräume ein Plakat mit 19 Stilregeln. Darin heißt es:

- Die Sprache ist Verständigungsmittel, nicht Preisrätsel!
- Unsere Arbeit wird rascher Klang, nicht bleibendes Schriftbild!
- Nur was man sich selbst völlig klar gemacht hat, kann man einfach und klar wiedergeben!
- Wer am Wortlaut der Rohdepesche klebt, ist Briefträger, nicht Redakteur!

Außerdem sollen die Mitarbeiter an Herrn Krawutschke denken, wenn sie Nachrichten schreiben. Herr Krawutschke ist ein arbeitsloser Metallarbeiter aus Moabit – und eine fiktive Figur. Seine Redakteure sollen beachten, „was er verstehen kann und was er fühlen könnte".

„Unsere Redaktion erblickt in der Erreichung des richtigen Rundfunkstils eines ihrer Hauptziele", schreibt Räuscher 1927, nur wenige Wochen, nachdem er Chefredakteur geworden ist. Während die Öffentlichkeit im neuen Medium Hörfunk noch eine *gesprochene Zeitung* sieht, ist sich Räuscher sicher, dass sich mit den Nachrichten im Hörfunk etwas Neues entwickelt: „Dieser Nachrichtendienst verlangt eine völlig neue, den eigenen Gesetzen der Rundfunkvermittlung unterworfene journalistische Arbeit." Räuschers zentrale Frage ist: Welche stilistischen Möglichkeiten hat der Redakteur, einen Tatbestand annähernd vollkommen und leicht über das Ohr in das Gehirn des Hörers zu bringen? In seiner Amtszeit von 1926 bis 1932 hat Räuscher versucht, Antworten auf seine Frage zu finden: in der täglichen Arbeit, in vielen Veröffentlichungen, bei Vorträgen und Ausstellungen. In nur sechs Jahren hat Josef Räuscher die Grundlagen der Nachrichtenarbeit im Hörfunk gelegt.

Auf dem „recht schwierigen Wege zum Hörstil" scheut er keinen Aufwand. Seine Redakteure müssen bereits bei der Sichtung das Material auf seine „Rundfunktauglichkeit" testen und bei der „Arbeit für das Ohr" das „Rohmaterial mehrfach stilisieren". Räuscher wettert vor allem gegen ein „farbloses Herunterleiern von Nachrichtenrohmaterial". Grundsätzlich, so ordnet er an, wird keine Information im Urzustand verwendet oder mit Schere, Kleister und Rotstift bloß zurecht gemacht. Jede Nachricht soll möglichst zweimal diktiert und dabei von anderen Redakteuren und von der „Schreibdame" auf „sinnfällige Hörbarkeit" geprüft werden. Die Nachricht, so schärft er seinen Leuten ein, wird nicht auf dem Schreibtisch des Redakteurs fertig, sondern erst im Kopf des Hörers.

Zur „akustischen Verfeinerung unseres Nachrichtenstils" schafft er einen *Parlographen* an, ein Diktiergerät mit Wachswalze, Sprechrohr und Hörschlauch. Zufrieden notiert Räuscher: „Er kann nicht bei jeder Meldung benutzt werden, wird aber wenigstens abends für die wichtigeren Meldungen herangezogen." Höhepunkt seiner Bemühungen um den Hörstil ist ein Versuch, den er 1928 unternimmt. Zwei Wochen lang lesen seine Redakteure ihre Nachrichten bei der Berliner Funk-Stunde selbst. Das Ergebnis enttäuscht, entmutigt ihn aber nicht: „Der Versuch gelang vollständig nur an 5 Abenden, weil einzelne Redaktionsmitglieder sich als Sprecher nicht bewährten. Grundsätzlich jedoch ist wie bei der Presseumschau ein besseres Ergebnis dann zu erzielen, wenn der Verfasser des Manuskripts es persönlich vor dem Mikrophon zu vertreten hat." Die Presseschau erwähnt er nicht zufällig: Redakteur und Sprecher der Presseschau ist Räuscher selbst.

Zufrieden notiert Räuscher 1931, die Würdigungen seiner Bemühungen hätten bewiesen, dass „unsere Methode einen gesunden Kern hat". Das lasse sich auch daraus entnehmen, dass „einzelne Grundsätze unserer Arbeit, zum Teil gerade solche, die anfangs mit Spott aufgenommen worden waren, jetzt schon in Nachrichtenbüros und in Zeitungen eine Anwendung finden". Und in seinem letzten Artikel resümiert er 1932: „Ich möchte ausdrücklich betonen, daß wir mit der Ausbildung eines Rundfunknachrichtenstils zwar sehr früh aufgestanden, aber noch lange nicht fertig sind, und daß es in der Hetze der Tagesarbeit oft sehr schwer ist, in jedem einzelnen Satz das Richtige zu treffen. Aber allein schon die dauernde Bewusstheit der besonderen Anforderungen des Hörstils hat in den abgelaufenen Jahren unserer Arbeit ihre stufenweise Verbesserung ermöglicht."

Nach seinem Besuch bei der Dradag kann der Chef des belgischen Rundfunks, Theo Fleischmann, seine Begeisterung kaum in Worte fassen. Auf einem Kongress in Berlin berichtet er 1930: „Ich hatte die Freude, die Räume des Drahtlosen Dienstes besichtigen zu können, den Dr. Räuscher mit so viel Fähigkeit leitet. Ich konnte die Organisation prüfen, die mit einer absoluten Vollendung gerade im Hinblick auf den gesprochenen Journalismus arbeitet, und die uns ermutigt, die größten Hoffnungen für diese neue Form der Publizistik zu hegen. Es gibt einen besonderen

Rundfunkstil, den der hervorragende Spezialist Dr. Räuscher richtig den ‚Hörstil‘ nennt. Der gesprochene Journalismus verlangt besondere Eigenschaften und besondere Erfahrung. Man hat diesen Berufszweig erfinden müssen."

Weiterführende Literatur

Dietz Schwiesau: Ein Rundfunkredakteur mit Lust, Liebe und Begeisterung. Erinnerungen an den ersten Nachrichtenchef des deutschen Rundfunks, Josef Räuscher. In: Ines Bose, Dietz Schwiesau (Hg.), Nachrichten schreiben, sprechen, hören (Berlin: Frank & Timme 2011)

Die Fernsehnachricht

von Sandro Viroli

Zusammenfassung

Die Fernsehnachricht vermittelt Informationen mit bewegten Bildern, Fotos, Grafiken, Texten und Tönen, also auf mehreren Ebenen. Das Besondere sind die Bilder und die Grafiken. Sie können mit ihrer Aussagekraft eine Nachricht stützen, aber auch beeinflussen oder sogar verfälschen. Welche fernsehjournalistischen Nachrichtenformen es gibt, welche Rolle Bilder spielen, welche der Text, und wie man im Fernsehen beides einsetzt, zeigt dieses Kapitel.

Nachrichten in Bildern. Videos werden wie am Fließband produziert. Rund um die Uhr, Tag für Tag. Ein Vulkanausbruch am anderen Ende der Welt, ein Lebensmittelskandal in Frankreich oder ein schwerer Unfall nach einem Discobesuch, ein dichtes Netzwerk von professionellen Bildanbietern und Smartphone-Besitzern überschüttet die Redaktionen mit Videomaterial.

Bilder spiegeln nicht immer die Wahrheit wider. Nicht nur Kriege und Konflikte zeigen, dass Bilder bewusst als Propagandamittel eingesetzt werden, um Ängste und Aggressionen zu schüren, aber auch um etwas vorzutäuschen oder vorzugaukeln, was nicht unbedingt der Wahrheit entspricht. Bilder können verzerren oder auch lügen! Beispiel: Der Reporter möchte zeigen, dass ein Parteitag langweilig ist. Kurzum wird der Assistent zum Teilnehmer *umfunktioniert* und schlafend oder gähnend abgefilmt. Bilder können lügen, dessen sollte sich der Redakteur stets bewusst sein.

Die Masse an Bildern und die damit einhergehende Themenflut haben die Fernsehnachrichten verändert. Immer mehr Themen finden Eingang in die Sendungen, ständig werden neue Darstellungsformen erprobt. Hauptformen sind die *NiF*, die

Nachricht im Film, und der *Beitrag* oder *Reporterbericht*, in dem die Journalistin oder der Journalist Hintergründe erläutert und Ereignisse einschätzt. Eine weitere wichtige Form der Fernsehnachrichten ist die *Wort-Nachricht*, in der es keine bewegten Bilder gibt, sondern nur Fotos oder Grafiken.

Die Nachricht im Film

Bei der NiF handelt es sich um die bebilderte Kurznachricht. Kaum jemand spricht im Berufsalltag von der *Nachricht im Film*, sondern nur von der NiF. Daneben sind Namensvariationen wie *Clip, Spot, Off-Maz* oder *Fließ-Maz* gebräuchlich. NIFs sind durchschnittlich 20 Sekunden lang und gehören zum Standard von Nachrichtensendungen oder Newsmagazinen. Für die NiFs wie auch für alle anderen Darstellungsformen gilt: Notwendig sind Sorgfalt im Umgang mit dem Bildmaterial, Prüfung der Glaubwürdigkeit und inhaltliche Vollständigkeit. Bei der Kürze der NiFs ist das mitunter eine Herausforderung.

Klassische NiF-Themen sind die ersten Schneeflocken, der Käuferansturm im Advent, der schwere Busunfall auf der Autobahn, alle Formen von Unwetter und deren Auswirkungen auf Mensch und Natur oder das *Familienfoto* während des EU-Gipfels. Kurzum die gesamte Palette an Ereignissen.

Auch eine NiF hat ihre Regeln. Ausgehend von der Standardlänge von etwa 20 Sekunden, rechnet man mit drei Sekunden pro Bildeinstellung. Das bedeutet fünf bis zehn Bildeinstellungen. Damit sind den optischen Gestaltungsmöglichkeiten enge Grenzen gesetzt. Dennoch gilt auch für die NiF: Die Bildinformation ist die Grundlage der Nachricht. Beispiel:

Eine Demonstration. Lange Kameraschwenks über viele Menschen kosten Zeit. Deshalb kurze Schwenks oder Totalen verwenden. Um Inhalte einer Kundgebung zu beschreiben, lohnen sich Einzeleinstellungen von Menschen oder Gruppen mit Spruchbändern bis hin zu Besonderheiten, wie zum Beispiel vermummte Teilnehmer oder Polizisten in schwerer Schutzkleidung. Um Themen- oder Archivbilder einzubauen, bleibt leider kaum Zeit.

Die Faustregel lautet: Bei der NiF gehört die Kerninformation nach vorn, das gilt für den Text und das Bild. Beispiel:

Mit einem bundesweiten Warnstreik hat die Lokführergewerkschaft GDL heute ihren Lohnforderungen Nachdruck
verliehen.

Wenn eine NiF mit diesem Text beginnt, sollte man nicht die Außenfront eines
Bahnhofs als Einstiegsbild wählen, sondern direkt zur Sache kommen: Eine Szene
vom Bahnsteig, Lokführer mit *Streikleibchen* oder leere Bahnsteige.

Ein Dutzend und mehr NiFs in einer Sendung sind keine Seltenheit. Da die
Videos aus verschiedenen Quellen stammen, sind die Redaktionen um ein einheitliches Erscheinungsbild bemüht. Deshalb existieren in vielen Sendern sogenannte
Text/Bild-Leitfäden für die Handhabung der Kurznachrichten. Hier wird auch geregelt, wie der NiF-Text beginnt:

- mit einem Schlagwort: Bahnstreik
- mit einer Schlagzeile: Hunderttausende Bahnreisende blieben
  auf der Strecke
- oder gleich mit einem Nachrichtentext: Mit einem bundesweiten Warnstreik hat die Lokführergewerkschaft . . .

Der Leitfaden legt ebenfalls fest, wie grafische Hilfen eingesetzt werden. Beispiel: Per *Schrifteinblendung* wird unter der ersten Bildsequenz eine *Ortsmarke*
MAGDEBURG gesetzt oder ein *Schlagwort*: LOKFÜHRERSTREIK.

Zuerst schneiden, dann texten? Oder umgekehrt?
Generationen von Journalisten wurde eingebläut, erst nach der Bildmontage
zu texten, also nach dem Schnitt. Als Begründung galt, dass der vorgefertigte
Text beim Autor so festsitzt, dass neue, durch Bilder transportierte Eindrücke kaum berücksichtigt werden. Der Alltag gerade im aktuellen Bereich
hat anders entschieden. Viele NiFs werden am Laptop geschnitten, mitunter
auch zwischen zwei Drehterminen, hinzu kommt auch Zeitdruck. Deshalb
wird mehr und mehr zuerst getextet, dann werden die Bilder *passend* geschnitten.

Wortreiche Darstellungen sind bei der NiF fehl am Platz. Dass es zu Beginn
eines Streiks auch Menschen gibt, die sich verspäten und deshalb Ärger mit dem

Chef haben, gehört nicht in eine NiF. Sie muss sich auf das Wesentliche konzentrieren. Ebenso soll der Text die Bildinformationen ergänzen und nicht jedes
Bild erklären. Wartende Reisende, Zuganzeigen mit Verspätungszeiten oder ge-
nervte Servicepoint-Mitarbeiter müssen nicht eigens beschrieben werden. Deshalb:
Gleich mit den Fakten starten, also mit den Antworten auf die klassischen W-Fragen. Ein Beispiel:

```
Mit einem bundesweiten Warnstreik haben Lokführer heu-
te ihren Lohnforderungen Nachdruck verliehen. Zwischen
sechs und sieben Uhr ging auf vielen Bahnstrecken nichts
mehr. Die Gewerkschaft der Lokführer fordert drei Pro-
zent mehr Lohn sowie eine Angleichung der Ostgehälter
an das Westniveau. Allein in Sachsen, Sachsen-Anhalt
und Thüringen waren 230 Züge vom Streik der Lokführer
betroffen.
```

Die Bausteine des Textes sind für den Redakteur die Bildbeschreibungen der be-
auftragten Kamerateams, Videojournalisten oder Produktionsfirmen, die eigenen
Recherchen und die Agenturmeldungen. Diese Beschreibungen helfen dem Redakteur dabei, zum Text `Lokführerstreik in Magdeburg` auch die passenden
Bilder zu verwenden. Als Beispiel das Angebot einer Produktionsfirma:

Lokführerstreik in Ostdeutschland – Angaben zum Bildmaterial

TC (Timecode – Minuten/Sekunden/Frames = Einzelbild, 25 Einzelbilder
gleich eine Sekunde) 00.05.00–00.15.09 Totale leerer Bahnsteig mit stehen-
dem Zug (Dresden), 00.15.10–00.45.20 verschiedene Bilder Streikposten mit
Plakat(Berlin-Ostbahnhof); 00.45.21–00.55.00 Anzeigetafel im Bahnhof Magdeburg; 00.55.01–01.20.05 wartende Fahrgäste; 01.20.06–03.06.00 O-Töne
(also Aussagen) von Reisenden sinngemäß: Komme zu spät zur Arbeit ... aber
Verständnis, Politiker sind schuld, der kleine Mann muss immer draufzahlen;
03.06.01–04.02.15 O-Ton Streikposten Karsten Meier (54) sinngemäß ... wir
warten lange genug auf die Lohnangleichung. Wir müssen streiken, damit die
da oben was merken; 04.02.16–05.01.10 Züge aufgereiht an den Bahnsteigen
Magdeburg und Leipzig.

Aus diesen Bildern entsteht folgende NiF:

Bild	Text
	Mit einem bundesweiten Warn-streik haben Lokführer heute ihren
	Lohnforderungen Nachdruck ver-liehen

Die ersten beiden Bilder beschreiben das *Wer* und *Was*. Sie zeigen Gruppen von Lokführern bzw. Gewerkschaftern mit Transparenten. Die Forderungen auf den Plakaten fasst der Autor textlich mit dem Begriff *Lohnforderungen* zusammen. Bild 2 wirkt zwar mit der Personengruppe wie für Fernsehkameras inszeniert, solche Aufstellungen gehören aber inzwischen zum Protestalltag.

Zwischen sechs und sieben Uhr
ging auf vielen Bahnstrecken
gar nichts mehr

Die Kamera schwenkt von der Abfahrtstafel nach unten und zeigt wartende
Reisende. Die wichtige Bildinformation ist die *Verspätungsleiste* und erklärt das
Wann.

Die Gewerkschaft der Lokführer fordert drei Prozent mehr
Lohn sowie eine Angleichung
der Ostgehälter ans Westniveau

Für das *Warum* stehen hier Bilder von demonstrierenden Eisenbahnern.

Allein in Sachsen, Sachsen-Anhalt und Thüringen waren 230
Züge vom Arbeitskampf der Lokführer betroffen

Das letzte Bild dokumentiert die Streikfolgen, also stehende Züge. Mit dem *Wo*
ist der Autor großzügig, statt auf die konkrete Situation auf dem Bahnhof Mag-

deburg einzugehen, beschreibt er die Auswirkungen auf mehrere Bundesländer. Dahinter kann eine redaktionelle Entscheidung stehen, insbesondere wenn es sich um eine überregionale Nachrichtensendung handelt.

Text und Bild müssen zueinander passen! Mitunter nimmt man es bei NiFs – insbesondere bei der Verwendung von Archiv-Bildern – mit Text und Bild nicht so ganz genau. Das ist falsch! Auch bei der NiF müssen Text und Bilder harmonieren. Texte, die nicht zu dem Bild passen, sind ein Ärgernis. Diesen Zustand nennt man treffend *Text-Bild-Schere*. Negativbeispiel:

> Eine Landschaftstotale mit Weidevieh. Dann ausschließlich Bilder von Bauern bei der Bodenbearbeitung. Der NiF-Text behandelt den Niedergang der Milcherzeugerpreise. Hier klaffen Bild und Text auseinander, die „Schere" öffnet sich, auch wenn es sich hier ausschließlich um Landwirtschaftsbilder handelt. Besser wären Bilder aus dem Stall, von Melkgeräten, Molkereien oder Milchregalen beim Discounter.

Die Wortnachricht

Es gibt viele wichtige Nachrichten, die keine bewegten Bilder haben. Beim Ereignis war kein Kamerateam vor Ort, die Bilder sind noch nicht in der Redaktion, und in den sozialen Netzwerken findet sich auch nichts. Die Nachricht einfach wegzulassen, wäre aber ein gravierender Fehler. Deshalb gibt es über dieses Ereignis eine *Wortnachricht*: Der Text wird vom Sprecher oder Moderator *im On* vorgelesen. On heißt, die Sprecherin oder der Sprecher sind im Bild.

Es gibt noch weitere Gründe für Wortnachrichten. So legen einige Redaktionen Wert darauf, dass die Nachrichten ein *Gesicht* haben, deshalb sollte möglich oft der Sprecher zu sehen sein. Außerdem gibt es Zeitgründe: Mit einer Wortnachricht kann man schneller auf den Punkt kommen, als wenn die Nachricht in Bildsequenzen verpackt ist. Dennoch müssen Wortnachrichten fernsehgerecht aufbereitet sein, also optisch mit Fotos und oder Themengrafiken unterstützt werden. Text und Bild müssen auch hier die W-Fragen beantworten.

Die optische Umsetzung entsteht am Computer in der Videografik. Auch hier hat jede Fernsehstation ihre eigenen Lösungen und ihr *Layout*. Festgelegt sind die Grundfarbe und die Position für Bild, Namen oder Schlagwort. In diesem Fall arbeiten Wortnachrichtenredakteure eng mit dem Grafiker oder Designer zusammen.

Sie legen fest, wie die eigentliche Bildinformation aussehen soll. Das spätere Bild wird dann elektronisch hinter der Sprecherin oder dem Sprecher eingesetzt. Wichtig ist die Kontrolle der Rechtschreibung und der Bildelemente. Falsche Fahnen oder Vereinsembleme verursachen Ärger. Für dieses Computerbild verwendet man auch den Begriff *Hintersetzer*.

Beispiele für Hintersetzer:

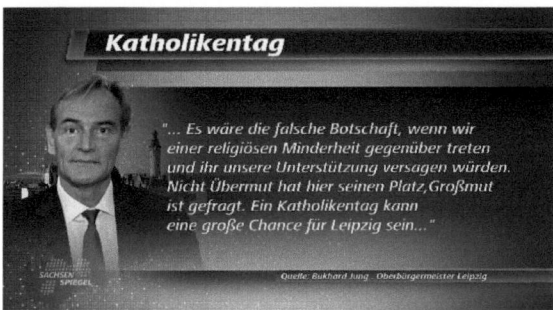

Wortnachrichten mit O-Ton. Hier handelt es sich um eine Kombination aus einer Wortnachricht mit einem Originalton, kurz *O-Ton*. Dieser O-Ton ist die Aussage eines Menschen, der zu dem Thema der Wortnachricht etwas zu sagen hat. Meist ist es ein kurzer Satz aus einem Interview oder aus einer Erklärung auf einer Pressekonferenz. Auch für den O-Ton gilt: Nicht länger als 15 bis 20 Sekunden. Beispiel:

> Wortmeldung: Auf der Bahnstrecke Halle-Naumburg sind heute Nacht Castorbehälter mit nuklearen Brennstäben transportiert worden. Die Behörden waren darüber nicht unterrichtet.
>
> O-Ton Bürgermeister: Bisher wurden wir über solche Fahrten stets vorab informiert, im Unglücksfall hätten wir nicht sofort reagieren können.

Der Reporterbericht

Wenn ein Ereignis großen Nachrichtenwert hat, berichtet die Redaktion darüber ausführlicher: Dann entsteht keine NiF, sondern ein *Reporterbericht*. Je nach Sender sind Reporterberichte zwischen einer Minute dreißig Sekunden und knapp drei Minuten lang. Zu der eigentlichen Nachricht kommen weitere Informationen hinzu, wie Erläuterungen, Aussagen von Beteiligten, Umfragen und Hintergründe.

Der Aufbau eines Reporterberichts hängt von den Vorstellungen der Redaktion ab, aber auch von der Herangehensweise des Reporters an das Thema. Während die eine Redaktion mehr auf klassisch aufgebaute Berichte schwört, also immer

direkt auf das Thema kommt, packt die andere das Thema in eine Geschichte. Ein
Beispiel: Die Erhöhung der Rezeptgebühren.

In der klassischen Fassung würde der Bericht im parlamentarischen Umfeld
spielen, mit entsprechenden O-Tönen von Politikern, Ärzten und Krankenkassen-
vertretern. In der erzählerischen Fassung beginnt das Thema mit einem Patienten X
in der Apotheke Y. Mit Hilfe des Beispiels wird der Sachverhalt erklärt. Erst dann
kommen Politik, Ärzte und Krankenkassen.

Beispiel für einen Reporterbericht: „Lärmschutzwände"
Anmoderation:

> Lärm kann krank machen. 120 Bürgermeister übergaben
> heute im Verkehrsministerium Protestschreiben mit mehr
> als 50.000 Unterschriften wegen mangelnden Lärmschutzes
> an Autobahnen. Viele Anwohner an der starkbefahrenen
> Ost-West-Achse haben keine ruhige Minute mehr. So geht
> es auch Christa Stiegler aus Bautzen.

Text – Lärmschutzwände (Auszug)

Bild	Text
	Fast jeder kennt sie, die Frage an den langjährigen Autobahnanwohner: Haben sie irgendwelche Folge-Schäden?
	Christa Stiegler kann darüber überhaupt nicht lachen. Die Bautzenerin wohnt 300 Meter von der A4 entfernt. In ihrer Wohnung ist der Lärm allgegen-wärtig

Bild	Text
	Ihr einziger Wunsch ist eine zusätzliche Lärmschutzwand. Es ist ihre letzte Hoffnung, denn sie ist mit den Nerven am Ende
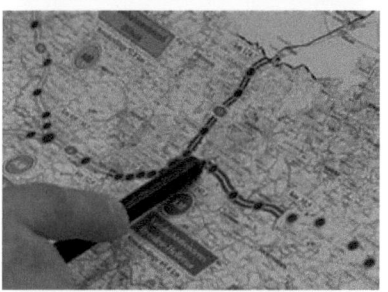	Auf offene Ohren stößt ihr Anliegen beim Autobahnamt Sachsen. Doch die Behörde sieht keinen Grund für bauliche Veränderungen
	Das Lärmaufkommen einer Autobahn wird vorher berechnet. Danach werden an keiner Stelle die Grenzwerte überschritten. Wir haben keine rechtliche Maßgabe
	Trotz aller amtlichen Berechnungsformeln: Für Christa Seidler ist der Fehler offensichtlich, da es zwischen der Autobahn und ihrem Stadtteil – der ausgerechnet Gesundbrunnen heißt – keinen Lärmschutz gibt

Bild	Text
	Bei bestimmten Windrichtungen, die auf die Schallschutzwand treffen, wird alles zurück- reflektiert. Ins Wohngebiet zurück und zum Teil verstärkt
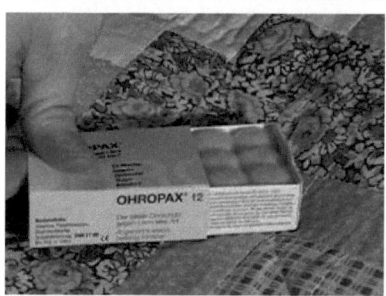	Gegen den Lärm ist sie zwar machtlos, aber inzwischen haben sich mehrere Anwohner zusammengetan. Man sucht nach Lösungen. Konkrete Hilfe gibt es bisher keine – lediglich Minderung des Geräuschpegels durch Ohrstöpsel

Kleines Lexikon Fernsehnachrichten – Teil 1

Ablauf: Der eigentliche Fahrplan einer Sendung.

Atmo: Hintergrundgeräusch bei Fernsehaufnahmen, leider ist oft der Reporter zu hören. Deshalb Ruhe beim Dreh.

Bauchbinde: Einblendung des Namens bzw. Funktion zur dargestellten Person am unteren Bildrand. Achtung! Nur das einsetzen, was man lesen und auch verstehen kann.

Blue-Box: Blauer Hintergrund, per elektronischem Trick werden zwei Bilder zu einem neuen Gesamtbild kombiniert.

Bildinsert: Innerhalb eines fertigen Beitrages werden Bilder ausgetauscht.

Blue- oder Greenscreen: Blauer bzw. grüner Hintergrund im Studio. Per elektronischem Trick werden der *reale* Moderator und ein am Computer entstandenes Hintergrund- oder Studiobild zu einem Gesamtbild kombiniert.

Der Videojournalist

Videojournalismus – all inclusive. Bilder und O-Töne von überall und rund um die Uhr, natürlich in professioneller und ansprechender HD-Qualität, und es soll nicht viel kosten: Autor, Kameramann, Tonassistent und Cutter in einer Person – das ist der Videojournalist. Diese Produktionsform ist inzwischen in fast allen TV-Sparten zu Hause. Befürworter schätzen insbesondere die Unmittelbarkeit der Erzählweise, Programmplaner die Effizienz, Redaktionen die Schnelligkeit. Kritiker hingegen bemängeln verwackelte, zu dunkle oder zu helle Bilder oder unsauberen Ton. Lange Zeit galt, dass sich gelernte Kamera- und Tonleute und Videojournalisten mehr oder weniger kritisch beäugten, dass man die Existenz der jeweiligen Produktionssparte notwendigerweise zur Kenntnis nahm, aber hinsichtlich der Berufsbilder spürbare Distanz pflegte. Betrachtet man den Anspruch vieler TV-Nachrichtensendungen, umfassend bzw. über alles zu berichten, was über Videos, Audios und Bilder in die Redaktionen gelangt, geht es ohne Videojournalisten wahrscheinlich nicht mehr. Dazu zählt, dass die Übertragung des Materials vom Ort des Geschehens in die Redaktionen dank Apps, Smartphones, Tablets und Notebooks leicht geworden ist.

Der Videojournalist ist in einer Person Autor, Kamera- und Tonoperator, mitunter auch Beleuchter und Cutter. Außerdem sorgt er für die reibungslose Übertragung zur Redaktion. Zusätzlich kann er aus seinem Material Bildsequenzen herauskopieren oder Prints erstellen und damit das Online-Ressort beliefern. Oft arbeiten die Videojournalistin oder der Videojournalist auch noch für das Radio. Im Interview berichten sie über das Ereignis oder sie bauen aus den O-Tönen einen Radiobeitrag. Das ist vernetzter, trimedialer Journalismus.

Der Job muss gelernt sein. Schaut man in Lebensläufe von Videojournalisten, finden sich zunächst viele Berufsfelder. Es sind nicht ausschließlich Journalisten, es finden sich in dem Produktionsgenre auch Kameraleute und Cutter. Das sind im Regelfall auch die *Bausteine*, die das Berufsbild ausmachen: Journalismus, technische Handhabung, Gestaltung in Bild und Ton und Schnitt. Bei vielen Rundfunkanstalten zählt *Videojournalismus* zum internen Ausbildungsprogramm, es gibt Studiengänge an Universitäten und Hochschulen sowie Kurse an Berufsakademien und Schulen. Der Ausbildungsverlauf ist unterschiedlich. So werden Dreitages- und Wochenkurse, mehrmonatige Lehrgänge, Grund- und Aufbaukurse sowie spezielle Vertiefungslehrgänge angeboten. So vielfältig dieses Genre ist, so unterschiedlich ist der Weg in den Job.

Am Anfang dreht sich alles um Mensch und Kamera. Automatik, Blende, Schärfe, Zoom. Arbeiten mit und ohne Stativ. Umgang mit Licht, Farbtemperatur und Scheinwerfern. Und natürlich das *Bild*. Da die Videojournalisten quasi *alles* machen, müssen sie auch während der Aufnahme an alles denken. Ganz wichtig ist, sich die *W-Fragen* vor Augen zu halten. Das *Bildermachen* sollte man nicht der Kamera überlassen, wie bei so manch wildem Video aus dem Smartphone. Hier gibt es Regeln, die man *Five Shot* nennt oder auch die fünf Einstellungsgrößen. Diese reichen von der *Totale* (Bahnhof) und der *Halbtotale* (abgestellter Zug) über die *Nah-* oder *Großeinstellung* (Gesichter der Reisenden) und die *Halbnahe* (Zugbegleiter hebt Abfahrtskelle) bis zum *Detail* (Grünes Signal). Die Bilder müssen danach zusammengefügt werden. Am Ende steht dann eine NIF, natürlich mit Text!

Damit ist der Einstieg geschafft. Auf dieser Basis arbeiten beispielsweise Videoreporterinnen und Videoreporter als schnelle und mobile *Bildbeschaffer*. Oft absolvieren sie mehrere Termine pro Tag, und ihre Arbeit ist die Basis für so manchen NIF-Block in einer Sendung oder für spezielle O-Töne oder Statements, beispielsweise von Politikern. Das gilt auch für Radioreporter, die in den Außenstudios arbeiten und vom Termin auch NIF-Bilder für das Online- und Fernsehangebot mitbringen.

Kleines Lexikon Fernsehnachrichten – Teil 2

Klammermaterial: nicht selbst gedrehte Bilder; aus dem Archiv, von Produktionsfirmen oder von anderen Sendern.

On: Reporter ist im Bild.

Off: Reporter ist nicht im Bild.

Paintbox: Computer zur Erstellung von Grafiken und zur Bearbeitung von Bildern.

SNG: Satellite News Gathering. Fernsehberichterstattung über Satellit. In der Regel ein Wagen mit Kamera und Schnittmöglichkeit für die schnelle aktuelle Berichterstattung, mit direkter Bild-/Tonverbindung über den Satelliten ins Studio.

Mit der Routine steigen die Verdienstmöglichkeiten. Ob ein Bericht, eine Reportage oder eine Dokumentation von einem klassischen *Team*, also von bis zu fünf Leuten (Autor, Kamera, Ton, Schnitt und Licht) oder *nur von einem* Video-journalisten erstellt wurde, kann man mitunter nur am Teaminsert erkennen oder dem Abspann entnehmen. Entsprechend umfangreich ist auch das Angebot an Aufbaukursen und Vertiefungslehrgängen. Da die Arbeit mit der Kamera umfang-reicher ist als die beschriebenen *Five Shots,* geht es in den nächsten Schritten um Schwenks, Fahrten, Kontrastaufnahmen, Schärfentrennung und *indirekte* Kamera-führung. Das Thema Licht ist auch nicht ohne! Wie arbeitet man bei schlechten Lichtverhältnissen, bei Nacht, wie setzt man Zusatzlicht ein und welche Möglich-keiten gibt es, mit schwierigen Tonsituationen fertig zu werden? Oder wie schafft man es, obwohl man schon als einzige Person für Kamera, Licht und Ton zuständig ist, auch noch Interviews zu führen? „Nichts ist unmöglich!" Ein Videojournalist mit eigener Technik und *All-inclusive-Paket* kann auch deutlich höhere Honorare fordern.

Blick nach vorne. HD-fähige Kameras und Videotechnik sind fast überall er-hältlich. Smartphones zählen zum Standard von Journalistinnen und Journalisten. Smartphones machen es möglich, neben Audios auch Fotos und Videoaufnahmen herzustellen. Mit einer App *senden* Reporterinnen und Reporter schon die Töne, Videos und Bilder in die Redaktionen. Dort werden die Bilder *konfiguriert*, also montiert und mit Text versehen und sind zeitnah im Netz oder auf dem Sender. Qualitätseinschränkungen bleiben dabei nicht aus, sind aber vertretbar.

Tipps für Nachrichtenfilmer

1. Die Drehgenehmigung vorher klären. Ob Kaufhaus, Schulhof, Bahnhof, Ge-richt, Sonnenstudio oder Wohnung – zunächst benötigt man eine Drehgenehmi-gung. Sonst stehen der VJ oder das Kamerateam vor verschlossenen Türen, man *fliegt* schlichtweg raus oder man bekommt Ärger mit Anwälten oder der Justiz. Meist genügt ein Telefonat oder eine E-Mail bei Pressestellen (z. B. von Behörden, Bahn, Gerichten), bei Eltern (wenn Kinder gefilmt werden sollen), beim Geschäfts-führer oder Besitzer (z. B. eines Kaufhauses, einer Kneipe), beim Hauseigentümer. Gerade im privatwirtschaftlichen, aber zunehmend auch im öffentlichen Bereich wollen die für Drehgenehmigungen Zuständigen erfahren, worum es in dem Bei-trag gehen soll, um dann entscheiden zu können. Das sollte man als Autor stets berücksichtigen.

2. Das Recht am eigenen Bild unbedingt beachten. Grundsätzlich hat jeder Mensch ein Recht am eigenen Bild. Benötigt die Autorin oder der Autor aber

Bilder einer belebten Einkaufsstraße, wäre es unmöglich, von jeder Person eine Einwilligung einzuholen. Auch wenn es merkwürdig klingt: In diesem Fall sind die Menschen *Beiwerk*. Ähnliches gilt bei Aufnahmen von Demonstrationen und anderen offenen Veranstaltungen, etwa wenn bei einem Fußballspiel jubelnde Fans gezeigt werden. Problematisch wird es, wenn der Reporter aus der Masse eine Person herausgreift und somit zum Hauptgegenstand des Bildes oder des Filmes macht. Beispiel:

   Wartende Passanten an einer Ampel. Aus der Gruppe wird eine ältere Dame per Kamerabild herausgegriffen. Im Filmtext heißt es: `Jeder zweite Rentner lebt von der Sozialhilfe.`

   Weder liegt hier die Einwilligung der alten Dame vor, noch wissen wir, ob gerade sie Sozialhilfe erhält. In diesem Fall ist es besser, auf neutrale Bilder zurückzugreifen, in denen Gesichter der Menschen nicht erkennbar sind. Möglich ist es auch, die Videoaufnahmen grafisch zu verfremden.

3. Den Dreh planen. Einfach losfahren und sehen, was man zurückbringt, das funktioniert selten. Es sei denn, die Redaktion braucht Wetterbilder. Deshalb: Den Dreh planen. Das reicht vom Zeitplan für den Treffpunkt und die Anfahrt bis zu Verabredungen mit Gesprächspartnern und Mitwirkenden. Ferner sollte sich der Nachrichtenfilmer vorher darüber im Klaren sein, wie viele O-Töne benötigt werden, also Aussagen von Beteiligten, Politikern oder von Menschen auf der Straße. Man braucht nicht für alles O-Töne, so manchen Sachverhalt kann der Reporter treffender in seinem Text beschreiben. Gewiss beleben O-Töne einen Reporterbericht. Zu viele O-Töne können eine Geschichte aber auch zerstückeln. Das nennt man dann *O-Ton-lastig*.

4. Das Team vorher informieren. Wenn der Reporter nicht als VJ allein unterwegs ist, muss er für das Team mitdenken und es einbeziehen. Oft sind es Kleinigkeiten, die sich später zu Ärgernissen auswachsen können, wie zum Beispiel die richtigen Schuhe. Bei unbekannten Drehorten sollte sich der Reporter auch um solche trivialen Angelegenheiten kümmern, Stiefel sind schnell besorgt, und eine lange Parkplatzsuche verschlingt wertvolle Produktionszeit. Auch die Lichtverhältnisse vor Ort sollten in der Planung berücksichtigt werden. Das Ausleuchten einer Kirche gehört nicht zum Standard eines aktuellen Kamerateams. Faustregel: Möglichst am Vortag informieren, am besten die Planung per Mail verteilen. Die Fahrt zum Drehort für Detailfragen nutzen.

5. Die Arbeitsteilung vor Ort klären. Team ist Team. Deshalb sollte der Autor dem Kamerateam nicht von der Seite weichen. Natürlich gibt es überall Ausnahmen, aber während die Kollegen drehen, mal einen Kaffee trinken zu gehen, ist nicht teamfördernd und kann beim Anschauen des Bildmaterials zu bösen Überraschungen führen. Deshalb sollte man am Drehort noch einmal über die erwarteten Bilder reden und nötigenfalls über Alternativen nachdenken. Auch wenn beim Fernsehen das *Bild* vorrangig ist, darf man die Bedeutung des *Tons* nicht unterschätzen. Insbesondere bei Interviews und Statements muss auch die Audioqualität stimmen. Der beste O-Ton nützt nichts, wenn man ihn nicht versteht.

6. Knigge vor Ort beachten. Natürlich ist die Fernsehproduktion eine wichtige öffentliche Aufgabe. Trotzdem gibt es Drehtermine, bei denen nicht das Kamerateam den Ablauf bestimmt. Das Team sollte z. B. nicht in eine Veranstaltung hineinplatzen, sondern vor Beginn da sein, um Mikrofone anzubringen und falls nötig Lampen aufzustellen. Auch sollte man Drehanweisungen nicht lauthals kommunizieren. Ähnlich diskret sollte das Team die Veranstaltung verlassen, wenn es nicht über die gesamte Zeit anwesend sein kann. Hier ist es hilfreich, dies im Vorfeld mit dem Veranstalter zu besprechen. So kann man einen Zeitpunkt vereinbaren, an dem der technische Abbau erfolgen kann.

7. Fingerspitzengefühlt zeigen. Unglücke und Katastrophen gehören zur Realität des Nachrichtenfernsehens. Die Bilder verleiten dazu, das Einzelschicksal und besonders das Leid der Anwesenden und Angehörigen in den Vordergrund zu stellen. Es gibt Medien, die *verlangen* von ihren Teams sensationsheischende Aufnahmen. Andere verzichten bewusst darauf und begnügen sich mit der reinen Information. Das Verhalten des Einzelnen strahlt dann auf andere Medienleute ab.

8. Auf den Schnitt vorbereiten. Es gibt inzwischen wenig Orte, an denen man nicht erreichbar ist. Deshalb empfiehlt es sich nach dem Ende des Drehs mit der Redaktion zu telefonieren, ob die vorgesehene Beitragslänge noch aktuell ist. Die Rückfahrt lässt sich für eine erste Bild- oder Textskizze nutzen, falls es später schnell gehen muss. In die Redaktion zurückgekehrt, kann die Sichtung des Materials beginnen. Hier entsteht entweder manuell (Papier) oder direkt auf dem PC eine *Shotliste*. Die Bildsequenzen werden mit dem *Timecode* (Stunden/Minuten/Sekunden/Einzelbilder) erfasst. Damit kann man beim späteren Schnitt die gesuchte Einstellung schneller finden. In einigen Redaktionen erstellen die Autoren in dieser Phase bereits eine Schnittliste mit Einstellungen, die man auf jeden Fall benötigt. Entsprechend ihrem Ausbildungs- oder Kenntnisstand sind Allrounder, wie zum Beispiel Videojournalisten, in der Lage, den Beitrag ganz oder teilweise selbst zu schneiden.

9. An die Anmoderation denken. Reporterberichte werden in aller Regel anmoderiert bzw. mit einer Nachricht eingeleitet. Hier besteht immer die Gefahr der Doublette. Der Autor will die Neuigkeit in seinem Bericht verkaufen, der Moderator braucht die zentrale News für seine Ansage. Doppelinformationen sollte man aber vermeiden. Es macht wenig Sinn, wenn der Reporterbericht mit den Inhalten angekündigt wird, mit denen dann auch der eigentliche Bericht startet. Auf jeden Fall muss dem Zuschauer schon durch die Anmoderation klar werden, um was es im Folgenden geht. Deshalb gehört der Kern der Nachricht in die Anmoderation.

▶ **Merksätze**

1. Die Fernsehnachricht vermittelt Informationen mit bewegten Bildern, Fotos, Grafiken, Texten und Tönen. Bilder können durch ihre Aussagekraft eine Nachricht verstärken, sie können eine Nachricht aber auch verfälschen.

2. Die Nachricht im Film, die NiF, ist eine bebilderte Kurznachricht. Sie konzentriert sich auf das Wesentliche und ist durchschnittlich 20 Sekunden lang: Das Wichtigste steht im Text und im Bild vorn.

3. Die Wortnachricht hat keine bewegten Bilder. Durch Fotos und Grafiken entsteht trotzdem eine fernsehgerechte Darstellung des Ereignisses.

4. Der Reporterbericht schildert die Ereignisse ausführlicher und ist zwischen 1:30 und 3:00 Minuten lang. Der Reporter kann klassisch mit dem Wichtigsten beginnen oder zunächst eine Geschichte erzählen. Die Anmoderation enthält den Kern.

5. Wer Nachrichtenfilme macht, plant den Dreh mit seinem Team, kümmert sich um die Drehgenehmigung, klärt die Arbeitsteilung vor Ort und bereitet sich gut auf den Schnitt vor. Bei Veranstaltungen gilt: Zurückhaltung kommt besser an.

Weiterführende Literatur

Axel Buchholz, Gerhard Schult (Hrsg.): Fernseh-Journalismus: Ein Handbuch für Ausbildung und Praxis (Wiesbaden: Springer VS 2016)

Action News – hart und meinungsstark

Action News. Aber hart! kündigt das Zeichentrick-Intro an. Ein blutiges
Schwert zerteilt krachend den Bildschirm. Dann ist LeFloid im Bild; mit T-Shirt,
Basecap und tätowierten Armen. In seinem Studentenzimmer, das er als Studio
nutzt, stehen hinter ihm eine große Darth-Vader-Figur und ein verkleidetes Ske-
lett. Aloha, werte Ladies and Gentle-Nerds!, begrüßt er wie immer
seine Zuschauer. Falls Ihr die letzten Tage nicht im Koma gelegen habt, dann habt Ihr sicher mitbekommen . . . „LeNews"
hat begonnen, LeFloids Nachrichtenshow, die er mehrmals in der Woche auf der
Video-Plattform Youtube zeigt. Millionen Jugendliche, meist unter 20, sehen seine Filme. Der Mann, der im Netz wie ein Pop-Star gefeiert wird, heißt eigentlich
Florian Mundt und ist 1987 in Storkow bei Berlin zur Welt gekommen. Auf Youtube betreibt er mehrere Kanäle; unter anderem mit Filmen über Computerspiele.
Mit „LeNews" startete er 2012, mit dem Video „Echte ZOMBIES, Drogenproble-
me und Hooligans aus Polen". LeFloid gilt als „Anchorman des deutschsprachigen
Youtube". Er selbst findet dieses Etikett „ganz schlimm", weil er nicht der Claus
Kleber für Jugendliche sein will.

Willkommen zum Bastelkurs für chinesische Zwangsarbei-
terkinder, ruft LeFloid grinsend in die Kamera. Er wedelt mit dem Turnschuh
einer deutschen Firma und schreit: Schaut es Euch an! So soll das
nachher aussehen! Also an die Arbeit! Die Bandbreite seiner Themen ist groß: Die verunglückte Abi-Party, Prostitution an Schulen, Atomtests in
Nordkorea, Klimawandel, IS-Terror im Nahen Osten, Koalitionsverhandlungen in
Berlin, Privatisierung von Wasserbetrieben. Es geht um Themen, die ihm unter den
Nägeln brennen, aber auch um Themen, die von seinem Publikum über Youtube,
Facebook oder Twitter an ihn herangetragen werden.

Zack! Bäm! Kawumm! Harte Schnitte; lockere Sprache. Nachrichten, aufbereitet für ein junges Publikum: „Nachrichten, aber ohne Stock im Arsch. Seriös
recherchiert, aber nicht ganz so seriös vorgetragen." Ob es sich bei LeNews um
Nachrichten handelt, ist LeFloid egal. Er will jungen Menschen das Weltgeschehen erklären, mit Fakten – und mit seiner Sicht auf die Dinge. „Ich bin knallhart
subjektiv! Eine eigene Meinung ist das Wichtigste, was man haben kann! Ich mache nicht Nachrichten im klassischen Sinne. Das ist schon Info, aber eigentlich
mehr kommentatorischer Journalismus!"

Die Einspiele zeigen brennende Autos, vermummte Gewalttäter. Dann macht Le-Floid seinem Ärger über die Ausschreitungen bei einer Occupy-Demonstration Luft. Das ist völlig sinnloses, hirnbefreites Randalieren! Oder was ist Eure Meinung? Ab damit in die Kommentarbox! Zu jedem Video äußern sich tausende Jugendliche, sie regen sich auf, streiten sich. Darüber freut sich LeFloid. Ein Erfolgsrezept seiner Videos ist die Möglichkeit, mitzumachen. Er will keine Einbahnstraße: „Junge Leute sind übersättigt von Informationen. Die sind alle wahnsinnig interessiert. Aber sie haben keinen Bock, nur irgendwas in sich reinzufressen. Das Gefühl, Fragen aufwerfen zu können, sich auszutauschen, das ist eine Art von Teilhabe, die es in einem klassischen Medium wie Fernsehen nicht gibt. Das ist reine Informationswiedergabe. Im Internet, bei Youtube, ist der Nutzer nicht nur Konsument. Ich muss mich nach der Sendung mit ihm auseinandersetzen."

Florian Mundt hat in Berlin Psychologie und Rehabilitationspädagogik studiert. Alles, was er in seinen Sendungen auf Youtube macht, hat er sich selbst beigebracht. Er sieht das als Vorteil: „Ich zeige, dass es jeder schaffen kann. Ich bin echt. Aber du kannst langfristig Erfolg nur haben, wenn du keine Maske aufsetzt, wenn Du irgendwas spielst." Seine Videos dreht und schneidet er selbst; nur „wenn's am Dampfen" ist, bekommt er Hilfe von Freunden. „Alles ist handgemacht!" Für ihn ist der 24-Stunden-Job noch ein großer Spaß, aber auch „tatsächlich Arbeit".

Quelle

Henrik Neumann, Christiane Wittenbecher: 10 Jahre YouTube – Eine Idee verändert die Welt. Eine zehnteilige Webvideoserie, Welt/N24